领导决策信息杂志社○编

科学发展的决策指南　地方政府的案例宝典
高层管理的数字读本　领导干部的施政参谋

重视中央领导重视的　研究省区领导研究的　发现城市领导发现的　思考县域领导思考的　关注普通百姓关注的

中国时代经济出版社

图书在版编目（CIP）数据

领导1004/领导决策信息杂志社编.

—北京：中国时代经济出版社，2010.8

ISBN 978-7-5119-0198-9

Ⅰ.①领… Ⅱ.①领… Ⅲ.Ⅲ. ①领导学—丛刊②经济发展—研究—中国 Ⅳ. ①C933-55②F124

中国版本图书馆CIP数据核字(2010)第141332号

书名：**领导1004**

出版人：宋灵恩

作者：领导决策信息杂志社

出版发行：中国时代经济出版社

地址：北京市西城区车公庄大街乙5号鸿儒大厦B座

邮政编码：100044

发行热线：（010）68320825　68320484

传真：（010）68320634

邮购热线：（010）88361317

网址：www.cmepub.com.cn

电子邮箱：zgsdjj@hotmail.com

经销：各地新华书店

印刷：北京佳信达恒智彩印有限公司

开本：787×1092　1/16

字数：330千字

印张：14.5

版次：2010年8月第1版

印次：2010年8月第1次印刷

书号：ISBN 978-7-5119-0198-9

定价：48.00元

转型文明·孕育未来

加快转变经济发展方式是党的十七大提出的战略任务。改革开放30余年来，我国GDP以年均9.8％的速度快速增长，综合国力、国际地位大幅提升。但高速增长的背后，经济结构失衡、资源消耗过多、环境污染加重等问题也逐步累积。

今年两会前夕，中央专门举办了以“加快经济发展方式转变”为主题的省部级领导干部专题研讨班，胡锦涛总书记在开班式上罕见地用50个“加快”，督促省部级高官在转变上下工夫。

两会期间，中央政治局九位常委按惯例奔赴各代表团，与代表共商发展大计，他们谈论最多的就是加快经济发展方式转变。如胡锦涛总书记3月5日参加江苏代表团审议时强调，转变经济发展方式是事关经济发展质量和效益、事关我国经济的国际竞争力和抵御风险能力、事关经济可持续发展和经济社会协调发展的战略问题。3月10日参加河南代表团审议时，他再次强调，要把加快经济发展方式转变作为深入贯彻落实科学发展观的重要目标和战略举措，加强规划引导，突出战略重点，明确主要任务，兼顾当前长远，调动各方面积极性，着力在“加快”上下工夫，推动经济发展方式转变取得扎扎实实的成效。其他中央领导在参加审议时，也纷纷强调转变经济发展方式是今年经济工作的头号任务、重中之重。

逆水行舟，不进则退。转变经济发展方式既是一场攻坚战，也是一场持久战。在温家宝总理所作的政府工作报告中反复强调，转变经济发展方式刻不容缓。要大力推动经济进入创新驱动、内生增长的发展轨道。报告从继续推进重点产业调整振兴、大力培育战略性新兴产业、进一步促进中小企业发展、加快发展服务业、打好节能减排攻坚战和持久战及推进区域经济协调发展6个方面作出了具体部署。

7月15日，国家统计局公布了上半年宏观经济数据，GDP同比增长11.1%，二季度增速环比一季度降低了1.6个百分点；CPI同比上涨2.6%，6月CPI环比下降0.2个百分点，均处于3%

的警戒线以下。数据表明，我国经济增长速度正在放缓，物价涨幅开始回落。但经济总体运行的良好态势仍难以掩盖其复杂性，这从经济数据公布前，中央决策层在各地密集的经济形势调研中不难看出，尤其是在6月29日至7月9日，11天内中央和地方层面召开的经济形势座谈会就罕有地达到6次。此轮调研始自5月中旬温家宝在天津的考察，进入6月、7月显得更为迫切且密集，中央领导分赴云南、河南、湖南、浙江等9省市，足迹遍布东部沿海、中部地区以及西部内陆等区域。

5月份以来，《人民日报》陆续推出了“加快发展方式转变看地方”、“央企负责人访谈录”、“加快经济发展方式转变调研行”等专题报道，派出多路采访小组，深入城乡、基层、企业，了解一手情况，捕捉鲜活事例，解剖典型案例，报道成功经验。《经济日报》和中国经济网组织了“转变发展方式调研行·城市系列”，取得了很好的宣传效果。而中央电视台《新闻联播》则采用小切口、大背景的创作手法，重在发现、研究、解决问题，并注重以生动的故事展现正在进行中的“转方式，调结构”。

加快经济发展方式转变是我国经济领域的一场深刻变革，关系改革开放和社会主义现代化建设全局。这场变革孕育着一种全新的转型文明。实现转型文明，是我们在后国际金融危机时期抢占制高点、争创新优势的必然要求，是实现国民收入分配合理化、促进社会和谐稳定的必然要求，是适应实现全面建设小康社会奋斗目标新要求、满足人民群众过上更好生活新期待的必然要求。这种文明的标志就是我国发展质量越来越高、发展空间越来越大、发展道路越走越宽。

可以说，一个百舸争流、千船竞发的转变经济发展方式新文明将从根本上重塑中国的经济版图。

主办 首都科学决策研究会
学术支持 北京国际城市发展研究院
编辑 领导决策信息杂志社

编辑部 （010）85995642
战略发展部 （010）85993919/5641（传）
地方事业部 （010）85993920/3923（传）
发行热线 （010）85991200/5112
财务部 （010）85995842/1203（传）
办公室 （010）85991202/1203（传）
国内发行 北京报刊发行局
国内订阅 全国各地邮政局（所）
邮发代号 2-152
地址 北京邮政2030信箱（邮编100026）
北京市朝阳区金台西路2号
官方网站 中国政务信息网www.ccgov.org.cn
编辑部投稿邮箱 bjb@ccgov.net.cn
法律顾问 魏大忠

转方式、调结构、保增长、降能耗背景下中国经济新地标

地标之一：京津沪渝高端形态、高端产业、城乡一体新标杆

地标之二：转变发展方式综合配套改革“唯一试点”的浙江魄力

领导 目录

LingDao

地标之三：生态江西和低碳先行的革命老区新魅力

地标之四：人才第一、环保优先、南北共建的江苏沿海开发新路径

地标之五：黄蓝相间双新驱动的“彩色山东”

领导 目录

地标之九：万亿宏图循环示范黄河金岸的陕甘宁老区新起点

地标之十：资源整合兼并重组的晋冀豫蒙转型发展大手笔

特别关注：十大“地标”之外看四川

彩插

转方式、调结构、保增长、降能耗背景下中国经济新地标

今年一季度，29个公布经济成绩单的省区市，除了新疆外，GDP增速均超越全国11.9%的水平，其中更有18省区市的增速超15%。上半年地方经济总体上也呈现高速增长态势，但各地普遍分析认为，上半年的经济和工业增速等指标将比一季度有所下降，即呈现“高开低走”之势。7月2日、7月10日江苏、宁夏召开上半年经济形势分析会，已得出“高开低走”的结论。

基于对上半年经济形势的分析和判断，各省区对下半年经济工作进行了具有针对性的安排部署。对各地来说，保增长在各项举措大力保障下，目标不难实现，关键是在保增长的同时降低能耗。对此，河北省7月12日召开的省政府第五次全体会议强调，下半年要进一步加大节能减排力度，以坚定不移的态度、背水一战的决心、壮士断腕的勇气，切实抓好节能减排工作。

地方面临“保增长”与“降能耗”双重考验

2010年以来，我国经济延续了平稳回升的良好势头，同时又存在诸多不确定性因素，这种扑朔迷离的经济变数也同样反映在地方经济中。近期，各省区陆续召开年中经济分析会、座谈会，梳理分析上半年和当前经济形势，安排部署下半年重点工作。

新兴产业、区域战略“双强”带动作用明显　海南拿下多个第一

在逐步走出全球金融危机影响下，上半年，地方经济延续了去年下半年以来高速增长势头。在全国上半年成绩单出笼前后，部分地区也公布了上半年主要经济指标完成情况。比如河南有关方面透露，上半年生产总值同比增长14.3%左右，比上年同期加快6.1个百分点左右。江苏预计上半年地区生产总值增长14.5%，宁夏预计上半年经济增速为18%，重庆市表示上半年GDP增长率达到17%以上。工业增加值方面，天津上半年全市规模以上工业增加值增长27.5%，完成总产值8068.6亿元，增长34.9%，为改革开放32年来同期增速最高；前5个月，山东省规模以上工业增加值同比增长20%，增速比上年同期提高9.8个百分点，比全国平均水平高1.5个百分点；江西1~5月规模以上工业实现增加值1150.1亿元，增长25.9%；7月12日，陕西省上半年工业经济形势分析会披露，上半年该省工业总产值各月增速都在40%以

上，呈现出高开稳走的态势。进出口总额更是让人“刮目相看”：上半年，北京地区累计进出口总值达到1444亿美元，同比增长60.2%；广西上半年外贸进出口77.4亿美元，增长39.9%；江西省1~5月进出口总额68.06亿美元，增长61.9%，同比提高78个百分点。

在促增长的同时，各省区着力加快经济发展方式转变，调结构成为重中之重，而调结构最突出的亮点是新兴产业大规模兴起。虽然国家战略性新型产业规划尚未正式出台，但地方早已抢先行动。如江苏省上半年新兴产业预计可实现产值1万亿元，占到全省规模以上工业完成产值的近四分之一强。其中，太阳能光伏、风电装备、新型环保装备、生物技术制药、软件前5月分别增长72%、195%、94%、51%、40%；一批重点行业增幅高于兄弟省市，以软件为例，增幅高于北京、广东，全国占比跃至18.1%。取得这样的成绩，主要是江苏省在制定六个新兴产业规划后，又迅速启动实施了“三大计划”，即新兴产业倍增计划、服务业提速计划和传统产业升级计划。今后三年，江苏新能源等六大新兴产业销售收入要翻一番，超过3万亿元，占全省工业的比重上升到30%左右。新兴战略性产业迅速发展的还有山东。1~5月份山东省工业结构进一步优化，其中，太阳能产业规模和生物医药产值位居全国第一位，风能、生物质能发电装机容量分别达到106.2万千瓦和43.7万千瓦，成为新能源产业发展速度最快的省市之一。

另一个助推上半年地方经济快速发展的是一批区域战略的实施。去年以来，海峡西岸经济区、江苏沿海、辽宁沿海经济带、鄱阳湖生态经济区、海南国际旅游岛、皖江城市带产业转移示范区等十多个区域振兴规划相继获批，我国迎来了区域发展规划的密集发布期。今年以来，又有沈阳经济区、重庆两江新区等区域战略获批。为实施这些区域战略，一些省市出台了力度大、含金量高的政策措施，如安徽出

上半年全国主要经济数据概览

指标	数据
GDP	国内生产总值172840亿元，按可比价格计算，同比增长11.1%，比上年同期加快3.7个百分点。其中，第一产业增加值13367亿元，增长3.6%；第二产业增加值85830亿元，增长13.2%；第三产业增加值73643亿元，增长9.6%。
工业	全国规模以上工业增加值同比增长17.6%，比上年同期加快10.6个百分点。分地区看，东部地区增长16.7 %，中部地区增长20.7%，西部地区增长17.6%。
固定资产	全社会固定资产投资114187亿元，同比增长25.0%。其中，城镇固定资产投资98047亿元，增长25.5%；农村固定资产投资16140亿元，增长22.1%。
CPI	居民消费价格同比上涨2.6%。其中，城市上涨2.5%，农村上涨2.8%。从环比看，6月份居民消费价格下降0.6%。上半年，工业品出厂价格同比上涨6.0%。
外贸	进出口总额13549亿美元，同比增长43.1%。其中，出口7051亿美元，增长35.2%；进口6498亿美元，增长52.7%。进出口相抵，顺差553亿美元。
居民收入	城镇居民家庭人均总收入10699元。其中，城镇居民人均可支配收入9757元，同比增长10.2%，扣除价格因素，实际增长7.5%。农村居民人均现金收入3078元，增长12.6%，扣除价格因素，实际增长9.5%。
消费	社会消费品零售总额72669亿元，同比增长18.2%。城镇消费品零售额62659亿元，增长18.6%；乡村消费品零售额10010亿元，增长15.6%。

台了关于加快推进皖江城市带承接产业转移示范区建设的“40条”，山东出台了落实“黄三角”规划的“40条”，江苏发布了涉及沿海开发的交通、水利、能源和电网、农业、工业、服务业、滩涂开发、环境保护、科技创新、人才队伍建设等10个领域的专项规划以及3年实施方案等。在这些区域战略快速启动实施带动下，一些地区经济发展的迅猛势头十分引人注目。如海南省因受建设国际旅游岛的利好政策影响，第一季度GDP同比增25.1%，增速排在全国首位。7月2日，海南省人大财经委召开的经济形势分析会披露，1~5月，全省规模以上工业完成增加值138.1亿元，同比增长18.9%，增幅为2008年以来的新高。固定资产投资总额增长51.4%，增速连续5个月在全国各省市区排位第一。全省社会消费品零售总额1~5月实现251.79亿元，增长19.2%，增速排名也居全国第一。专家分析认为，这次经济增长在产业得到夯实的基础上，是通过国际旅游岛启动建设充分释放的快速增长。随着国际旅游岛建设政策不断落实，以及重点建设项目的滚动建设，将支撑海南未来经济持续较快增长。江西省在大力推进鄱阳湖生态经济区建设中，外资利用继续领先中部地区。今年1~6月，江西省实际利用外资25.96亿美元，同比增长15.13%，已连续6个月保持两位数增长。广东省在实施珠三角规划等一系列政策举措推动下，经济回升态势明显，特别是民间投资增长出现了较为积极的态势。受金融危机影响，2008年以来广东民间投资一直较为低迷。但通过吸引民间资本投入城市建设等举措，广东民间投资在近期有所回升，今年1~5月，广东民间投资完成2473.51亿元，同比增长27.6%，增速较去年同期大幅提高23.6%。

经济“高开低走”、不确定性因素增多　12省区能耗出现由降转升

一季度，29个公布经济成绩单的省区市，除了新疆外，GDP增速均超越全国11.9%的水平，其中更有18省区市的增速超15%。上半年地方经济总体上也呈现高速增长态势，但各地普遍分析认为，上半年的经济和工业增速等指标将比一季度有所下降，即呈现“高开低走”之势。7月2日、7月10日江苏、宁夏召开上半年经济形势分析会，已得出“高开低走”的结论。江苏省预计，上半年GDP增速将比一季度

上半年部分地区经济数据一览

地区	GDP	工业增加值	消费	固定资产投资	进出口	居民收入
江苏	14.50%		18.40%		49.10%	
海南		18.9%（1~5月）	19.2%（1~5月）	51.4%(1~5月)		
四川		27.40%	18.50%	16.30%	45%	10%以上
河南	14.30%		18.50%			
山东	20%				20.35%	
陕西	16%左右	40%	2.90%			10.60%
宁夏	18%	31%			76.9%(1~5月)	
江西		25.9%（1~5月）	19.1%(1~5月)	30.7%(1~5月)	61.9%（1~5月）	

增速回落0.9个百分点；宁夏预计上半年经济增速比一季度下降1个百分点。宁夏的会议认为，在好的形势下要保持清醒头脑,准确评估、清醒认识、理性看待上半年经济的“高开”。上海市政府发展研究中心判断，上海的经济已经出现见顶回落的迹象。股市、房市、车市都在下滑，车市从5月份开始环比下降5.2%,7月份可能会出现负增长。前高后低将导致三季度出现各种因素叠加的状态，对上海经济影响比较大。而陕西省召开的上半年形势分析会也判断该省上半年以及全年经济增速将比一季度的18.2%有所回落，全年经济增速可能在15%，上半年可能在16%左右。上半年重庆GDP增长率比一季度的19.3%约下降两个百分点。

与此同时，各地对未来经济走势的复杂性和不确定性也有清醒的认识。江苏省政府分析上半年经济形势时就指出，必须充分认识国际国内经济形势的复杂性，“高度关注部分重点指标增速趋缓、生产要素矛盾逐步凸显、外需持续增长难度加大、房地产市场运行态势等方面问题”。江苏统计局官员表示，江苏目前出口增长较快，但是未来会如何，的确是个未知数，“同时由于最低工资上调，劳动力成本上升，对企业生产造成一定的压力”。四川省7月9日召开的上半年经济形势分析会认为，当前，宏观经济环境更加复杂，经济运行在产业结构调整、投资持续增长、民生改善、节能减排等方面还面临诸多困难和挑战。上半年的“领头羊”海南也有隐忧。今年一季度，海南GDP增速为25.1%，全国排名第一。主要源于农业增加值、服务业增加值、投资增速排名全国第一。其中，房地产开发投资增长136.9%，增速接近全国平均增速的4倍。但是，目前海南房地产开发已出现施工面积快速扩张与销售面积不断回落态势，海南对土地还有控制，经济放缓的可能性存在。房地产市场走势对经济的影响还难以判断。

特别值得一提的是，今年是实现“十一五”的最后一年，是实现节能减排目标的决战之年，完不成任务将被问责。“十一五”前四年，全国单位国内生产总值能耗累计下降14.38%，但与降低20%左右的目标仍有较大差距。尤其是去年三季度以来，虽然国家强调在实施一揽子刺激经济计划中，严禁“两高一资”项目，但实际上高耗能、高排放行业还是趁机获得了“喘息”的机会，一些淘汰的落后产能也死灰复燃，导致节能减排形势异常严峻起来。6月，发改委公布了全国31个省、自治区、直辖市2009年节能目标完成情况。公告显示，北京、天津、河北、山西和内蒙古等18个省、市、自治区考核结果为超额完成等级，但贵州、新疆考核结果为未完成等级，其余11省为完成等级。另据发改委透露，今年一季度，经初步核算，全国有河北、辽宁、上海、江苏、河南、湖北、湖南、广西、贵州、青海、宁夏、新疆等12个地区的单位地区生产总值能耗由降转升，大大增加了后三个季度的工作压力。

各地下大力气实现“保增长”与“降能耗”双赢

基于对上半年经济形势的分析和判断，各省区对下半年经济工作进行了具有针对性的安排部署。

宁夏7月10日举行的上半年全区经济形势分析会指出，在金融危机深层矛盾仍未解决的全球背景下，宁夏自我发展能力仍较弱，经济发展后劲还不强，所以不能盲目乐观，不能沾沾自喜，不能松劲懈急，不能放缓节奏。会议提出，今后几个月，要下工夫抓好八项工作，包括扩大投资、项目建设、培育龙头企业、发挥黄河金岸带动效应等。四川省上半年经济形势分析会提出，下半年要突出投资拉动、产业支撑、区域经济、改善民生等工作重点，以重点突破来推进全面发展。要细化落实工作措施，用好用足政策，抓住工作的关键环节和重点，破解突出矛盾和难题，强化要素保障，加大改革创新和开放合作力度，加强省市县三级联动，各部门协同，合力推进全省经济继续保持平稳较快发展。7月12日河北省政府召开第五次全体会议在总结分析上半年经济形势后，对下半年工作进行了安排部署，强调下半年要突出抓好四个方面工作：一是坚持把农业放在经济工作的首位；二是保投资、抓项目；三是确保完成节能减排全年任务；四是高度关注保障和改善民生。

7月12日，河南省省长郭庚茂主持召开省长办公会，提出继续抓好产业集聚区、招商引资、重点项目三项重点工作，特别要把招商引资作为事关全局的举措来抓；在城乡建设上实现大突破，努力扩大内需；把人力资源培育放到更加突出的位置，以此来扩大就业。湖南省政府7月14日召开电视电话会议强调，下半年要以更大的决心、更大的力气、更有效的手段抓项目建设，充分利用三季度施工黄金期，抓紧建设全省175个重点项目。

对各地来说，在各项举措大力保障下，“保增长”目标也许并不难实现，但问题的关键是在保增长的同时还要降低能耗。对此，河北省7月12日召开的省政府第五次全体会议强调，下半年要进一步加大节能减排力度，以坚定不移的态度、背水一战的决心、壮士断腕的勇气，切实抓好节能减排。要严把源头关口，突出重点领域、深入推进“双三十”行动，淘汰落后产能，关停“两高”企业，严格考核问责。辽宁省7月13日下发《关于确保实现全省“十一五”节能减排目标的通知》，对落后产能和“两高”行业过快增长等重拳出击。7月14日，山西省上半年经济形势分析会强调，虽然上半年主要经济指标保持较快增长，总体实现时间任务“双过半”，但能耗下降幅度较低，需要高度警惕，积极研究工业、交通、建筑领域节能对策。由于今年一季度能耗由降转升，宁夏下半年节能减排进入“啃硬骨头、攻硬堡垒”的关键阶段。为此，宁夏提出，坚持以壮士断腕的决心和勇气抓节能减排，不讲条件、不讲代价、不留后路、绝不退缩，宁可牺牲GDP，也要确保节能减排目标的完成。

地标之一：京津沪渝高端形态、高端产业、城乡一体新标杆

当今世界正处于大发展、大变革、大调整的重要时期，特别是在后金融危机时代，大城市转型显得更加迫切。作为中央赋予重大使命的京津沪渝四个直辖市，转变经济发展方式更要走在全国的前列，为全国做出表率。如何转？高端城市形态、高端产业创新、城乡一体发展成为它们的新标杆。

北京：瞄准高端形态建设世界城市

作为中国政治、文化中心、国际交往中心和金融管理中心，以圆满完成奥运会和新中国成立60周年庆祝活动为标志，首都的现代化建设进入了新的发展阶段。为巩固北京奥运成果，北京市提出了建设人文北京、科技北京、绿色北京的“三个北京”要求，并在今年相继出台了《绿色北京行动计划（2010—2012年）》、《人文北京行动计划（2010—2012年）》和《科技北京行动计划（2010—2012年）》，为北京今后的发展指明了方向。

特别是在应对国际金融危机过程中，北京对自己的发展定位有了新的思考和判断。2009年12月24~26日召开的北京市委十届七次全会正式提出了建设世界城市的新目标。在今年北京市两会上，建设世界城市正式写入了北京市政府工作报告中。市委书记刘淇表示，世界城市行动计划将在北京“十二五”规划中分解落实。据悉，北京市规划部门正在对世界城市进行细化研究，“北京版”的世界城市指标性量化体系正在编制当中，年中即可完成。

北京构建世界城市的宏伟目标酝酿已久，《北京城市总体规划(2004~2020年)》就提出了北京城市发展目标的定位，主要是分三步走：第一步，全面推进首都各项工作，努力在全国率先基本实现现代化，构建现代国际城市的基本构架；第二步，到2020年左右，力争全面实现现代化，确立具有鲜明特色的现代国际城市的地位；第三步，到2050年左右，建设成为经济、社会、生态全面协调可持续发展的城市，进入世界城市行列。

5月26日，第九届北京市市长国际企业家顾问会议举行，北京建设世界城市应借鉴的成功经验是会议主题之一。顾问们围绕这一主题提出了诸多建议，主要包括：一是建设国际金融中心，扩大债券和资本市场，发展商品交易所；二是发展新能源汽车，以新能源车辆的租赁服务体系作为新能源车在北京的发展突破口；三是建设国际商贸中心，加强城市商业网点的规划与布局，以推动万商云集的交易市场的形成，吸引更多的国际零售品牌代理商入驻，同时注重自主品牌的开发和推广，用不断创新的理念推动民族品牌的国际化发展；四是打造“绿色北京”，尽快成为“环境先进城市”，尽快推进光伏发电系统的大规模应用；五是构建一流社会福利体系，率先尝试将社会保障覆盖面延伸到外来打工人员；六是发挥优势吸纳更多高科技企业入驻。

北京建世界城市的三大理由

2009年12月28日，北京市委十届七次全会提出，要从建设世界城市的高度，审视首都的发展建设，提高科学发展的水平、规划建设的档次和服务管理的水准。这是北京市在新的阶段，对于提升首都科学发展水平作出的重要决策。一般来说，世界城市与国际城市是两个既有区别又有联系的城市类型。国际城市是指与世界其他城市之间具有较高的经济、政治、文化交往程度的国际化、现代化的城市，而世界城市是国际城市的高端形态，是聚集世界高端企业总部和高端人才的城市，是国际活动的聚集地和对全球的政治、经济、文化等方面具有重要影响力的城市。在赢得挑战中打造世界城市，这不仅是光荣与理想，而且是有着客观依据与实践条件的科学规划。

第一，建设世界城市是国务院批准的《北京城市总体规划（2004~2020年）》提出的要求。规划中明确提出，必须以建设世界城市为努力目标，不断提高北京在世界城市体系中的地位和作用。规划中还提出建设世界城市的阶段性目标。第一阶段要构建现代化国际大都市的基本架构；第二阶段到2020年，力争全面实现现代化，确立具有鲜明特色的现代化国际城市的地位；第三阶段即到2050年左右，建设成为经济、社会、生态全面协调可持续发展的城市，进入世界城市的行列。北京城市总体规划实施5年来，特别是随着北京奥运会、残奥会和新中国成立60周年庆祝活动的圆满成功，首都城市的建设管理水平得到极大的提升，很多规划指标提前实现。例如，规划中提出第二阶段到2020年实现人均国内生产总值达到1万美元的指标，我们提前11年实现了。在这样的背景下，提出要按照世界城市的标准推动首都的建设，目的就是在更高水平上贯彻落实国务院批复的城市总体规划。

第二，建设世界城市是顺应我国国情国力变化和国际地位提高的客观要求。当今世界正处于大发展、大变革、大调整的重要时期，政治多极化、经济全球化的趋势日益明显。特别是在应对国际金融危机的过程中，我们国家的国际地位发生了新的变化。客观上要求国家的首都必须面向世界谋划城市的发展，顺应国家统筹国际国内两个大局的需要，不断提升城市发展的国际化水平。

第三，建设世界城市我们已经具备了良好的发展基础。目前北京市人均国内生产总值突破1万美元，地方财政收入超过2000亿元，产业结构不断优化，第三产业比重已达到75.8%，首都的发展已经进入了全面建设现代化国际大都市的阶段。与纽约、东京、伦敦和巴黎相比，北京同样具备丰富的政治、经济、文化功能，丰富的科技、智力资源，丰富的历史、文化遗产。北京作为首都，在国家经济中占有重要位置。据经济普查数据显示，首都地区所有单位拥有64万亿元资产，约占全国207万亿元资产的31%。北京是中国特色社会主义国家履行宏观调控职能的所在地，北京完全可以而且应当建设成为世界城市。

建设世界城市，不是简单地模仿复制已有世界城市的形态和发展路径，而是要按照科学发展观的要求，大力实施“人文北京、科技北京、绿色北京”发展战略，在提高全球影响力的同时凸显中国特色、首都特点。2010年1月25日的两会上，北京市市长郭金龙在作政府工作报告时说，建设世界城市被定为北京未来的方向。北京市委书记刘淇在审议报告时表示，目前北京市已经组织专家在研究世界城市的目标体系等框架。

中外专家把脉北京世界城市建设

今年3月1日，北京市朝阳区与北京市发展和改革委员会、北京市委研究室、北京市委宣传部等9单位在京联合举办2010年世界城市建设国际论坛，邀请驻华使馆、跨国公司、国际组织及政府官员、专家学者等近400名中外代表，从理论层面研究和探讨世界城市建设。

2009年，北京市政府明确提出要“着眼建设世界城市，坚持高标准建设、高质量管理、高水平服

相关链接

世界城市

国际大都市的高端形态，对全球的经济、政治、文化等方面具有重要的影响力。目前公认的世界城市有纽约、伦敦、东京。其具体特征表现为国际金融中心、决策控制中心、国际活动聚集地、信息发布中心和高端人才聚集中心5个方面，并具备以下6个支撑条件：一是一定的经济规模，二是经济高度服务化、聚集世界高端企业总部，三是区域经济合作紧密，四是国际交通便利，五是科技教育发达，六是生活居住条件优越。

务，进一步提高现代化、国际化水平”。为落实北京市委、市政府的决策部署，进一步深入学习、加强研讨，把握世界城市建设的规律和内涵，北京市朝阳区与北京市相关部门邀请中外专家学者围绕世界城市建设共同关心的文化软实力、国际组织作用发挥、国际金融中心建设等问题进行了演讲。

博鳌亚洲论坛秘书长龙永图认为，世界城市是公认的。北京建设世界城市总体上是一个认知的问题，一个文化的问题，一个软实力的问题。因此，北京建立世界城市不仅要使北京具有世界一流的经济力量，而且更重要的是打造北京独特的文化软实力。北京建设世界城市的软实力应包括：在世界上享有极高的知名度，有深刻广泛的影响力，有独特的吸引力和强大的亲和力。

中国美国商会会长Michael Barbalas则认为，要发挥非政府组织和非营利组织的作用，推动北京建设世界城市。

2030年北京将基本形成世界城市的框架

北京国际城市发展研究院院长连玉明认为，北京提出建设世界城市，现在是非常好的时机。以北京目前的现状，2030年将基本形成世界城市的框架。

作为著名城市专家，连玉明对世界城市有着非常深入的研究。“世界城市是指对全球经济政治战略性要素具有影响力和控制力的节点城市，目前公认的有3个，纽约、伦敦和东京，巴黎的控制力还没有这么强。”

连玉明说，国际城市是城市形态的高级阶段，世界城市是国际城市的高端形态，是全球城市网络中的主要节点。换句话说，世界城市就是对全球经济政治具有影响力和控制力的城市。从特征上讲，世界城市是全球战略性资源、战略性通道和战略性产业的控制中心，是全球跨国公司的集聚中心、全球重要的金融中心、全球重要的政治中心、全球制造业和高科技结合的市场中心，全球资本流、信息流、人才流、技术流和物流的集散中心，也是世界文明融合与交流的多元文化中心。北京定位为世界城市，是首都新一轮发展的重大战略选择。

连玉明认为，北京现在提出建设世界城市是有条件的。经济全球化和金融全球化趋势，特别是国际金融危机后世界经济政治多极化的格局以及世界城市重新洗牌的机遇，为北京建设世界城市提供了历史良机。另一方面，北京奥运会的成功举办，提升了首都城市的综合竞争力，也提升了首都城市的国际影响力。此外，2009年北京实现人均GDP首破1万美元，按照世界银行最新划定的标准，北京处于中等富裕城市行列，标志着北京经济社会发展步入一个新阶段，也意味着北京跨入国际城市门槛。

对于如何将北京建设成为世界城市，连玉明从四个方面进行了分析。一是加快建设国际政治中心。在世界政治经济多极化的格局下，以国际组织为主体的第三方力量对国际政治的影响力将不断扩大。北京应加速引进国际组织，通过第三方声音影响世界，凸显大国首都的国际政治功能，集中释放国际影响力，是北京世界城市建设的重中之重。二是加快建设国际文化中心，通过中外文化交流，形成世界文明融合与多元文化中心。三是加快建设国际金融中心。连玉明建议将CBD作为北京国际金融中心主要承载区。此外还要加速建设国际航运中心。这四个中心是北京建设世界城市的着力点。

“北京建设世界城市，不仅是中国参与全球竞争的重要国家战略，而且对亚洲太平洋地区特别是东北亚地区经济社会的发展具有重要意义。”在连玉明看来，经济全球化和区域一体化引发了生产及组织方式的深刻变革，全球市场的融合和生产与商务流程的重构带来了产业资源在全球范围内的整合，以区域为单位参与全球竞争逐渐成为各国的战略选择。世界城市作为现代社会经济发展进程中一个具有划时代意义的区域形态，是各国城市化进程的必然结果。它对于促进城市间区域经济发展、打破地方保护主义、改善城市投资环境、优化社会资源配置起着极其重要的推动作用。

“在发展中国家建设世界城市更需要世界城市区域体系的支撑。”连玉明认为，北京建设世界城市应考虑三个战略层次，即环渤海地区、京津冀地区和北京、天津及外围地区。必须以北京为中心，形成一个辐射能力强、开放程度高、具有世界影响力的城市极点；围绕北京、天津两核形成一个功能完善的城市区域，并以此建构一个密切互动的京津冀经济圈一体化发展。

北京建设世界城市要应对五个挑战

作为中国政治、文化中心、国际交往中心和金融管理中心的首都北京，成为世界城市，已是势所必然。从北京自身来讲，自筹办奥运会以来，取得了长足的进步，城市经济发展、基础设施建设、社会建设、国际化程度、现代化水平、城市美誉度等都大大增强和提高，已经成为世界注目的东方大都会，北京从中获得了宝贵的经验和自信。可以说，北京加快世界城市进程，主客观两方面条件都已具备。但即

相关链接

连玉明：世界城市，北京的抉择

北京城市建设蓬勃发展，向着建设世界城市的目标迈进。

北京提出了分三阶段建设世界城市的战略目标：第一阶段，全面推进首都各项工作，努力在全国率先基本实现现代化，构建现代国际城市的基本构架；第二阶段，到2020年左右，力争全面实现现代化，确立具有鲜明特色的现代国际城市的地位；第三阶段，到2050年左右，建设成为经济、社会、生态全面协调可持续发展的城市，进入世界城市行列。

北京市提出建设世界城市，是一个非常重大的战略决策。这是北京顺应全球政治经济格局变化后的选择，建设世界城市，是首都在成功举办奥运会之后，谋求更高层次发展的新的奋斗

目标。因而，北京建设世界城市站位高、时机准、意义深远，凸显了首善之区的政治责任感、历史使命感，以及积极主动求发展的姿态。

世界城市内涵丰富

世界城市是国际城市的高端形态，对全球政治、经济、文化具有影响力。

世界城市对我们来说是一个全新的概念。什么是世界城市？我们可以从形态上、作用上、特征上三个方面去理解。

从形态上讲，世界城市是国际城市的高端形态。这包括三个层面。第一，世界城市是一种社会形态，即社会的发展模式，就是经济社会发展过程中的资源要素配置机制，通过资源要素的优化配置最终实现城市价值最大化。第二，世界城市必须首先是国际城市。城市成为资源集聚、辐射、流通和增长的载体，也成为资源配置的网络节点。中国有大大小小建制城市660多个，全世界的城市有3000多个。在资源配置过程中，根据城市等级的高低、能量的大小、联系的紧密程度，城市被分成不同层次，其中对全球政治经济文化或全球资源配置起到关键作用的主要城市，就是国际城市。国际城市也就是全球城市网络体系中的主要节点。第三，世界城市是城市的高端形态，高端形态是指全球性的国际城市，如纽约、伦敦、东京，目前在理论界、学术界公认的只有这三个；中端形态是指区域性国际城市，它在跨国界的区域资源配置中起关键作用，如巴黎、新加坡、中国香港等；低端形态是指国家性国际城市，即如中国的北京、上海、天津、重庆和广州。也就是说，目前的北京还处于国家性国际城市形态的阶段。

从作用上讲，世界城市应对全球政治、经济、文化具有影响力。

影响力是一个城市拥有主导和改变思维模式与价值取向的能力及权利。在内涵上主要包括三个方面：一是公认度。世界城市不是自封的，而是公认的，是需要有社会认可度和国际公认度的。提升国际公认度的前提是要有国际知名度、美誉度、满意度等。二是话语权。从某种意义上讲，影响力就是话语权。话语权是平等参与全球化事务的一种资格。影响话语权的要素有定价权、信息发布权、文化主导权、技术标准权、市场引领权和规则制定权等权利。三是软实力。软实力是影响力的本质。也有人把软实力翻译成软权力。软实力至少包括国际语言环境、国际机制和对外政策、人才、意识形态和价值观、文明程度和大众传媒等。国际语言环境是一国软实力的重要表现。这并不仅在于多少人会讲外语，关键是跨文化交流。语言是文化的外化，语言环境实际上是文化环境。世界城市不仅是全球战略性资源、战略性产业和战略性通道的控制中心，也是中外文明融合和多元文化的交流中心，是硬实力与软实力的高度统一体。

从特征上讲，世界城市至少应当具备五个基本特征：一是雄厚的经济实力：包括国内生产总值总量大；人均国内生产总值程度高；后工业化经济结构明显，特别是现代服务业发达；总部经济贡献率大。二是巨大的国际高端资源的交易和流量：国际高端资源就是国际高端的人流、物流、资金流、技术流和信息流。世界城市不仅看总量，更重要的是看流量，流量就是控制力，交易量就是影响力。三是发达的、现代化的、立体化的交通体系。要特别强调的是，一个城市的交通重在体系建设，这个体系包括战略、规划、建设、管理、可持续发展，也包括外部区域体系和城市内部体系。四是安全、稳定、宜居的社会环境。真正的宜居环境，是一个城市需要更加繁荣、更加开放、更加多元、更加包容、具有更多的选择性。五是良好的国际形象。这个形象包括政治形象和社会形象。比如诚信环境、公众素质、文明程度、社会风尚等，最根本的是人的素质，是一个城市的品质。比如，城市文明就是一个标志，实际上，厕所文明、垃圾文明及无障碍文明最能反映一个城市的文明程度。

抓住机遇必然选择

世界政经格局发生变化，为北京建设世界城市提供了良好的历史机遇。北京建设世界城市是推动首都城市战略转型和经济发展方式转变的必由之路。有利于推动环渤海都市圈的加速崛起。

世界城市发展的基本规律有两条：一是世界城市产生于世界经济增长的重心区域；二是世界城市的形成和发展依赖于世界城市区域体系的强大支撑。任何一个世界城市都不是孤立的，纽约、伦敦、东京都有一个区域腹地的支撑。这两个基本规律对北京建设世界城市有三点重要启示：

第一，世界政经格局发生变化，为北京建设世界城市提供了良好的历史机遇。特别是国际金融危机以来，以“金砖四国”为代表的新兴经济体在世界经济格局中的影响和实力加速上升，并占有更大的发展先机和空间。崛起中的中国城市有条件形成相应的影响力，北京应当抓住这一难得的机遇建设具有全球影响力的世界城市。

第二，北京建设世界城市是国家发展战略布局的要求，有利于推动环渤海都市圈的加速崛起。一般认为，中国有条件建设世界城市的是香港、上海和北京，从而带动珠三角、长三角、环渤海三大都市圈的加速崛起。北京和天津同城化，形成京津大都会，将成为带动环渤海的核心。

第三，北京建设世界城市是推动首都城市战略转型和经济发展方式转变的必由之路。世界城市作为一种发展方式，它要求经济社会发展必须是高端的、低碳的、集约的和多元的。从纽约、伦敦、东京这些城市的演变过程中看，世界城市面临着社会分化和生态环境恶化的挑战，“先分化后治理”、“先恶化后治理”的老路子北京不能重复。

使如此，中共北京市委研究室余钟夫还是提出北京建设世界城市，要应对的五个挑战：

挑战一：城市扩张与限制的矛盾

北京建设世界城市是否意味着要延续现有超常扩张的发展方式？这是北京建设世界城市首先要回答的问题。

自20世纪90年代以来，北京城市规模快速扩张，建成区面积从400多平方公里扩大到现在近1200平方公里，几乎是原来的3倍；人口从近800万增加到2000多万，是原来2倍多，其中一半以上人口聚集在主城区，首都功能核心区每平方公里有22546人；机动车则从60多万辆增加到410多万辆，是原来的6倍多。北京城市屡超规划的扩张给城市资源、环境、交通、治安、日常运行和管理带来了巨大的压力。问题是迄今为止，北京还没有找到控制城市继续快速扩张、功能继续增强的比较合理有效的办法：城市规模扩张式建设格局依然在延伸，流入人口以每年60万速度在增加，机动车每年增加50多万辆，每两年就增加100万辆，而且北京机动车使用频率要比其他世界城市高出几倍。显然，如果再按目前这样扩张下去而不加以控制的话，仅过十年以后，静态估计北京的人口就将会接近3000万，机动车900万辆，建成区扩充到1800平方公里。而再过三十年，等到2050年，北京将会膨胀成什么样？那样的巨无霸在未来将如何生存？的确是个问题。因此，北京建设世界城市，恐怕不能延续简单的扩张式发展路径，而需要采取必要的限制措施；不能听任扩张冲动的主宰，而要规之以发展理性；要在疏解城市功能、增强可持续发展方面走出新路子。一句话：不能只做加法，还要做减法。

因此，如何把北京当前正在进行的城乡结合部地区发展、新城建设、南部地区发展和新机场建设等增量发展纳入首都建设世界城市的长远规划中，进行科学谋划；如何审慎地、理性地、前瞻地规划控制现有中心城区已有的功能和诸多中心，而不是一味地强化；如何适时处理好控制外来人口与实现居住和户籍、教育、医疗、社保平权的关系，等等，都需要有新的视野。不管怎样，走向世界城市，我们谨记城市学大师刘易斯·芒福德的警示：切不能把特大城市本身作为目的。

挑战二：单城突进与区域协进的矛盾

世界城市，通常都以发展水平较为接近的都市圈形式出现，北京也不应例外。世界城市目标的凸显，客观上可能会助推北京城市进一步扩张，功能更加强化，加速北京对各种优质发展资源的吸附和聚集，很有可能进一步拉大与周边地区的差距。

长期以来，北京的发展呈“孤城突进”之势，北京与周边地区发展存在很大落差，环京周边100公里的区域内，存在着大面积贫困带，这些地区多处于半干旱和半湿润过渡气候带，山贫土瘠、沙化严重、盐碱遍地，几百年来一直就是穷困地区，像这样在首都周边存在贫困带的现象在世界上是极为少见的。环京八市石家庄、廊坊、保定、唐山、秦皇岛、张家口、承德、沧州与北京发展水平差距较大，八市经济总量再加上天津，略超北京。而纽约、伦敦、东京、巴黎大都市圈的发展同质化程度很高，大都市圈内的发展水平都很接近，为它们成为世界城市提供了强有力的支撑。国内具有成为世界城市可能性的上海，其所在的都市圈同质化程度、区域成熟程度也要高于北京都市圈。实际上，作为具有800年建都史的古都，不管是封建时代的京城也好，还是作为社会主义国家的首都，北京城的繁荣从来不局限于京畿圈的供养，而是仰仗于威权治理下的首都经济模式，聚集全国的优质资源，调用各方的要素。如果单凭北京周边地区的资源，是不足以支撑大北京的。但是，这样的超市场、调用资源型、孤岛式的超大发展模式，在未来新的发展背景和发展理念以及承载条件下，要不要持续？能否长期持续？以及如何持续？值得深思和考虑。环视世界，大城市的都市圈化是世界城市发展的趋势，世界城市的建成无不仰赖于整个都市圈的发展，没有都市圈支撑的世界城市是难以持续的。

挑战三：模仿与创新的矛盾

迄今为止的世界城市，都产生于21世纪之前，随着工业化、城市化、现代化的进程，尤其是全球化的推进，而成为引领城市发展，乃至引领世界发展的众城之城。

中国是现代化的后来者，城市化的追赶者。近三十年来的追赶，特别是最近十年的快步前进，中国各地，以史无前例的速度，进行着波澜壮阔的造城、改城、扩城运动，北京也难避免，主导这场城市化速成运动的关键词有两个：复制和模仿。大量似曾相识的高楼大厦拔地而起，许多互相抄袭的街区和景观隔城并立。先是复制国外城市，然后国内城市互相抄袭。当然，要追赶便不能没有学习和仿造。但是，简单、机械的模仿也很可能把问题和病毒一起复制下来。当前北京人口蜂聚、交通拥堵、空气浊化、贫富差距拉大、城市不断膨胀，所有这些城市病，都是以往许多国际城市所曾经经历过的，我们只是在重复。正如拉维丹所指出的，19世纪城市的历史是一部疾病的历史，20世纪的城市历史，可以称作一部奇怪的医疗故事，这种治疗方法产生的不良反应像疾病本身一样坏。在建设世界城市的过程中，我们如何在理念上、思维上、方法上、技术上有所突破，实现创新；如何避免19、20世纪城市建设的通病，走出过分贪大求多的误区，修正规模就是一切的工业化时代模式；如何以新的理念理解城市的功能，诠释城市的价值，切实走出一条绿色、低碳、低耗、循环经济的发展之路；如何辩证地看待技术手段的两面性，不过分使用技术，尽可能地回归自然、顺应自然；如何洞悉先行世界城市曾经经历的城市化、郊区化、再城市化背后的历史逻辑而有所为、有所不为。这些都是对北京建设世界城市的考验。

挑战四：文化包容与冲突的矛盾

世界城市，必然也是文化之都。没有全球文化影响力的城市，不成其为世界城市；不能以先进文化引领世界城市，无疑是个名不副实的世界城市。

北京要建设世界城市，必然要寻求文化上的影响力，展现自身的文化魅力。中华文化源远流长，自成一统，近代以来虽因国衰而示弱于西式文化，但体系依然、活力依旧。北京固然历史文化积淀深厚，现有文化建设多有可称道之处，但要具备世界城市的文化影响力，尚需努力。鉴于东西方在世界观、价值观、意识形态、文化理念方面的差异，北京弘扬中国文化，无疑要打破西方的文化霸权，冲决西方文化模式，因此难免会彼此发生剧烈碰撞，需要较长时期的磨合，其实这种碰撞和磨合一直都在进行。文化争夺，核心是文化主导权和话语权的争夺。城市主要功能就是化力为形、化权能为文化。这种文化权能通过制度文明、科技创新、观念先进、引领时尚借以展开和实现。某种意义上说，北京成为世界城市，城市硬件和经济上面临的挑战相对比较直接，而文化上面临的争夺和竞争将更为深刻和持久。未来，北京能否以包容的心态学习吸收人类一切好的文化；能否实现中国传统文化精华与世界优秀文化的融合，实现创造性转化并世界化；能否在城市运营和治理、环境保护、市民生活方面提供21世纪的城市生活样式；能否在营造创新氛围、孕育时尚观念、繁荣文化艺术方面体现21世纪的潮流；能否提升文化创意产业的规模、层次和国际化水平；最具挑战性的是，北京能否克服莫斯科当初以意识形态和文化绝对对立的姿态立于世界城市之列，而以更具有亲和力、包容性、吸引力的城市形象走向世界中心，并以制度文明示世。这些都需要北京，其实是需要我们国家在制度和文化上不断探索和创新。

挑战五：现代城市与古都风貌的矛盾

北京旧城的构建体现了中国的哲学思想、人文传统、美学观念和营造技术，是中国古老文明的伟大创造，堪称人类古代城市设计的东方典范。

北京是中国历史文化名城之首，是全球拥有世界遗产项目数量最多的城市之一。然而，近年来，反映老北京风貌的旧城传统建筑，以年均减少一平方公里的速度在消亡。在北京约62.5平方公里的旧城里，有关数据显示，旧城四合院传统建筑风貌区以及传统和现代混合区的面积，不到总量的40%；完全现代化风貌的区域已占40%多；道路、现代广场的面积大约占20%。原有的3000多条胡同，保存至今剩下不足500条。从大约1200平方公里建成区的大范围来看，北京的旧建筑业已成为零星的散落，整个城市几乎可以看成是一个现代化的城市。大量的新奇建筑出现在北京，许多新建筑找不到中国文化的亲切感，从而使北京城市特征、城市风貌和城市气质模糊化。也许新奇建筑的评价尚有待于历史检验，但是不能承载自身文化的建筑很难说是好建筑，没有历史年轮的城市亦难以成为令世人认同的世界城市。

建设世界城市，北京如何能以保护和发展兼具的眼光对传统建筑和旧城风貌，实现发展性保护。如何避免资本暴力下的开发商主导、急功近利的大拆大建；如何控制超密度中心区、低俗商业设施的建设、避免随意改变城市肌理的滥权；如何加强旧城改造的统一领导，克服各自为政，肢解政策的局面；如何适当控制新奇建筑试验数量，加强新奇建筑设计的论证、审核和把关，使北京成为面向未来，兼顾传统与现代，中外合璧的高品位、高境界的世界之城，还需努力。

近十年来，北京城市呈现全面的发展和进步，成就巨大，有目共睹。今天，北京提出建设世界城市，应在情理之中。但是，建设世界城市，既不是北京一城之事，亦非北京一市之功，而是中国实现复兴，真正成为世界一流强国的要求。没有国家的崛起，北京难以有世界城市的影响力，亦难以成为

相关链接

北京推行村庄社区化管理 加强社会管理创新

7月4日的《北京日报》报道，北京市市委书记刘淇专门偕国务委员、公安部部长孟建柱等来到大兴区西红门镇，围绕“推行村庄社区化管理，促进‘平安北京’建设”主题进行调研。

大兴区西红门镇大生庄村是本市第一个实行社区化管理的自然村，与城里的小区一样，这里的村口也设有门禁系统，所有人员、车辆进入必须出示证件。市公安局大兴分局负责人介绍说，大生庄村是大兴区人口倒挂现象较为严重的村之一，目前有流动人口2400多人，与常住人口比例为7∶1，治安问题一向比较突出。实行社区化管理以来，通过“建围墙、安街门、把路口、设岗亭、人车持证出入”等措施，全村已连续三年实现刑事案件零发案。目前，大兴金星地区16个村庄已全部实行社区化管理，社区民警、村庄专职巡防队员、流动人口管理员共计414人已全部到岗开始工作，监控探头、监控终端等技防设施设备全部安装到位。

大生庄村的综治中心包含了警务站、巡防站、流管站、调解室等多个部门，一套完整的电子台账，包含了全村每一户每个人的基本信息。刘淇叮嘱管片民警，一定要随时监控、全面掌握人口流动信息，切实提升流动人口服务管理水平。

孟建柱在对大兴区推行的村庄社区化管理工作给予了充分肯定。他说，近年来，伴随着经济的快速发展，流动人口大量增加，给城市管理带来了许多新难题。大兴区创造的村庄社区化管理新模式，思路新，机制好，工作实，成效明显。思路新，党委政府主导，公安机关组织，群众自主参加；机制好，“三站一室”设置和“两支力量”的配置合理；工作实，将人口管理和服务工作有机地结合在了一起；成效明显，各类犯罪率大幅度下降，部分村庄实现了零发案。

刘淇说，大兴区推行的村庄社区化管理模式，是北京在城乡统筹发展、城乡一体化进程中进行的积极有效探索。这一模式取得了四大成效：一是创新管理模式，提高了村庄管理水平；二是采取多种措施，大大降低了发案率，提高了社会治安水平；三是有效改善了村庄环境；四是群众的安全感和满意度大幅提高。大兴区探索的村庄社区化管理经验，今后要在全市大力推广。希望大兴区继续创新，为全市社会管理工作不断提供新经验。

刘淇要求，要把加强社会建设、创新社会管理作为深入贯彻落实科学发展观、构建社会主义和谐社会的重要任务，按照中央要求，坚持社会管理创新工作不动摇，在体制机制方面不断创新。随着首都经济快速发展，流动人口数量不断增加。要在服务好流动人口的同时，不断加强管理，使之既符合首都发展需要，又适合首都资源环境承载力。

真正意义上的世界城市。可以预料，中国走向世界中心、实现伟大复兴之日，就是北京成为世界城市之时。需直面的是，中国是现代化的后来者，即使我们寻求在世界既有秩序之内的发展，中国的复兴之途仍然充满阻遏，面对诸多考量，北京世界城市的愿景美好，前途光明，但也是一条充满艰苦和挑战之路。

国务院批复北京四区合并

为促进北京整体实力的均衡发展，加速实施南城发展振兴战略，北京市决定将东城、西城、崇文、宣武四城区合并。7月1日，新华社发布消息称，国务院正式批复了北京市政府关于调整首都功能核心区行政区划的请示，同意撤销北京市东城区、崇文区，设立新的北京市东城区；撤销北京市西城区、宣武区，设立新的北京市西城区。北京市市委书记刘淇强调，要充分认识首都功能核心区行政区划调整的重大意义。首都功能核心区行政区划调整是关系首都长远发展的一件大事。党中央、国务院高度重视。我们要认真贯彻落实中央的指示精神，深入细致地做好行政区划调整工作。调整首都功能核心区区划，不仅对于更好地推动首都的科学发展具有重大意义，而且具备了相应的条件，现在推进这项工作，合时宜、顺民心、有基础。作出这样的调整，有利于贯彻落实科学发展观，推进区域均衡发展；有利于整合利用核心区资源，拓展新的发展空间；有利于创新体制机制，优化行政资源配置；有利于推进核心区发展建设，增强首都服务功能。要充分认识行政区划调整的重大意义，自觉将思想和行动统一到党中央和国务院的指示精神上来，精心谋划和组织好这次行政区划调整工作。

刘淇要求，要认真把握首都功能核心区行政区划调整的基本要求。调整工作要本着调整区级、街道不动、深入细致、平稳有序的原则开展工作。调整区级，就是这次调整只涉及相应区级机构的整合。街道不动，就是原来四个区的各个街道保持现状，不进行调整。深入细致，就是要精心谋划、精心组织、精心实施调整工作方案。平稳有序，就是要在调整区划、机构的同时保证党政机关正常运转。要按照统一政策、坚持标准、公平公正、结构合理、总数不减、职级不变、多方负责、妥善安排的原则，开展行政区划调整中的干部工作。

据新华社的报道，此次区域合并的目的：一是有利于推进区域均衡发展；二是有利于提高核心区的承载能力和服务水平；三是有利于加强历史文化名城的整体保护；四是有利于降低行政成本，提高行政效率。

据了解，早在2005年，北京社会科学院牵头起草的《“十一五”期间加快北京南城发展思路研究》就已上报北京市发改委，提出城区合并的问题。此后相关工作一直在政府层面进行。

从经济实力上来看，东城、西城、崇文、宣武去年财政收入分别为72.9亿元、152.2亿元、20.6亿元和46.67亿元，南城两个区的经济发展与北城两个区经济发展差距明显。由于城区内四个区面积都不大，所以整合后将利于资源互通。此外，东城、西城经济比较发达，而由于历史原因，南城两区经济相对较弱，合并后有利于带动南城经济发展。

为了促进南城的发展，去年北京市启动促进城市南部地区加快发展行动计划，希望通过实施一批重大工程，改善该地区相对滞后的发展面貌。

而对于这几个区来说，目前继续扩张的余地并不大。从面积来看，东城、西城、宣武、崇文四区面积分别为25.38平方公里、31.62平方公里、18.91平方公里和16.52平方公里，比起面积455.08平方公里的朝阳区、面积430.73平方公里的海淀区，区域面积狭窄。

除北京外，上海、天津、深圳等国内城市已经开始大手笔改革调整行政区划。其主要动因就是解决相对固化的行政区划与产业聚集发展之间的不适应，理顺功能区与行政区的管理体制，使优惠政策发挥最大效益。

中关村行动计划锁定“六大工程”

中关村将成为加快首都经济发展方式转变的强大引擎。北京市委、市政府发布的《建设中关村国家自主创新示范区行动计划(2010~2012年)》指出，到2012年，中关村高新技术产业增加值将年均增长15%以上，占北京市地区生产总值的比重达到20%，要形成一批创新特色鲜明、竞争力强的产业集群。

初步形成有利于自主创新的体制机制框架和文化氛围、自主创新能力显著增强、战略性新兴产业的国际竞争力不断提升，中关村成为加快首都经济发展方式转变的强大引擎……《行动计划》从四个方面描述了中关村的新图景，并提出具体的目标。

《行动计划》指出，到2012年，企业总收入在2009年基础上增长45%。产业结构进一步优化，若干世界领先水平的新兴产业逐步形成，高技术服务业占中关村高新技术产业的比重达到60%。企业研发经费支出比2009年增长15%，占总收入的比重超过4%。企业发明专利授权数比2009年增长60%。吸引和聚集一批优秀创新人才特别是产业领军人才。

创新、创业难免有失败，行动计划为此指出，要“形成激励创新、鼓励创业、宽容失败的文化氛围，创新创业的活力进一步增强”。

为了达到上述目标，《行动计划》提出要实施“六大工程”：支持200家以上创新型企业做强做大；加快推动20项以上重大科技成果在中关村转化和产业化；重点组织20项以上中关村自主创新产品的示范应用项目；大力吸引和聚集150名以上产业领军人才和创业投资家在中关村创新创业；进一步完善技术与资本高效对接的机制，到2012年，中关村示范区的境内外上市公司总数达到200家以上，在境内创业板形成“中关村板块”；加快建设南北两个高端产业聚集区。到2012年，北部研发服务和高新技术产业聚集区、南部高技术制造业和战略性新兴产业聚集区的产业规模均要超过6000亿元，各形成4个千亿级规模的产业功能区。

天津：依托滨海新区构筑高端产业高地

2006年国务院相继下发《推进天津滨海新区开发开放有关问题的意见》和《天津市城市总体规划(2005~2020年)》，首次明确天津未来发展目标为我国北方经济中心和辐射能力强的国际港口城市、宜人居住的生态城市，而滨海新区则被定位为我国北方对外开放的门户、高水平的现代制造业和研发转化基地、北方国际航运中心和国际物流中心及宜居生态型新城区，滨海新区被确立为未来北方经济中心的龙头。如何实现这一全新发展目标和战略定位？2007年召开的天津市第九次党代会提出了“提升优化第一产业，做强做大第二产业，大力发展第三产业，形成高端化、高质化、高新化的产业结构”的路线图，经济总量占全市一半的滨海新区成为天津打造“三高”产业最重要的载体。

构筑“三个高地”　打好“五个攻坚战”

今年4月22日，天津市专门召开座谈会，进一步落实胡锦涛总书记对天津提出的“四个着力”工作任务。市委书记张高丽强调要加快构筑“三个高地”、全力打好“五个攻坚战”。围绕滨海新区这一重中之重，天津市首先是确定了“一核双港、九区支撑、龙头带动”的发展布局，“一核”是指滨海新区商务商业核心区，“双港”是指现在的天津港和正在建设中的南港；“九区支撑”是指通过先进制造业产业区、滨海高新区等九个功能区的产业布局调整、空间整合，形成产业特色突出、要素高度集聚的功能区；“龙头带动”是指营造一流发展环境，当好改革开放的排头兵，凸显滨海新区作为新的经济增长极的龙头带动作用。其次，高水平的现代制造业和研发转化基地初步形成，形成了航空航天、石油化工、电子信息、生物医药等8大优势支柱产业及重大项目建设加快推进的格局。第三，北方国际航运中心和国际物流中心加快建设，北京、天津两大城市的同城效应正在显现。第四，综合配套改革试验全面推进，制定了3年行动计划，实施了10个领域20个重点项目、50个具体事项的改革工作，金融专项方案获得国家批准，初步形成以银行和保险等机构为主体，包括信托、租赁、基金、证券、期货、保理和财务公司在内的门类较为齐全的金融服务体系。

为了全面推进滨海新区建设，2009年8月，天津市部署实施“十大战役”，总投资达1.5万亿元，计划用一年半时间完成。其中，中新生态城和作为滨海核心区之一的天津经济技术开发区循环经济园成为引领天津经济发展发生转变的两个标杆。中新天津生态城是世界上第一个国家间合作开发建设的生态城市，一起步就突出高标准设计、高起点建设。如生态城确定了22条控制性指标和区域协调融合的4条引导性指标，其中百万美元GDP碳排放强度低于150吨，可再生能源利用率达到20%等指标接近或超过发达国家水平。

5月29~31日，全国政协主席贾庆林在天津调研时强调，努力把滨海新区建设成为贯彻落实科学发展观的排头兵。要高起点、高水平搞好产业布局，重点发展高附加值、经济效益好的产业，形成科技创新的良好氛围，使滨海新区一开始就走上内生增长、创新驱动的发展轨道，成为节能减排、节能降耗、环境保护的样板，成为充满生机活力、富有创造精神的战略高地。

天津市以重大项目构筑高端产业高地

第九次党代会以来，天津市推出一系列重大项目，构筑高端产业高地。5月17日，该市重大项目取得成效。今年一季度，全市完成投资526亿元，占全市同期投资的56.1%。

类别	进展情况
120项工业重大项目	空客A320、百万吨乙烯炼化一体化、北疆电厂一期、玖龙纸业（行情、资讯、评论）等43个项目已经建成投产，60个项目在建，17个项目正在做前期工作
60项服务业重大项目	东疆保税港一期工程1个大项竣工，47个大项在建，12个项目正在做前期工作。今年一季度完成投资101亿元，累计完成投资1039.4亿元
区县600项重大项目	截至3月底，104个项目全部竣工，437个项目在建，59个项目正在做前期工作。目前已完成投资140.9亿元，累计完成投资1385.3亿元
80项自主创新产业化项目	5个项目建成，75个项目在建，完成投资29.99亿元，累计完成投资152.9亿元
20项交通重大项目	蓟港铁路扩能改造、北港池集装箱码头B段、机场二跑道3个项目已竣工，11个项目实施，6个项目处于前期工作阶段，今年一季度完成投资11.87亿元，累计完成投资375.28亿元
20项重大市政基础设施项目	津汕高速天津段、中心城区快速路、中心城区河道治理、配套道路4个项目竣工，14个在建，地铁五、六号线未开工。一季度完成投资45.15亿元，累计完成投资644.3亿元
40个商贸旅游短平快项目	目前，27个项目竣工，11个项目在建，2个项目未开工，已完成投资5亿元，累计完成投资65亿元

100项重大工业项目建设构筑天津高端产业高地

2010年以来，天津市积极推进100项重大工业项目建设，目前已有26个重大工业项目和140个面上项目建成投产，新增产出1800亿元，对全市工业增长贡献率超过60%，并有57个项目在建。这批重大工业项目的在建与建成，为优化全市产业结构，转变发展方式，构筑高端产业高地打下坚实基础。

在各区县、各综合部门大力支持和配合下，100项重大工业项目总体进展顺利，已经有26个项目建成，如空客A320形成月产2架大飞机能力；钢管扩能已达350万吨产能；陈塘庄热电厂和北疆电厂一号机组成功并网发电；东气风电设备及机舱项目形成了年产风电机组400台套能力；直升机到年底形成月产2架生产能力。26个建成项目累计完成投资1950亿元，占100个重大项目总投资的38.8%。26个重大工业项目和140个面上项目的建成投产，弥补了存量下滑。2010年前9个月全市规模以上工业完成增加值2694.2亿元，增长20.8%，新项目新增产出1800亿元，对工业增长的贡献率超过了60%。

2010年以来，天津市经济和信息化委与市规划、国土、环保、电力等部门建立联动机制，使项目开工一路绿灯，2010年100项重大工业项目新开工的有20项，累计开工83项。57个在建项目中，总投资869.8亿元的大乙烯、渤化园、中海油采油、北疆电厂4个超百亿元的项目年内都可以竣工；总投资近200亿元的东汽风电、立林钻具、汉森风电、明阳风电、富通光电5个项目预计可提前竣工；其他项目都在按节点如期推进。预计到年底，将再有14个项目竣工投产，累计建成40项，完成投资2300亿元，占全部投资额的43.7%。大乙烯正式投产，乙烯生产能力达到120万吨，成为国内最大的乙烯单套装置之一；渤化园50万吨苯乙烯建成投产，标志着企业由单一氯碱化工转为海洋化工和石油化工相结合；中国一重滨海新区制造基地的建成，将进一步提高本市重型装备制造水平；烟草扩能将形成80万大箱生产能力，每年新增利税16亿元，这批项目将对明年的增长起到重要的拉动作用。

据天津市经济和信息化委相关资料，该市相继推出的100项重大工业项目，总投资达5029亿元，超过了1950~2006年57年的总投资。这批项目建成后，可以新增产出1.12万亿元，使工业总产值继2007年突破万亿大关后，2011年跃上2万亿元的台阶，增加值达到6000亿元，在全国15个重点城市中进入前三位。相关负责人分析，这批项目中高新技术项目总投资1960亿元，占全部投资的39%，装备制造业总投资1923.5亿元，占全部投资的38.3%。建成后，高新技术产业产值比重提高到30%以上，航空航天、装备制造、石油化工等八大优势产业规模进一步壮大，比重在90%以上，百万吨乙烯、大推力火箭、大功率机车、大直径子午线轮胎装备等一批高端产品占据国内重要位置，将有力地促进高端产业高地的建设。这批项目中具有自主知识产权项目总投资1026亿元，占全部投资的20.6%，拥有国际领先技术水平的新型运载火箭、超百万亿次高性能计算机、气动脱硫、光通信、薄膜和聚光太阳能电池、激光显示器、光棒光纤等一批具有世界先进水平的自主创新项目的建设，填补了本市高端产业或高端产品的空白，推进天津制造向天津创造迈进。这批项目的建设，明显增强了大企业大集团的综合竞争力，进一步推进产业聚集发展。中石化、中环电子、钢管公司、天汽等一批大企业正在向千亿集团迈进，百亿集团将增加到30家，临港重装、南港重化、航空航天和微电子等一批千亿产业聚集区正在加紧建设。这批项目的实施，将促进形成一批生态型工业示范园区、生态型示范企业和示范项目，推动天津工业加快构建起集约、节约、生态型发展模式。

相关链接

中国"绿色煤电"的"天津路线图"

今年，天津整体煤气化联合循环发电系统(IGCC)项目进入施工高峰期，预计年底完成设备安装并进入调试阶段，这标志着我国具有自主知识产权、代表世界清洁煤电技术前沿水平的"绿色煤电"计划在天津起航。据5月4日的《天津日报》报道，IGCC即整体煤气化联合循环发电系统，是目前世界上最环保的燃煤发电技术，作为世界第六家和发展中国家首例该类电厂，华能天津IGCC示范项目成为国家"十一五"863计划重大项目，不仅代表了中国未来清洁能源的发展方向，也为"绿色煤电"计划打下坚实基础。

天津承载"绿色煤电"希望

一直以来，中国的火电和低碳排放形成"顶牛"之势，根据国际能源署统计，中国二氧化碳排放总量的40%~50%来自燃煤发电。特别是随着去年哥本哈根会议的落幕和中国40%~45%的减排承诺，之前在高排放中行走的中国火电开始被迫加速向低碳模式转型，包括华能在内的传统火电企业也走上了探索之路。

2004年，华能集团率先提出"绿色煤电"计划。所谓"绿色煤电"，就是以整体煤气化联合循环(IGCC)和碳捕集与封存(CCS)技术为基础，对二氧化碳进行分离、利用或封存的新型煤炭发电技术。2005年12月，华能联合国内七家发电、煤炭骨干企业，共同组建了"绿色煤电"计划的实施单位——绿色煤电有限公司。2009年5月，为推动"绿色煤电"发展，国家发改委核准华能集团在天津滨海新区建设我国首座IGCC示范电站。

"该项目具有鲜明的低碳优势，如果未来碳关税实施，IGCC的优势将更为突出。"华能方面负责人介绍说，"绿色煤电"计划第一阶段以天津IGCC电厂为依托基础，并同步建设绿色煤电实验室，进一步研究二氧化碳捕集技术，同时加强与石油、地质等行业的合作，共同推动绿色发电技术的工业规模示范进程。

传统煤电开始"低碳突围"

作为"旧能源、新方法"，IGCC(整体煤气化联合循环发电技术)首先把煤炭转化为合成气，并从合成气中捕获其中的碳，然后燃烧氢气发电。与普通30万千瓦燃煤电站相比，IGCC电厂年耗煤量减少7万吨、二氧化碳排放减少18万吨。此外，IGCC电厂脱硫效率可达99%，氮氧化物排放只有常规电站的5%~10%。

天津IGCC示范电站工程建设的是我国第一台25万千瓦等级整体煤气化循环(IGCC)发电机组，采用华能自主研发的具有自主知识产权的2000吨/天级两段式干煤粉气化炉，该机组预计于2011年建成投产发电，按年利用5000小时计算，每年发电量将达12亿千瓦时。

"天津IGCC项目作为我国在清洁煤电技术方面的探索者和践行者，不仅可以促进我国低碳核心技术的研发推广，还有利于促进发电行业技术和产业升级。”华能(天津)煤气化发电有限公司总经理助理杨瑞方介绍，天津IGCC项目将增强我国在低碳经济领域的话语权和竞争力，通过不断探索完善IGCC技术，最终探索出一条清洁、高效、低碳能源的新道路。

巨额贷款打通资金“瓶颈”

中国建设IGCC电厂在技术上没什么问题，但由于IGCC电厂造价是常规电厂的3倍，资金就成为瓶颈。而就在今年2月，这一“瓶颈”被亚行的巨额贷款打通。2月8日，亚洲开发银行(亚行)决定向天津IGCC示范项目提供1.35亿美元贷款。

据亚行相关人士介绍，这1.35亿美元贷款还款期限为26年，其中包括6年的宽限期，可满足绿色煤电一期项目32%的资金需求。另外，亚行还将为其提供125万美元的技术援助赠款，为该计划的第二、三阶段做准备，目标是在2013年前逐步扩大IGCC规模，并应用碳捕捉和封存技术。

亚行高层表示，希望天津IGCC示范项目增强政策制定者、市场投资者和项目开发者的信心，促进清洁煤电项目今后在中国的广泛运用。为了减少风险和降低成本，亚行将从其“气候变化基金”中提供500万美元赠款，资助在初期运行和维护阶段从零部件供应商处获得直接的监控和技术支持，赠款还将用于帮助加强项目管理能力，并确保其符合主要保障政策。

求解排放的“零碳”方程式

除IGCC外，CCS即二氧化碳的捕获和封存技术，也是大规模减少温室气体排放的可行方法。CCS技术是将能源生产和利用过程中产生的二氧化碳捕集后，输送到一个地点长期封存与大气隔绝，避免加剧气候变化的一种新型技术。全球目前燃煤产生二氧化碳90亿吨/年，保守估计地下可埋存2000亿吨二氧化碳，这相当于未来数百年通过燃煤产生的二氧化碳总量。

“CCS技术可以快速、大规模地降低大气的二氧化碳浓度，在继续使用煤作为主要能源的条件下，实现二氧化碳减排目标。”中科院海洋研究所负责人对该技术前景乐观展望。在北京奥运会前夕，北京热电厂二氧化碳捕集示范工程建成投产，其二氧化碳回收率大于85%，年回收二氧化碳为3000吨，而这也预示着天津CCS技术的美好前景。

上海：借助世博加快“四个中心”建设

在应对国际金融危机的过程中，上海深切体会到，推动经济转型，必须走科学发展之路，关键是要在新的更高的起点上加快经济结构战略性调整。专家指出，在高成本时代，上海未来发展的关键在于如何提高城市功能，而其主要依托应是现代服务业。在2009年11月召开的第二十一次上海市市长国际企业家咨询会议上，上海市市长韩正明确指出，上海经济转型的目标，就是加快建设“四个中心”和社会主义现代化国际大都市，发展方向就是加快形成服务经济为主的产业结构。

转方式、结构调整关键之年

2010年是世博之年，也是上海加快发展方式转变和结构调整的关键之年。特别是世博会举办、国务院“两个中心”政策落实、浦东扩区后体制和政策优势释放、高新技术产业化加快推进等，都将为上海经济发展注入新动力、拓展新空间。2009年3月，国务院出台了《关于推进上海加快发展现代服务业和先进制造业建设国际金融中心和国际航运中心的意见》，使十几年的上海“四个中心”建设有了实质性突破。2009年9月，上海出台《2009~2012年上海服务业发展规划》，提出服务业三年发展目标和路径。其中，在航运领域，上海将初步建成国际重要物流枢纽和亚太物流中心之一，初步建成具有全球航运资源配置能力的国际航运中心。在金融领域，围绕国际金融中心建设的总体目标，上海将在2012年形成国际金融机构和专业服务机构的主要聚集地，形成亚太地区跨国公司地区总部和研发中心的主要汇集地，形成亚太地区重要的金融产品创新基地。

办好享有世界“经济文化科技领域的奥林匹克盛会”的世博会，对上海来说是一项重大挑战，更是经济转型的重要契机。上海市委书记俞正声在多个场合反复强调，上海正处在发展转型的关键时期，要在转变经济发展方式上率先取得突破性进展，把办博作为促进上海科技发展的重要契机，在新一轮国际科技和产业发展制高点的竞争中赢得先发优势。目前，上海已开始全面谋划“后世博时代”发展战略布局。上海市政府有关人士透露，在后世博时代，上海的城市建设重点将从中心城区转为郊区新城。而上海市中心将依托世博会，承担发展服务产业的重任。同时，上海还将积极借助世博平台，加快整合旅游资源，打造具有浓郁海派文化特色和内涵的旅游剧目和新兴旅游产品。另外，上海世博会吸收、展示了各国的生态建筑、新能源等方面的最新科技成果，推广世博会的科技应用，更加有助于加快战略性新兴产业的发展。

世博叩响上海转型的大门

把“给中国一次机会，还世界一个奇迹”的北京奥运会承诺用到上海世博会上也毫不为过。据今年4月21日的《经济参考报》报道，借2010上海世博会这一历史契机，上海转型之翼已经张开。目前来看，世博会筹办方在上海硬件设施上所花的大力气，使上海的城市建设至少向前推进了数年。在上海的“十一五”规划中曾提到了上海的发展目标，“实现经济又快又好的发展，办好一届成功、精彩、难忘的世博会，形成国际经济、金融、贸易、航运中心基本框架，取得社会主义现代化国际大都市建设的阶段性进展”。而更长远的规划是，到2020年上海要基本建成国际经济、金融、贸易、航运中心之一和社会主义现代化国际大都市。

按照专家们的分析，上海多年来一直在说产业升级，但是实际上时机一直尚未成熟，随着2010年世博年的到来，如今的上海转型之翼已经打开，上海经济真正到了需要调结构、促发展的时候。上海在发展到一定程度之后，第二产业的流出是必然的，但是现代服务业的发展却遇到了瓶颈。因此，国务院《关于推进上海加快发展现代服务业和先进制造业建设国际金融中心和国际航运中心的意见》的公布，意在为上海的转型提纲挈领。

专家们表示，世博会对上海来说是个重大的机遇，可能成为上海服务业突飞猛进发展的里程碑式的事件。其原因在于，首先，世博会将引来7000万人的参观，带来各方面的服务需求，这样的实践将会让上海人真正认识到服务市场的巨大潜力和盈利空间，认识到服务业的重要性，继而更加坚定地大力发展和提升服务业；其次，世博会将在上海城市形态改善上起到巨大的推进作用，经过改善和美化的上海将更好地迎接后工业时代；第三，世博会让上海聚焦更多世界目光，长时间地吸引国际关注，进一步加强上海同国际的联系，吸引更多国际上的资金、技术和人才来到上海。

是的，经济结构转型是个长期的过程，内涵很复杂，不能认为靠一个世博会就能完成上海转型的所有进程。世博会更重要的意义在于，带给人们新的理念，提升人们的认识水平，完善城市整体功能，增强城市影响力，提供更丰富的机遇。

专家们分析，虽然上海经济的增长一直领先全国，但在发展的过程中也并不是一帆风顺的，在

2004年、2005年曾经出现过比较大的波动，主要原因在于当时经济主要依靠投资的拉动，而过热的投资引发了国家的宏观调控，矛头直接指向的就是以上海为首的长三角地区，使得区域经济发展一度受阻，这体现出上海在发展方向上面临的茫然。在产业导向上也可以看出同样的状况，上海虽然在第三产业的发展上已经取得了不错的成绩，目前对经济的贡献率已经突破了50%。但10年来，第三产业的进步不明显，在经济中的比重停滞不前。此外，上海在支柱产业方面发展前景并不明晰，重点支持的6大支柱产业在总体经济中的贡献率低于50%，仅为45.3%，并且6大产业中缺乏鲜明的竞争优势，亮点并不突出。

按照专家们的分析，上海目前面临的转型压力非常大，主要有以下几个原因，首先，上海第二、三产业的“纠结期”从2000年开始至今，已经10年没有被突破，即服务业和制造业的比重依然拉不开差距。国际上没有哪个城市能够纠结这么长时间。2008年上海的人均GDP已经达到1万美元，进入发达地区门槛，但是和国际上其他发达地区相比，差距仍然很大。据了解，国际上其他发达地区的第三产业比重一般都达到65%，制造业以技术密集和资本密集为主，都形成了自己的核心技术；而上海服务业的发展滞后，传统的制造产业升级较慢，高端制造业则大多是国外引进的。

其次，上海多年以来发展水平领先全国，这也使得上海目前社会综合成本都高于其他地区。几年前开始，就面临一般加工制造业外流的问题，如联合利华将其生产制造环节搬到了合肥，英特尔将其加工制造环节搬到了成都，还有上海的国资、民资制造企业都在外流，上海不可避免地面临产业替代的问题。

最后，上海还面临建设国际大都市的任务。这个“国际大都市”与以往以总量计算的“大都市”不同，而是更加注重全球化背景下知识经济的时代要求，要靠知识经济支撑建立有国际影响力的产业和内在经济体系。有专家表示，以后长期能够支撑上海实质性发展的，除了“两个中心”之外，还有文化产业、时尚产业、创意产业，世博会也为这些产业提供了发展的重要契机。一个城市靠什么成为国际大都市？那就是文化影响力。今后上海应该会着力发展文化创意、时尚类产业。

业内专家表示，以金融中心的目标为例，伦敦金融城的建设长达270年，曼哈顿金融区的建设也超过170年的时间，虽然目前我国将六大交易所(上交所、上海期货所、中金所、钻石所等)已经设在浦东新区，但浦东新区目前金融人才的储备不足香港的一半，仅为伦敦的1/3，上海交易所的规模与伦敦、香港等国际金融中心还有一定差距……因此，应该给上海更多时间“抚平转型之痛”。

说道今年的上海世博会，不能不提一个概念，那就是“低碳”。低碳和绿色环保的概念将一直贯穿上海世博会筹建始终。据介绍，在38万平方米旧厂房改建而成的世博园区内有4.6兆瓦太阳能发电机组容量，是全国目前最大、最集中的装机容量所在地。整个园区的灯光设备大量采用节能的LED光源，空调大量使用了江水源和地热源热耗。园区的公共交通系统采用的是电动汽车、超级电容汽车和清洁能源汽车，实现“零排放”。此外，在中国馆、主题馆、世博中心、演艺中心等大型建设上都建立了雨水收集系统，这些雨水通过沉淀和过滤之后，能够基本满足园区的环境卫生清扫和绿化灌溉需要。园区里还有一平方公里的绿化公园，占整个园区围栏区面积的1/3左右。就此，专家预估在世博会举办阶段，这套措施能够抵消世博会的碳排放的60%~70%。

而世博会带来的最重要的机遇并不是基础设施建设，而是技术创新的理念。专家表示，历史上无数影响人类生活的重大发明创造，最早都出现在世博会，上海世博会也将成为我国科技前沿的重要展示盛会，绿色环保、科技创新的理念将会随世博效应延续数十年，而其中受益最多的，必将是上海。

各国探寻经济转型之路

国别	转型路径
美国	今年，美国政府明确提出要从消费驱动型增长转向出口驱动型增长，并制定了今后5年内将美国出口翻一番的目标。为此，美国将整合政府资源，成立出口促进内阁，放松对某些高技术产品的出口限制等。美国出口促进战略的重点是绿色科技，在美国政府拨付的8000亿美元救市计划中，用于清洁能源的直接投资及鼓励清洁能源发展的减税政策涉及金额达1000亿美元
韩国	为寻求新的经济发展模式，韩国政府早在2008年8月就提出了“低碳素绿色增长国家发展”计划。根据该计划，韩国2020年将实现温室气体实际排放量比2005年减少约4%。为此，韩国还在今年1月份正式出台《绿色增长基本法》，并制定相关具体政策
德国	德国鲁尔区曾经是欧洲最大的工业区。为确保鲁尔工业区在未来竞争中始终处于领先地位，鲁尔区采取了多项措施：建立职业培训学院，培训矿工；加紧人才培养，适应新的产业调整要求；鼓励创业，成立多个技术与创业中心，扶持中小企业起步和发展；大力进行生态修复，发展文化与旅游产业
巴西	巴西是世界上最重要的农产品出口国之一。其农业发展经验在于政府重视农业科技创新，用科技成果引导生产方式转变。5月6日，巴西政府推出“油棕榈生产可持续发展计划”，鼓励巴西北部农民种植油棕榈，改变那里的传统农业生产方式

重庆：“五个重庆”、“两江新区”打造中国新的增长极

2008年7月，重庆市委召开三届三次全委会，作出力争用5年时间建成我国内陆开放高地和打造“五个重庆”的重大决策。打造我国内陆开放高地，用重庆市市长黄奇帆的话来说，关键要在产业上突破。重庆首先“盯上”了电子信息制造业，该市规划到2012年，电子信息产业制造业的销售值将超过4000亿元，占全市工业销售值的30%。2009年，随着惠普、富士康、英业达、广达等一批特大IT项目落户重庆，一举改变了重庆的产业格局，也在改变中国乃至世界IT产业的布局。重庆确立的另外几个发展重点是软件业、物流业和金融业。与此同时，积极寻求体制上的突破，为打造内陆开放高地提供体制保障。重庆确立的重点是建立与开放有关的加工区，相继推动成立了三个开放“平台”，包括国务院已经批准的两路寸滩保税港区、正在建设的西永出口加工区和刚刚获批的两江新区。2009年，重庆实际利用外资40亿美元，同比增长45%，累计引进154家世界500强企业，引进外资总量位于中西部各省区市之首。

“五个重庆”是重庆转型载体

如果说打造内陆开放高地是重庆升级产业的战略平台，“五个重庆”就是重庆城市功能发展转型的主要载体。2009年，“五个重庆”建设投资占当地全社会投资总额的38.5%，成为提振经济重要推动力。另外，重庆的市情比较特殊，集大城市、大农村、大库区、大山区和民族地区于一身，可谓是中国城乡二元结构的一个缩影。

2007年6月，国家批准重庆市设立全国统筹城乡综合配套改革试验区。三年来，重庆市按照“着力点在城，着眼点在乡”的核心思路，在统筹城乡方面进行了一系列探索：一方面，推动城市资源向农村流动，重庆市建立完善对口帮扶机制，确定了“一圈”21个区县对“两翼”17个区县实施结对帮扶，要求“一圈”帮扶区县每年按其本级财政一般预算收入1%的实物量进行支援；另一方面，加快农民工向城市流动，到2020年，重庆市将有1000万农民工变为新市民，政府将为此在户籍制度、土地管理和使用制度、社会保障制度等六个方面推进改革。如今年将推进城乡建设用地增减挂钩改革试点，拓展城市反哺农村的渠道；全面启动户籍制度改革，力争两年内完成有条件的农民工及其子女等重点人群的转户工作等。

2008年7月20日，“五个重庆”——“宜居重庆”、“畅通重庆”、“森林重庆”、“平安重庆”和“健康重庆”，作为重庆发展的新目标、新追求，首次在市委三届三次全委会上浓墨重彩地提出，成为重庆的战略决策。

当年12月17日，重庆市委小礼堂座无虚席，“健康重庆”建设发出总动员。重庆市委、市政府拿出大手笔，未来4年投入353亿元用于卫生、体育事业，“使百姓寿命更长、更健康、更有活力”。而此前，这类带有强烈民生色彩的动员会已举行过两次。一次是8月19日启动“森林重庆”建设，一次是11月19日“畅通重庆”启动。

大城市大农村大库区大山区并存的现实，让重庆人“坐不住”、“睡不好”：什么样的发展路径，才是符合重庆的科学发展？“五个重庆”的提出，背后有这样的现实：直辖10年，重庆GDP年均增长10%以上，城乡面貌极大改善，但经济总量在全国仍然靠后。为此，从当年3月起，一场“解放思想、扩大开放”大讨论，让重庆看清了差距，也点燃了热情。重庆党政干部再赴东南沿海“取经”，市内媒体浓墨重彩地介绍外地经验。东西差距、城乡差距——差距感让人“坐不住”、“睡不好”，要改变现状必须加快发展、率先发展。而早在2007年12月召开的全市经济工作会议上，新一届市委、市政府就提出，“推动重庆又好又快发展，实现重庆新的跨越”，打造“活力之都”、“宜居之城”。

当年7月20日，重庆抛出了自己的思路——重庆市委三届三次全委会，对重庆贯彻落实科学发展观作出具体安排。会上，薄熙来说，要通过扩大开放，把一切可为我所用的资金、技术、人才、管理等要素汇集起来，让一切创新创造创业的种子都能在重庆开花结果。扩大开放，搞好软硬环境是基本功，要精心塑造重庆，开发重庆的内涵，营造以人为本、安商助商的综合环境。其中“宜居重庆”、“畅通重庆”、“森林重庆”、“平安重庆”和“健康重庆”作为具体举措，被写入全委会决定，正式成为重庆的战略决策。

“五个重庆”正是针对重庆“软肋”提出的，意在“各个击破”，培育重庆特色综合环境优势，重庆市综合经济研究院院长易小光认为，建设“宜居重庆”、“畅通重庆”、“森林重庆”，将有效改善硬件环境：建设“畅通重庆”，实现半小时主城，强化主城辐射功能，将有效带动区县发展；“宜居重庆”将从根本上改善重庆的人居环境；“森林重庆”，则可以提高森林覆盖率。而“平安重庆”和“健康重庆”，是改善软环境的两大助力。最终，“五个重庆”将提升城市品质，吸引和积聚相关产业、资本和人才。更重要的是，“五个重庆”蕴涵着浓郁的人本思想，每个“重庆”都既是经济工程，也是民生工程。“森林重庆”侧重环境，“畅通重庆”偏重效率，“宜居重庆”重舒适，“平安重庆”注重百姓的人身和财产安全，而“健康重庆”更是关注人本身。“五个重庆”连在一起，形成了一个改善民生的体系。

正是基于此，“五个重庆”一经提出，便激发出了重庆人的参与热情：

“森林重庆”建设启动以来，巴渝大地随即掀起一场植树造林热潮，先后有1000万人次参与。全市累积造林103万亩，栽植树木8700万株，市级财政投入相当于直辖10年总和。

得知兰渝铁路开工建设，世界IT巨头——惠普公司在渝开建笔记本电脑生产基地，准备形成400万台的年产量，以重庆为基地，覆盖西南市场，并供给东南亚和欧洲市场。

对于“五个重庆”的前景，众多专家学者乐观地预测，当发展观念为之一新、决策转化为行为时，“五个重庆”将对重庆经济发展起到倍增作用。五大立体功能一旦成形，在对城市整体形象塑造、城市核心竞争力提高、增强对外吸引力等方面，都将产生明显功效，重庆人居和投资环境也将得到根本改善。而在重庆市发改委主任杨庆育看来，建设“五个重庆”，对市民来讲，可以改善生产生活条件；对企业来讲，就是改善投资环境；对城市来讲，则是一次脱胎换骨。不过，乐观的同时，仍需冷静分析。重庆要实现“五个重庆”目标，仍面临现实挑战。首先，“五个重庆”建设是一项长期而艰巨的工程，非朝夕之举，全市干部群众需持久“作战”，在认识上，切忌短暂热情和畏难情绪。其次，新目标真正落到实处，必须破除传统的思维模式，开阔视野，转变观念，不要急功近利。“五个重庆”涉及的政府部门众多，要避免多头管理，努力形成合力。而且，“五个重庆”的建设，投入巨大，且具长期性，融资压力很大，需要得到方方面面的支持，包括吸引民间资本、境外资本参与。

数据显示，2009年“五个重庆”建设成绩可喜。当地新增高速公路通车里程412公里；率先在西部取消政府还贷二级公路收费；全年植树造林578万亩，重庆主城成功创建国家园林城市；提前两年全面实现农村初级卫生保健规划目标。在2010年1月20日举行的重庆市三届人大三次会议上，2009年重庆市投入2050亿元用于全面推进“五个重庆”建设，并超额完成各项年度任务。

时任重庆市代市长黄奇帆在大会上所作的“重庆市人民政府工作报告”称，截至2009年底，重庆拆迁改造主城区危旧房447万平方米、工矿棚户区70万平方米，建成廉租房88万平方米、经济适用房69万平方米，直接惠及10万个家庭。

此外，重庆2009年共改建3000公里干线公路，“8小时重庆”、“半小时主城”理念得以实现。而重庆绕城、沪渝高速公路全线贯通和渝湘高速武隆至黔江段的建成，使当地高速公路通车里程新增412公里。

黄奇帆说，2009年重庆主城蓝天、碧水、绿地、宁静四大行动深入实施，25户企业环保搬迁，淘汰小煤矿300万吨、小水泥145万吨。同时，重庆城市、农村、长江两岸等六大森林工程也同步推进，建成城市绿地5496万平方米。

黄奇帆表示，把“宜居重庆”、“畅通重庆”、“森林重庆”、“平安重庆”和“健康重庆”五个重庆建设作为内惠名声、外树形象的城市品牌，不仅环境得到明显改善，社会和谐稳定局面也进一步巩固。

两江新区：10年再造一个重庆

继上海浦东新区、天津滨海新区之后，第三个国家级新区——重庆两江新区于6月18日正式挂牌成立，这是中国内陆唯一的国家级新区。按照国务院批复文件的要求，两江新区的总体定位是：统筹城乡综合配套改革试验区的先行区、内陆重要的先进制造业和现代服务业基地、长江上游地区的金融中心和创新中心、内陆地区对外开放的重要门户、科学发展的示范窗口。换句话说，至少在未来10年，两江新区将肩负三大新使命：一是为深化改革开放、推动科学发展探路，创新内陆开放、统筹城乡的体制机制，与上海浦东新区、天津滨海新区比肩发展，成为全国改革开放的先行区、科学发展的示范窗口；二是在西部大开发的新10年中，深入推进西部省区之间、东中西部之间的大流通和大融通，成为西部大开发纵深推进的“发动机”和内陆开放的重要门户；三是落实胡锦涛总书记“314”总体部署和国务院3号文件《关于推进重庆市统筹城乡改革和发展的若干意见》（国发〔2009〕3号）精神，促进重庆加快城市化、工业化和城乡一体化进程，在西部率先实现全面小康。

产业布局：“5+3”支撑万亿目标

经过直辖十多年的发展，重庆基础设施不断完善，综合实力不断增强，已具备大发展的条件。重庆市市长黄奇帆6月18日在两江新区成立新闻发布会上表示，两江新区不是白纸上启动的一个完全的新区，它可以说既有老城的改造，又有新区的发展，是“老城+新区”双管齐下的一个发展区。这与浦东和滨海有所不同。2009年，两江新区GDP已达800亿元，比1990年的浦东、2000年的滨海新区的GDP要多十几倍。因此，重庆制定的建设目标是“两年形成框架初见成效、五年形成功能、十年基本建成”，到2020年，两江新区地区生产总值将达到6000亿元，工业销售值超过1万亿元，分别占全市1/4以上，等于“再造一个重庆”。

为支撑起这个宏大的目标，按照加快构建现代产业体系的要求，两江新区将以低碳经济、自主创新为方向，推动产业、资金、人才等各种要素集聚，形成“5+3”战略性产业布局，即两江新区重点实施轨道交通、电力装备（含核电、风电等）、新能源汽车、国防军工、电子信息五大战略性产业，以及国家级研发总部、重大科研成果转化基地、灾备及数据中心三大战略性创新产业。这些产业将分布在十大功能分区，形成三大板块。重庆市发改委表示，这些产业都是国家战略性新兴产业，而且每一个产业都有一定的基础和相关项目的支撑。比如轨道交通，重庆首先有市场的前景，原来规划是500多公里的轨道建设，现在增加到700多公里；重庆还拥有一批核心的制造企业，如重庆长客集团、四联集团、机电控股集团、重庆铁马集团、重钢集团、西南铝等，这些都是和轨道交通相关的企业。据悉，到2020年，重庆将在两江新区布局200个重大项目，总投资6200亿元。其中基础设施项目75个，投资2040亿元；重大产业项目100个，投资4000亿元；公共服务设施项目25个，投资130亿元。

6月19日，就在重庆两江新区挂牌成立的第二天，两江新区党工委书记、管委会主任翁杰明在新区管委会（党工委）第一次全体会议和建设两江新区第一次动员大会上提出，要争取在半年内，为两江新区建设打开局面。目前，两江新区已与多个部委进行了对接，其发展已纳入国家“十二五”规划，这也是重庆市“十二五”规划的重点。同时，已与一批世界500强企业和中央企业也达成了合作意向，即将有10来个上百亿级的大项目在两江新区陆续落地。

管理体制：“1+3”、“3拖1”打造“两江模式”

不同于天津滨海与上海浦东两个新区的起步，两江新区在起步上，就面临复杂的局面，那就是两江新区并不是在一个完整独立的区域内拔地而起，而涉及了江北、渝北、北碚、北部新区等几个行政区域，是一个“老城区+新区”。如果把老城区拆迁会涉及上百个局级干部的调整，上千个处级干部的换岗，假如把渝北、江北、北碚的两江新区切割出来，渝北再去建一个新城很烦琐。因此，重庆采用了管委会模式，而非行政整合，设计了“1+3”管理模式。

这种模式最上端是两江新区开发建设领导小组，市长黄奇帆任两江新区开发建设领导小组组长，市委常委翁杰明出任两江新区管委会主任。在两江新区开发建设领导小组领导下，由两江新区党工委、管委会具体负责两江新区的统一协调、统一政策、统一规划，下面又直接管理三个管委会，包括十年前就成立的北部新区管委会、一年前成立的两路寸滩保税港区管委会和即将成立的石船工业开发区管理机构。在开发平台上，重庆将采取“3拖1”模式，即北部新区、两路寸滩保税港区管委会是市政府直属派出机构，市委、市政府将委托两江新区管委会在业务上进行统一管理，此外，鱼石片区（鱼嘴、复盛、龙兴、石船）由两江新区管委会直接领导的两江新区开发有限公司负责开发，三个平台拉动两江新区发展，实现“一块牌子，统一规划，共享政策，统筹协调，分区运作”的“两江模式”。简单地说，在管委会统筹下，三个开发区打冲锋，三个行政区当后勤。

重庆市社科院研究员李勇称，这个方案基本保留了目前两江新区所涉及的几个区的行政体系，避开了较为敏感的行政体系架构变化及人事变动问题。滨海新区前期操作时，也是采用这一思路。但很多学者指出，这只是暂时的过渡模式，行政整合最终将不可避免。对此，黄奇帆在6月18日的新闻发布会上表示，开发区的体制其实都有一个变化过程，到一定阶段另外一种做法可能也是合理的。所以它本身有个生长的过程。从重庆来说，眼下这个模式我们叫“1+3、3拖1”，这个模式可能是我们起步力矩最大，摩擦系数最小，能够最快把中央的要求和本地的需求结合起来，能够形成合力，能够在两年初见成效的一个最好的模式。

改革创新：探索内陆开放新模式

根据国务院的批复文件，两江新区将是政策最优的新区，其政策不仅是西部大开发政策、综合配套改革试验区政策、国务院3号文件政策的叠加，同时国务院明确指出，两江新区政策将比照浦东新区、滨海新区，可以动态地生成各种政策，始终保持国家最优惠的政策。

两江新区政策之优，不只是体现在税收等直观的刚性政策上，更重要的是在于改革创新、开拓开放的权力上。黄奇帆在新闻发布会上指出，“重庆两江新区要在内陆建开放高地，建设以内需为主导的持续发展模式，就要有许多改革、开放上的创新动作，这是两江新区的重要使命。作为统筹城乡综合配套改革试验的先行区和建设中的创新中心，两江新区将在土地制度、户籍制度、住房制度、农民工制度以及对外开放模式等重大问题上突破创新，成为国家综合改革试验的先行区。最近，重庆推动双轨制的公租房建设，即30%~40%为保障房，60%~70%为商品房，全市21个公租房基地有8个在两江新区，两江新区会成为重庆住房制度改革的示范基地。同时，重庆还在大力推进户籍制度改革，农民工落户城镇的改革将率先在两江新区实施。此外，两江新区还将创新对外开放模式，比如，为充分发挥内陆唯一的保税港区的作用，与沿海保税港区形成有机联动，重庆海关联合沿海地区积极探索两地保税区一体化通关运行模式。

改革开放前三十年，深圳特区、浦东新区和滨海新区开发开放，迅速成为带动区域经济发展的重要增长极。而相比之下，东西部的绝对差距却不仅没有缩小，反而越拉越大。近两年，受国际金融危机冲击，东部地区外向型经济受挫，用工成本增高，产业开始向内陆梯度转移。重庆客观上成为东部产业的理想转移地。因此，在重庆设立两江新区，必将辐射带动西部地区加快发展，有利于形成沿海与内陆、东中西部协调发展的区域新格局。用重庆市委书记薄熙来在两江新区成立大会上的话说，今天，在西部大开发进入第二个十年的时候，又批准设立重庆两江新区，确立了第四个国家开发开放战略，这是党和国家继三峡工程百万大移民之后，赋予重庆的又一重大历史使命。

按照中央对两江新区总体定位，一个深意就是要让两江新区成为带动西部开发的新引擎。据测算，两江新区对西部的带动作用主要体现为：拉动“成渝经济带”制造业等配套产业年均增长10个百分点，工业经济年均增长提高5个百分点；云南和贵州水电和矿产等能源产业发展年均增长提高5个百分点；可促使湖南、湖北、陕西、广西等与西部市场协作加强，年均增长可提高5个百分点。

重庆将“大补”高新技术企业调结构

“十一五”期间，重庆先后实施24个重大科技专项、150个高新技术产业化项目等，投入近10亿元，取得了混合动力汽车、3G芯片等一大批具有自主知识产权的高新技术产品。截至2009年底，该市累计认定高新技术企业1213家，开发高新技术产品2024个，高新技术企业工业总产值达1768.2亿元，占全市规模以上工业总产值的26%；出口总额达18.5亿美元，占全市外贸出口总额的45%。不久前，重庆举行高新技术企业发展大会悉，决定将出台一系列大力度的优惠政策扶持高新技术企业，以加快经济结构调整的步伐。

目前，重庆市已经开出了一系列鼓励和扶持高新技术企业发展的财税“大补”药方：国家需要重点扶持的高新技术企业减按15%的税率征收企业所得税；高新技术企业免缴生产性建设用房城市建设配套费；高新技术企业和国家级创新型企业，财政连续3年按其企业所得税地方留成部分的50%计算给予奖励……

此外，重庆还将推出对高新技术企业实施财政奖励和科技投融资补助的两项政策，新增资金2亿~3亿元；启动实施“企业成长路线图计划”，计划在5年内，每年提供500万元的支持资金，分期分批重点培育企业300家；打破部门、地域和行业局限，把部门、区县、高校、院所等力量和资源组织调动起来，加强联动和服务，为高新技术企业发展营造宽松环境，等等。

重庆力争到2015年全市高企工业增加值每年递增40%以上，高新技术企业总数突破2000家，高新技术产品突破5000个；培育龙头骨干企业50家，建设3~5个市级高新技术园区。同时，力争新增各级各类企业研发平台200个，高企的专利授权量达到1万件，在重庆打造国内一流的创新创业投资环境，吸引全世界创业者和投资商落户。

重庆十大民生工程总投资3000亿

据《重庆日报》消息，在6月24~25日召开的市委三届七次全委会上，专题研究了民生工作，并审议通过了《中共重庆市委关于做好当前民生工作的决定》。市委书记薄熙来在会上作了主题报告，提出未来两年半，本届市委要切实抓好10件民生大事。

薄熙来说，近两年，市委、市政府一以贯之抓民生，把保障和改善民生作为一切工作的出发点，探索以民生为导向的经济社会发展路子。已成全市人民共同意志的“五个重庆”，个个都紧扣民生。“森林重庆”是为了让老百姓多吸氧，这两年造林800万亩，可释放1000多万吨氧气。在去年全国44个城市创“国家园林城市”，重庆得分第一。“畅通重庆”要让主城不塞车、乡村有油路，“平安重庆”要让群众的人身、财产和家庭安全有保障，“健康重庆”要让孩子长得壮、老人能长寿，这两年新建塑胶运动场359片，给120多万学生改善了锻炼场所，“宜居重庆”要让全市百姓，特别是中低收入的市民都有房住，而且环境好。

另外，市政府为困难群众办实事，两年新增就业55万人，并有效地解决了360多万回流农民工的转移就业问题；对企业退休人员养老金六次提标；改造危旧房，让20多万困难户住进了新房；这几年，市财政的50%以上用于民生，比全国平均水平高出近20个百分点。

在民生方面，也存在着需要重视和解决的问题。薄熙来说，一是贫困，二是生活差距。目前还有不少贫困人口，有不少百姓有病不愿去治。全市每年还有12万农村孩子没钱上学。主城还有40多万户居民没有住房，人均住房面积10平方米以下的也还有20来万户。城镇低保群众还有60多万，一定要高度重视并全力解决这些问题。民生的改善是多方面的。打黑除恶摧毁了355个涉黑涉恶犯罪团伙，抓获5047名犯罪嫌疑人，破获了近10年来积累的刑事案件3.9万起，其中命案600多起，还打掉了一批“保护伞”。设身处地想一想，一个家庭死了人，如果多少年破不了案，那是什么心情？！政府必须为民申冤、为民除害！今年全市110报警量和主城区刑事案件都大幅下降。

薄熙来说，有的时候，人们习惯把“发展”理解为吸引投资，推动GDP的增长，和民生问题分开来看。其实，发展本身就应该包含民生的内容。发展不仅要体现在基础设施的建设，GDP的扩张，不仅是工业、农业产能的扩大，技术的进步上，也一定要体现在民生的改善上。民生的改善是发展必不可缺的重要内容。“发展是硬道理”，其中就有民生改善的重要内涵，反之，如果发展不能改善民生，那就不是“硬道理”，而是“没道理”。众所周知，驱动国民经济发展有三驾马车——消费、投资、出口，尽管不少领导特别重视招商引资，抓投资，沿海重视抓出口，但看看统计年鉴就清楚了，我国消费对经济增长的贡献率还是占大头，通常在50%以上。欧美国家则一般高达70%~80%。其实出口从本质上说也是进口国的消费，所以消费是基础性的。我们关注民生、改善民生，就是在扩大消费，在拉动内需，在营造一个大市场。从发展经济来说，这是更具基础性的工作。所以改善民生，既是我们的政治理想和奋斗目标，也是我们发展经济的始源和归宿。它和发展经济是不矛盾的，不仅不分散经济发展的成果，还使经济发展的各个环节良性互动，有效地改善民生；不仅不扯经济的后腿，还会有力、持久地推动经济。

薄熙来指出，城市居民的幸福指数并不简单取决于人均GDP或人均收入。一个城市在人均GDP和GDP总量比较低的情况下，也可能有更高的居民幸福指数。城市居民的幸福指数不仅取决于经济总量和人均经济量，还取决于这个地方的自然环境、居住条件、安全状况、人际关系，以及市民气质、精神状态、主人翁感觉等，甚至一些很具体的指标，比如塞车不塞车，树种得好坏，都可能有所影响。一个城市的幸福指数是由多种因素决定的，尽管重庆目前的经济总量和人均水平比较低，还远远落后于某些大都市，但如果高度重视民生，工作得法，也完全可能在较短时间后来居上。这包括环境、住房、安全、祥和等诸多因素，如果做得到位，让人民群众有亲切感，有主人的感觉，这个城市百姓的幸福感就会大大提升。

薄熙来说，重庆农村的面积和人口比京、津、沪三个直辖市拢一块儿还要多，“两翼”就有15个贫困区县，贫困人口多达113万。“两翼”农村和山区、库区的脱贫致富是重庆改善民生的难点。有人说，咱重庆地图有些像大鹏鸟，主城是头，渝东南、渝东北是两翼。中央对咱重庆寄予厚望，有朝一日，“鲲鹏展翅九万里”。但如果只是主城大发展，把头抬起来，“两翼”跟不上，翅膀不硬，伸不开，头抬得再高，重庆也飞不起来。所以重庆振翅高飞的关键在“两翼”，在渝东南、渝东北，一定要把这“两翼”硬起来，如果“两翼”能够羽毛丰满，迎风张开，重庆就能展翅蓝天。前些年“两翼”农村人均一年增长300元，今后3年要增长1000元，就是3倍于往年。为此，要抓好三大环节，一是提供优良的种苗，二是提供技术，三是衔接好市场。要让山区农民既愿干，又会干，还能卖得合算，尽快富裕起来。

重庆还有800万农民工，不少人在城里已生活了十来年，还有了第二代，却没有城市户口，无法享受城里人同等待遇，这是个大问题。薄熙来强调指出，作为城乡统筹试验区，我们要在全国率先进行农民工户籍改革，精心组织，有序推进。大量青壮年农民在外务工，家里的老人和孩子缺乏照顾，一些孩子营养较差，性格内向、孤僻、自卑，也要尽力照顾和培养好这些留守儿童。还要实行农民养老保险全覆盖，解除农民的后顾之忧。

薄熙来说，美好的人居环境不仅能提高市民的生活质量，还能让城市整体增值。新加坡面积不到700平方公里，却吸引了7000多家跨国公司落户。咱重庆“江”、“山”如画，要在继续种大树、种好树的同时，多建广场和公园，并精心搞好市政建设。城市的总体规划、建筑风格、街区风貌都要精雕细凿，一百年不落后，二百年后更有味道。有人讲风凉话，说这是“面子工程”、“形象工程”，我们大可不必在意，因为在公共场所活动的，主要是普通老百姓，当官的并不多。搞市容整治，说白了，就是为公众打扫卫生。

对于这次出台的“民生10条”的《决定》，薄熙来说，这3000多字的《决定》，算总账要3000多亿的总投资，平均下来，一个字一个亿，咱这个《决定》可谓一字千金哪！再看这10条任务，直接受益的老百姓有2000多万，涉及了老人的问题，孩子的问题，穷人的问题，病人的问题。就群体来说，有农民的问题，农民工的问题，学生的问题，占到常住人口的70%以上。因此，这个文件在我们城市发展史上是有价值的。这次要解决的问题，哪一个难度都不小，都有攻关、会战之意。但在大家的努力之下，都一一得到破解，找到了解决问题的出路。有句话说得好：“一切成问题的问题都不成问题”，只要我们实心为民，勇于碰硬，真正把问题摆开，就都有解决的办法。解决问题的空间还是很大的，路子还是宽的，就看人的素质。

薄熙来强调，文件是真金白银，“一字千金”，10条任务是条条艰巨，个个碰硬，“字字千钧”。我们决心很大，但决心再大，设计再好，只有落到实处，才能取信于民。“言必信，行必果”，一定要让老百姓看到实实在在的成果，说话得算数。同时，要在落实10条任务的过程中锻炼我们的队伍，队伍百炼才能成钢，越战才能越勇。为此，各区县领导回去以后，都要结合本地的实际，认真分析这10条任务怎么落实？各委局则要结合本部门的实际，认真思考怎样做好服务？要大干七、八、九三个月，在国庆节之前，市委召开一个专题工作会，就这10条任务的落实情况进行检查，看进度，看工作落实的质量。一定要脚踏实地，一条一条地落到实处。

相关链接

重庆拿出682亿“史上最多”财政支出用于民生

重庆市财政局最新数据，2009年，重庆财政在遭遇全球金融危机、面临不少困难的情况下，不仅拿出了“有史以来”最多的真金白银保民生，而且还安排了许多惠民项目。数据显示，重庆市财政去年民生支出达682亿元，占重庆全市一般预算支出的51.7%。相当于100元支出中，就有近52元用于了改善民生上。

为促进就业，重庆全市财政在就业方面安排支出15亿元，比上年增长23.3%。如落实职业培训、待岗培训和困难企业稳岗补贴，惠及20.5万人；对高校毕业生见习培训予以补贴，为大中专毕业生自主创业提供担保，支持农民工岗前培训和在岗技能提升，农民工创业就业小额担保贷款扩大到所有区县，创业就业贷款担保财政贴息由50%提高到80%。

为统筹城乡教育，全市财政在教育方面安排支出194.5亿元，比上年增长26.7%。如兑现义务教育学校教师绩效工资；完善城乡义务教育经费保障机制，提高农村义务教育小学、初中阶段的生均定额补助标准；资助家庭经济困难中职和高校学生，率先免除低保家庭高中生学费。

全市财政在社会保障方面安排支出213.7亿元，比上年增长33.5%。如企业退休职工、征地农转非和城镇超龄人员养老保险再次提标；率先在全国将90万征地农转非人员纳入养老保险体系；15个区县开展农村养老保险试点。

全市财政支持“三农”力度进一步加大，全年安排资金近315亿元，比上年增长26.5%；在医疗卫生方面安排支出76.8亿元，比上年增长48.8%；市以上财政直接投入259亿元，有力推动了“五个重庆”建设……

“五个重庆也好，统筹发展也好，最根本的就是建设民本社会。作为促进社会公平正义的举措，‘民生财政’彰显的是市委、市政府‘一切为了老百姓’的坚强决心。”市财政局局长刘伟表示，今年，市财政局将加大力度筹措民生资金，继续坚持把一半以上的一般预算支出用于民生，继续把保障和改善民生作为工作的出发点和落脚点，全力把顺民意、解民忧、厚民生的事情做好。他说，民生支出不但要紧紧围绕老百姓的基本生活、基本养老、基本医疗、基本住房和就业、就学来实施，还要不断巩固、规范、完善、提高，让改革发展成果更多地惠及全体市民。

地标之二：转变发展方式综合配套改革“唯一试点”的浙江魄力

浙江是受国际金融危机影响最早、冲击最大的省份之一，但全省上下坚持科学发展不动摇、转型升级不畏难、苦练内功不浮躁，以“壮士断腕”的决心和勇气，加快经济发展方式转变，最终成为反弹最快、恢复最好的省份之一。但浙江省委书记赵洪祝在全国两会期间表示，浙江能否取得应对国际金融危机冲击的全面胜利，不仅要看经济增长速度是否恢复甚至超过危机之前的水平，更主要的是看能否抓住“危中之机”来加快经济发展方式的转变。

以综合配套改革试点加快发展方式转变

今年全国两会期间，浙江正式被国家发改委列为联系点，成为转变经济发展方式综合配套改革唯一试点省。国家发改委选择浙江，主要是因为浙江转变经济发展方式综合配套改革试点目前已全面铺开，走在了全国的前列。

2009年12月，浙江省委、省政府出台了《关于开展转变经济发展方式综合配套改革试点的意见》，提出在杭州、嘉兴与义乌、温州与台州三大省级综合配套改革试点的基础上，其他各市也要启动实施各具特色的改革试点。在此之前，浙江省2008年10月出台《省级综合配套改革试点总体方案》，要求杭州设立综合配套改革试点区，积极争取浦东改革经验的延伸；嘉兴、义乌被确定为统筹城乡发展综合配套改革试点区；温州、台州设立民营经济创新发展综合配套改革试点区，重点围绕破解发展中的体制机制障碍，实现民营经济创新发展。在实践中，嘉兴市探索出“两分两换”模式，即把宅基地和承包地分开，搬迁和土地流转分开，以宅基地置换城镇房产，以土地承包经营权置换社会保障。民营经济活跃的温州，开建“民营经济高科技产业基地”，探索创业辅导、风险投资的退出机制、产业基金的引入等创新举措。台州则创造性地开展了农村与城市、农业与工业相挂钩的污染治理及排污权交易制度改革试点。在杭州，政府创业投资引导基金的设立、为科技型企业提供全面金融服务的专营机构——杭州科技银行（杭州银行科技支行）的成立，则为中小企业、新兴产业的成长带来了发展机遇。

作为浙江省统筹城乡发展综合配套改革试点地区，义乌市的城乡统筹工作在全国处于领先地位。早在2003年，义乌市在全国率先颁布了《城乡一体化行动纲要》，推出城乡一体化总体规划，即“四个区、三步走、一体化”路线——“四个区”即把义乌市域划分为主城区、副城区、城郊区和远郊区；“三步走”即到2005年提前基本实现现代化，到2010年城乡壁垒消除、城乡差别明显缩小，到2020年实现城乡一体化，基本建成国际性商贸城市；“一体化”即推进农村向社区转变、农民向市民转变、农业向企业转变，市域共享现代文明。2006年义乌市又颁发了《新农村建设二十条》，提出通过加快实施农业企业化行动、“贸工联动”和推进市域均衡协调发展来繁荣农村经济；通过推进村庄规划、创建生态村庄和实施中心镇培育工程来加快农村新社区建设；通过发挥农民主体作用、推进农民充分就业和提升农民文明素质来培育新型农民。目前，义乌市已基本实现了城乡道路、公共交通、污水处理、供水、垃圾收集处理的城乡一体化，初步建立了城乡一体化的社会保障体系，被称为城乡统筹的“义乌模式”。

浙江转变经济发展方式综合配套改革试点的意见解读

根据浙江省委、省政府出台的《关于开展转变经济发展方式综合配套改革试点的意见》（以下简称《意见》），确定了各市试点主题。具体为：杭州市开展综合配套改革试点；宁波市开展扩大对外开放综合配套改革试点；温州、台州市开展民营经济创新发展综合配套改革试点；湖州市开展社会主义新农村建设综合配套改革试点；嘉兴市开展统筹城乡综合配套改革试点；绍兴市开展工业转型升级综合配套改革试点；金华市开展现代服务业发展综合配套改革试点；衢州市开展特色产业发展综合配套改革试点；舟山市开展海洋开发综合配套改革试点；丽水市开展生态经济创新发展综合配套改革试点；义乌市开展国际贸易和统筹城乡综合配套改革试点。试点主题的确定充分考虑以下三方面因素。

一是试点工作的延续性。转变经济发展方式综合配套改革试点是在三大省级综合配套改革试点基础上开展的，杭州、温州、嘉兴、台州、义乌市在三大省级综合配套改革试点取得积极进展和初步成效的基础上，围绕经济转型升级，在新的起点上继续深入推进。

二是试点内容的丰富性。试点围绕转变经济发展方式这一主线设计，其改革内容涉及事关经济发展方式转变的方方面面。针对浙江省现阶段经济转型升级的现实需要，重点突出综合改革、统筹城乡、民营经济创新发展、扩大对外开放、社会主义新农村建设、工业转型升级、现代服务业发展、特色产业发展、海洋开发、生态经济创新发展、国际贸易等11个方面的改革内容。

浙江转变经济发展方式综合配套改革试点各市主题

地区	主题	内容要点
杭州	综合配套	着力推进自主创新、产业转型升级、区域合作、社会保障、服务型政府等体制改革
宁波	扩大对外开放	按照“服务长三角，辐射中西部，对接海内外”的总体要求，着力推进区域开发、产业升级、港口整合、金融服务、行政管理等体制改革
温州、台州	民营经济创新发展	加快建立民营经济创新发展的体制机制，充分激发民营经济创新发展的动力和活力
湖州	新农村建设	着力探索市校、军地、企村共建社会主义新农村的体制机制，加快建立以工促农、以城带乡的社会主义新农村建设长效机制
嘉兴、义乌	统筹城乡	着力推进城乡规划一体化、基本公共服务均等化、资源要素配置市场化和有利于强县强镇发展的体制改革，加快建立统筹城乡发展新体制
绍兴	工业转型升级	探索建立推进传统产业改造升级、块状经济转型提升、新兴产业培育发展、资源要素集约利用等体制机制
金华	现代服务业	探索建立推进国际贸易城培育、制造业与服务业联动发展、服务业集聚发展、现代营销网络构建、自主创新品牌建设等体制机制
衢州	特色产业发展	探索建立推进特色产业集聚、专业人才引进、创新平台建设等体制机制，加快推进现代产业集聚培育发展
舟山	海洋开发	探索建立推进海洋资源保护与开发、海洋产业转型升级、海洋经济对外开放等体制机制，加快推进海洋综合开发利用
丽水	生态经济	积极创建全国生态文明建设的先行区和示范区，探索建立推进生态功能区建设、生态环境保护、节能减排等体制机制
义乌	国际贸易	探索建立推进小商品国际贸易管理创新、服务创新、贸易方式创新的体制机制，促进国际贸易水平的提升和人流、物流、资金流交融汇集

三是试点地区的代表性。试点选择在各设区市及义乌市开展，试点主题不尽相同，一是考虑到试点布局的协调性，更多注重的是试点的典型性和代表性。如温台地区民营经济相对发达，其发展中面临的问题在全省具有普遍性，选择在温州、台州市开展民营经济创新发展综合配套改革试点，基础较好，符合地方改革的内在要求，而且可以为全省其他地区的改革起示范作用。义乌市有着全球最大的小商品批发市场，为中小企业走向世界构筑了重要平台，选择在义乌开展国际贸易综合改革试点具备良好的现实基础和重大的战略意义。因此，11个试点地区自身的发展情况不同，改革的着力点也有所区别，综合配套改革试点因地制宜开展。

《意见》的出台，有其深刻的历史背景和重大的现实意义。改革开放以来，浙江省率先推进市场取向的改革，形成了体制机制的先发优势，实现了从资源小省向经济大省、从封闭半封向全方位开放、从基本温饱向总体小康的历史性跨越。2008年全省生产总值达到21486.9亿元，人均生产总值超过6000美元，经济发展水平处于全国前列。但是，浙江省在率先发展中也遇到了一些深层次的矛盾和问题，特别是在国际金融危机影响下，浙江省经济结构性、素质性矛盾和问题更加突出。从三次产业看，工业总体上处于产业链的低端，2008年高新技术产业占比仅为7.6%；服务业发展明显滞后，其增加值占GDP比重为41%，生产性服务业水平有待提高；农业规模化、产业化水平较低。从自主创新能力看，科技研发投入不足，企业自主创新能力薄弱，全省R&D经费支出占GDP的比重为1.6%，欧美国家一般为2.5~3%；大中型工业企业开展研发活动的企业仅1521家，所占比重为33.7%，研发活动经费支出占主营业务收入的0.87%，国际上一般在4~5%之间，科技进步对经济发展的贡献率偏低，经济增长在很大程度上还是依赖物质资源的大量投入。从资源环境看，能源资源日趋紧缺，环境压力进一步加大。能源方面，2008年能源供给量达1.5亿吨标准煤，比2001年翻了一番。环境容量方面，2007年排放的温室气体二氧化碳已达到3.8亿吨，在工业化加速推进、经济快速增长阶段，节能减排任务更加艰巨。上述矛盾和问题，严重制约着浙江经济持续健康发展，迫切需要在发展思路、发展模式、发展体制机制上进行进一步的探索创新。

与此同时，兄弟省市积极抢抓改革先机。2005年上海浦东新区被批准设立为国家综合配套改革试验区，此后，天津滨海新区、重庆市、成都市、武汉城市圈、长株潭城市群、深圳经济特区又相继被批准设立为不同类型的国家综合配套改革试验区。四年多来，各试验区围绕改革攻坚和体制创新这条主线，按照中央关于新时期深化改革扩大开放的战略部署，深入贯彻落实科学发展观，在促进发展方式转变、加快开发开放、统筹城乡发展、推动"两型"社会建设等方面取得重大进展，呈现出强劲的发展势头。浙江省GDP总量列居全国第4位，但与前3位广东、山东、江苏差距依然较大，与排在之后的河南、河北差距有缩小趋势。改革发展如逆水行舟，不进则退。面对前有"标兵"后有"追兵"的发展态势，浙江省如何再创体制机制新优势，率先实现经济转型升级，在全面建成小康社会的进程中继续走在前列，已成为重大的现实挑战。

正是在这样的背景下，省委、省政府总揽全局、审时度势，在深入推进三大省级综合配套改革试点基础上，不失时机作出了在全省开展转变经济发展方式综合配套改革试点的决定。《意见》的颁发和实施，是贯彻落实省委十二届五次全会精神、在新的起点上深化改革的重大举措，是有效破解国际金融危机、保持经济平稳较快协调发展的迫切需要，也是推进经济发展方式转变和经济结构调整、实现又好又快发展的根本途径。

改革是一个探索和创新的过程，是一个不断完善社会主义市场经济体制的过程，其目的从根本上说，就是为了解放和发展生产力，促进经济社会持续健康发展。当前，浙江省经济发展正处于新一轮调整转型提升的关键时期，受国际金融危机影响，浙江省经济社会发展遇到前所未有的困难和挑战，虽然自二季度以来浙江省经济持续呈现回升向好的态势，但国际金融危机影响仍然存在，经济增长的内生动力还不强，迫切需要深化体制改革和制度创新，为保持经济持续较快发展提供强有力的体制保障。谋划和设计改革，要充分考虑经济社会发展的需要，鉴此，《意见》针对浙江省经济转型升级的内在需求，将试点的目标设定为，通过5~10年的努力，基本形成充满活力、富有效率、更加开放、有利于科学发展的体制机制。

五项体改五项目标

浙江着力推进五个方面体制改革，实现五项具体目标任务：

一是产业转型升级的体制机制更加健全。坚持三次产业联动发展、信息化与工业化相融合，着力推进产业转型升级的体制改革，现代服务业发展的政策制度更加完善，传统产业改造提升促进机制和新兴产业培育引导机制进一步健全，农业发展方式转变取得显著成效，经济增长由主要依靠第二产业带动向依靠一、二、三产业协同带动转变，基本形成具有较强竞争优势的现代产业体系。

二是投资出口消费协调拉动经济增长的体制机制加快形成。坚持投资与消费并重、扩内需与稳外需相结合，不断深化投融资体制改革，政府投资结构进一步优化，民间投资活力进一步显现，保持出口稳定增长的机制不断健全，扩大消费的体制性保障不断增强，促进经济增长由主要依靠投资、出口拉动向依靠消费、投资、出口协调拉动转变。

三是自主创新的体制机制更加完善。推进有利于企业自主创新的体制改革，创新驱动的体制机制加快形成，促进自主创新的财税、金融、人才、法律等环境不断优化，基本建立比较完善的区域创新体系和人才支撑体系，科技对经济转型升级的推动作用明显增强，科技综合实力、区域创新能力位居全国前列，为率先建成创新型省份提供有力的体制保障，实现经济增长由主要依靠增加物质资源消耗向主要依靠科技进步、劳动力素质提高转变。

四是资源节约和环境保护的体制机制基本建立。深化资源要素市场化配置改革，促进资源节约集约利用的市场机制基本形成，资源节约和环境保护长效机制初步建立，率先创建全国循环经济示范区，节能降耗、环境保护和土地节约集约利用水平继续居于全国领先地位，经济社会可持续发展能力明显增强，加快建成资源节约型和环境友好型社会。

五是统筹城乡区域发展的体制机制创新取得重大进展。着力破除城乡二元体制，推进城乡规划建设一体化、公共服务均等化等体制改革，统筹城乡发展的体制机制基本建立，城乡基本公共服务差距明显缩小，空间布局进一步优化，区域协调发展机制不断完善，“海上浙江”、“山上浙江”建设深入推进，农村地区、欠发达地区生产生活条件明显改善，城乡区域协调发展的新格局基本形成。

总之，转变经济发展方式综合配套改革试点主要目的是以试点地区为载体，把改革和发展有机结合起来，把解决本地实际问题与攻克面上共性难题结合起来，把解决当前突出问题与谋划长远发展结合起来，通过试点先行，实现重点突破与整体创新，率先建立起完善的社会主义市场经济体制，为经济转型升级提供体制机制保障，率先走出一条具有浙江特色的转变经济发展方式之路，为全省乃至全国其他地区的改革发展提供经验和借鉴。

相关链接

国家发展改革委办公厅关于将浙江省转变经济发展方式综合配套改革试点（试验区）列为国家发展改革委改革联系点的复函

浙江省人民政府办公厅：

报来《关于要求将浙江省列为国家发展改革委转变经济发展方式综合配套改革试点联系点的函》（浙政函〔2009〕173号）收悉。经研究，现函复如下：

一、浙江省是我国东部沿海发达省份，改革开放30多年来，经济社会发展和改革开放等各项事业取得了长足的进步。近年来，面对率先发展遇到的深层次矛盾和问题，浙江省深入贯彻落实科学发展观，坚持解放思想和改革创新，积极开展转变经济发展方式的改革实践，已经取得一定的进展，为全国面上的改革积累了不少经验。

二、同意将你省开展的转变经济发展方式综合配套改革试点（试验区）列为我委的改革联系点。我委将加强对你省综合配套改革试点（试验区）的指导协调和总结推广等工作，共同推动你省的改革工作不断取得新突破。

三、请你省结合省情实际和国家战略发展需要，进一步扎实开展综合配套改革试点工作，全面推进各个领域的体制改革，在重点领域和关键环节率先突破，为推动全国深化改革，实现科学发展，发挥示范和带动作用。

特此函复。

国家发展改革委办公厅

二〇一〇年二月二十一日

以“四大建设”和自主创新为抓手促进转型升级

在2009年全省经济工作会议上，浙江省委书记赵洪祝提出要把“扎实推进大平台大产业大项目大企业建设”作为浙江加快转变经济发展方式、推进经济转型升级的重要突破口，作为加快“凤凰涅槃”、实现“腾笼换鸟”的切入点。“四大建设”是浙江省转变经济发展方式的大思路、大手笔、大动作，在大平台建设上，要把发展空间与内容作为统一体，整合资源，集约发展，向山地要空间，向滩涂要空间，抓好一批事关全局、带动力强的产业集聚区式的大平台；在大产业建设上，要提高产业的层次和竞争力，培育和提升一批市场占有率高、竞争力强以及具有空间集聚规模优势的大产业，加工制造业要向高端推进，生产、生活性的服务业要全方位推进，农业产业要向高效生态推进；在大项目建设上，要抓住扩大内需的机遇，发挥投资带动作用，既抓好重大基础设施项目，更要抢抓制造业大项目，重点发展一批传统产业改造升级项目、战略性新兴产业培育项目、临港大工业项目等。

浙江中小企业十分发达，但由于缺少大企业的带动，难以进入大企业的产业链，生产的社会化、组织化程度不高。因此，要实行重点培育和积极引进并举，一方面，大力引导优势企业兼并重组、强强联合，推动行业龙头骨干企业做强做大；另一方面，积极引进世界500强企业尤其是中央企业到浙江生根落户，加快与一批中央大企业开展战略合作，积极利用国家的战略资源发展浙江，以此优化提升浙江的产业结构和企业结构，带动经济转型升级。据悉，今年浙江省7500亿元信贷的一个重点投向是支持“四大建设”，包括支持2367亿元的政府主导性投资项目、政府培育的146家工业行业龙头骨干企业、100家服务业龙头企业和100项循环经济重点项目等；重点支持企业技改、自主创新、节能减排，推进产业升级型、产业链延伸型、资产重组型等领域的并购贷款，落实“绿色信贷”政策支持低碳经济等。

提高自主创新能力，是加快经济发展方式转变、推进转型升级的动力。2009年11月，浙江省正式启动国家技术创新工程试点，今年要重点抓好“八个一批”，即着力培育一批创新型企业、建设一批公共科技创新平台和载体、构建一批产业技术创新战略联盟、引进一批大院名校大企业共建创新载体、提升一批高新技术开发区(园区)和特色产业基地、实施一批以企业为主体的重大科技专项、推广一批重要科技成果和共性技术、培育造就一批企业创新人才，以此引导和支持创新要素向企业集聚，大幅度提升企业自主创新能力，增强产业核心竞争力。

加强资源要素保障和节能环保是经济发展方式转变的重要环节。今年浙江省政府工作报告提出，要深入实施资源节约和环境保护行动计划，加快生态省和循环经济试点省建设，积极发展低碳经济，强化资金、土地等要素保障和集约节约利用。2008年8月，浙江省出台《资源节约与环境保护行动计划（2008~2012）》，提出实施三大工程，即实施节能降耗十大工程，包括千家重点企业节能推进工程、落后产能淘汰推进工程、传统优势产业改造推进工程、装备制造业振兴推进工程、技术创新推进工程、建筑节能推进工程、交通运输节能推进工程、商业及民用节能推进工程、公共机构节能推进工程、资源综合利用推进工程；实施节约集约用地六大工程，包括城镇建设节地工程、工业建设节地工程、住宅建设节地工程、基础设施建设节地工程、农村建设节地工程、土地开发整理工程；实施环境保护八大工程，包括污染减排工程、水污染防治工程、工业污染防治工程、城镇环境综合整治工程、农业农村污染防治工程、近岸海域污染防治工程、生态修复保护工程、生态创建工程。另外，大力发展循环经济，启动25个循环经济试点基地和100项循环经济重点项目建设。2009年10月，浙江省发布《循环经济试点实施方案》，提出重点发展低碳经济，推进低碳能源结构、发展低碳产业结构、提升低碳技术水平等。根据试点实施方案，浙江省将大力建设一批循环经济示范企业和园区，重点布局废旧家电回收利用循环经济试点基地等20多个。2010年，浙江将启动25个循环经济试点基地和100项循环经济重点项目建设，建设一批工业循环经济示范企业、示范园区和循环农业示范区。

相关链接

浙江城乡统筹发展进入整体协调阶段

从2006年起，浙江省每年发布上一年度城乡统筹发展水平综合评价报告。其评价体系由统筹城乡经济发展、统筹城乡社会事业和基础设施、统筹城乡人民生活和社会保障、统筹城乡生态环境4大领域共20项指标构成。该指标体系以2020年为目标，分为初步统筹（45分以下）、基本统筹（45~65分）、整体协调（65~85分）、全面融合（85分以上）四个阶段。

年份	主要分值变化情况
2005年	全省城乡统筹发展水平的综合得分为61.87分，四大领域目标实现度均比上年有所提高，特别是统筹生态环境领域发展水平提升了11.14个百分点，进程明显加快
2006年	综合评价得分为65.88分，比2005年61.87分增加了4.01分，四大领域统筹水平全面提升，目标实现度比2005年分别提高了3.53个、4.37个、3.40个和5.24个百分点
2007年	综合评价得分为69.30分，比2006年增加了3.43分，增速5.2%，进入整体协调发展阶段；四大领域统筹水平全面提升，目标实现度均在65%以上，分别为75.00%、71.18%、65.28%和65.50%
2008年	综合评价得分为72.86分，比2007年提高了3.56分，三分之二的县（市、区）进入整体协调阶段；四大领域统筹水平全面提升，目标实现度均在65%以上，分别为79.33%、73.86%、67.94%和71.31%

以城乡一体化为目标推进基本公共服务均等化

加快转变经济发展方式，发展空间上的调整融合是重要内涵之一。早在2002年，浙江省十一次党代会和十届人代会就正式提出“统筹城乡经济社会发展，推进城乡一体化”的发展战略。2004年底，浙江省委出台《浙江省统筹城乡发展、推动城乡一体化纲要》，随后浙江各个地区制定了各自的具体的规划，除了城乡一体化发展纲要以外还分别制订了一些专项规划，像嘉兴、金华、绍兴、萧山、余姚、义乌这些地方都有专项规划，包括城乡空间布局一体化规划、城乡交通设施建设一体化规划、产业发展一体化规划、就业与社会保障一体化规划、社会发展一体化规划、生态环境建设与保护一体化规划、卫生事业一体化规划等。目前，浙江省城乡关系呈现发展差距缩小、协调水平提高的新趋势，统筹城乡发展进入了“全面推进城乡融合”的新阶段。在实践中，嘉兴市的城乡一体化发展受到全国的关注，被称为城乡一体化的“嘉兴样本”，其主要在推进城乡空间布局、城乡基础设施建设、城乡产业发展、城乡劳动就业与社会保障、城乡社会发展和生态环境建设与保护“六个一体化”方面取得显著成效。

尤其值得一提的是，浙江将基本公共服务均等化作为城乡一体化的一个重要突破口，2008年在全国率先实施基本公共服务均等化行动计划，拟在5年内安排和实施包括就业促进、社会保险扩面、新型社会救助、基础教育均衡化、基本医疗卫生服务、公共文化服务、农村公用基础设施等在内的10大工程，包括81个项目，总投资2176.3亿元，2010年计划投资750亿元，新启动城乡居民社会保障项目、村卫生室建设项目、公共气象服务项目等10个项目。省委书记赵洪祝3月22日在《人民日报》上就浙江推进城乡一体化发展提出，积极探索建立向“三农”倾斜的资源要素配置机制，将政府掌握的公共资源更多地配置到农村，加快改变公共服务“城高乡低”的状况，促进公共服务的城乡均等和城乡融合。

赵洪祝书记分析指出，从产业结构来看，随着市场竞争加剧和劳动力成本上升，浙江省制造业正加速由以劳动密集型为主向以资本和技术密集型为主升级，第二产业进入平稳发展期，服务业进入比重逐年提高的快速发展期，“三二一”的产业结构正在加速形成。这将给农民创业就业和中小企业发展带来新的机遇和挑战。同时，随着支持现代农业发展的政策体系日益健全，农业领域的公共资源配置全面增加，资本、技术替代土地、劳动的速度不断加快，现代农业进入加速发展期，三次产业和城乡经济将呈现融合发展的新趋势。这就要求更好地发挥政府的主导作用，加大投入力度，健全激励机制，促进更多的资源要素配置到农业领域，全面强化对农业的技术、人才、资本和体制支撑。

随着农村劳动力大规模向二、三产业转移就业的初步完成、城乡平等就业体制机制的基本建立，促进农民就业的重点转到了提高农民就业的稳定性上。这就要求通过加快完善农业经营方式、适当提高农产品价格水平、不断增加农业补贴等途径，提高农业劳动者收入，缩小工农劳动者的收入差距。同时，随着制造业转型升级的加快，第二产业对劳动者的素质要求不断提高；随着城乡服务业加快发展和农业经营规模化，第三产业和现代农业将成为扩大农民就业的主要领域。

从城乡结构来看，随着农村产业集聚发展和农村劳动力稳定就业，越来越多的农民将成为城市市民，城乡人口结构将发生重大变化。这就要求加快推进新型城镇化，深入推进县城、中心镇、中心村建设和土地使用、户籍管理、公共福利等配套改革，为产业集聚发展、农民创业就业、农民进城落户构建良好平台和有效机制。同时，随着农村社会事业、社会保障、基础设施、人居环境等公共服务全覆盖格局的初步形成，城乡公共服务均等化水平将不断提高，城乡关系将呈现发展差距缩小、协调水平提高的新趋势。

从阶层结构来看，随着城乡创业者队伍不断扩大、城乡居民收入水平和财产性收入比重不断提高，中等收入者群体将呈现加快成长的态势。特别是随着现代农业、农村家庭工业和生产生活服务业创业主体快速成长，拥有投资创业性收入的农民群体将呈现迅速扩大的趋势；随着农村集体产权制度改革逐步深化，农民来自土地、住房和集体资产分配的财产性收入将呈现逐步增加的趋势；随着大量农村人口进城落户、转换身份，城乡人口流动规模将呈现不断扩大的趋势。同时，随着城乡扶贫工作深入推进，城乡居民收入差距、城镇居民内部收入差距、农村居民内部收入差距和城乡低收入群体将呈现总体缩小的趋势，但农业劳动者群体增收慢、城乡低收入家庭增收难的问题可能更加突出。这就需要更加关注欠发达地区的加快发展，更加关注平均数下掩盖着的不平衡，更加关注城乡低收入群体的生产生活状况，不断提高欠发达地区群众和城乡低收入群体的收入。

从消费结构来看，随着农村社会保障和公共服务水平不断提高、新型城镇化不断推进、农村基础设施不断完善、刺激消费政策力度不断加大，农村消费潜力将得到更加充分的释放，农村居民物质消费水平将有所提高，并逐步从物质消费为主向文教娱乐、休闲旅游等精神消费拓展。农村消费水平的提高和消费结构的升级，将促进城乡人员的沟通、城乡文明的渗透，缩小城乡生活方式、生活质量的差距。

浙江统筹城乡发展进入“全面推进”新阶段

根据结构性的变化，赵洪祝书记做出这样的判断，即浙江统筹城乡发展已进入“全面推进城乡融合发展”的新阶段。为此，赵洪祝书记要求，要按照胡锦涛同志在省部级主要领导干部深入贯彻落实科学发展观加快经济发展方式转变专题研讨班上指出的，要把调整经济结构作为转变经济发展方式的战略重点，加快调整城乡结构。而面对城乡统筹发展面临的新形势，浙江必须认真贯彻中央经济工作会议、中央农村工作会议和胡锦涛同志重要讲话精神，按照全面推进城乡融合、加快形成城乡经济社会发展一体化新格局的新要求，牢牢把握统筹城乡发展的着力点。主要包括以下几个方面：

全面推动农业农村加快发展。只有加快农业农村发展，才能缩小工农差距、城乡差距、市民与农民差距，实现城乡经济社会发展一体化。浙江要在全面推进城乡融合的进程中，不断加大以工促农、以城带乡力度，推动政府公共资源和城市生产要素更多地投向农业农村，促进现代农业和农村公共事业加快发展，使农业劳动者和农村人口共享改革发展成果；着力破除城乡二元体制，推动城市更多地吸纳农民进城就业，促进进城农民转变为稳定就业和长久居住的城市市民。

协调推进新型城镇化与新农村建设。今年中央一号文件明确提出，“加快落实放宽中小城市、小城镇特别是县城和中心镇落户条件的政策，促进符合条件的农业转移人口在城镇落户并享有与当地城镇居民同等的权益”。这不仅为农民创业就业、落户城市提供了平台，也为实现以工促农、以城带乡提供了通道。浙江要认真贯彻落实这一政策措施，努力在协调推进新型城镇化和新农村建设方面取得新的突破。推进新农村建设，要以县域农村为载体，大力发展现代农业和农村公共事业，既让留在农村的农民安居乐业，又为推进城镇化提供坚实支撑。

不断提高农民收入，始终是“三农”工作的重点和难点。浙江根据农民人均纯收入过万元后的新形势和应对国际金融危机冲击的新经验，积极探索转变农民增收方式、促进农业劳动者和低收入农户加快增收的有效途径。这包括：通过组建股份合作实体、推进农村集体产权制度改革等，千方百计增加农民的创业性收入和财产性收入；加大政府对粮食等主要农产品价格的保护力度和农业补贴力度，增加农业劳动者的保护性收入和转移性收入；支持欠发达地区加快发展和实施“低收入农户奔小康工程”，帮助低收入农户增收；建立健全职工最低工资水平与社会平均工资水平、消费水平挂钩机制和职工工资正常

相关链接

浙江4108万人可能将“无立足之地”

作为我国城市化和工业化速度最快的省份之一，“缺地问题”一直困扰着浙江的社会经济发展。在浙江这轮土地利用规划(2006年—2020年)期间，全省建设用地的增量规模不能超过288万亩(规划指标)，目前浙江的城乡建设用地规模已触及天花板。由于土地资源的稀缺性，导致土地供需矛盾突出，缺地成了城市经济发展的瓶颈。而这288万亩的“规划指标”明确的同时，开发整理复垦补充耕地义务量不少于235万亩。而事实上，浙江面临的窘境是中国土地资源困局的缩影：一方面，面对有限的土地资源与不断增长的用地需求，建设与农业“争地”日益严峻；另一方面，20年来，中国土地粗放利用和浪费现象依然普遍存在。

2009年，浙江省国土资源系统全年新增耕地23.96万亩，连续14年实现耕地占补平衡。2010年浙江经济社会发展的预期目标是，地区生产总值增长9%左右，地方财政收入增长6%以上。经济实现平稳增长的同时，带来用地需求的激增。有媒体报道称，浙江在综合考虑土地的集约利用、投资强度等情况下，上报新增建设用地42500公顷。

10年之后，浙江全省人口将接近5600万。随着工业化、城镇化加速，人口将继续由农村向城市转移，同时仍将有大量省外人口流入浙江。如果城市化水平也实现72%~73%的目标，届时约有4108万人生活在城市，地从何来?

增长机制，不断提高农民工群体收入。

积极探索建立向“三农”倾斜的资源要素配置机制。在市场机制的作用下，资源要素的配置容易倾向于高收益、高回报的非农产业和城市。统筹城乡发展的一个关键环节，就是促进资源要素在工农之间、城乡之间均衡配置。经过多年努力，浙江已经初步完成了公共资源配置在种类上对农村“补缺”的任务，改变了公共服务“城多乡少”的局面，下一步将致力于建立健全向“三农”倾斜的资源要素配置机制。这主要是：进一步强化政府的主体作用，将政府掌握的公共资源更多地配置到农村，加快改变公共服务“城高乡低”的状况，促进公共服务的城乡均等和城乡融合；进一步发挥政府的主导作用，加快建立有利于资源要素向农村配置的激励机制，引导资金、技术、人才、管理等要素向农村集聚，促进现代农业和农村二、三产业加快发展。

深入推进城乡配套的体制改革。统筹城乡发展，必须破除城乡二元体制。浙江在前一阶段统筹城乡发展中，已对就业、教育、卫生、社保、金融、土地等方面的体制改革作了一些探索，今后一个时期的主要任务是深入推进城乡配套的体制改革。其重点是：继续深化农地经营、土地使用、集体产权、金融体制等方面的改革，进一步激发农村内部的发展活力；建立健全促进城乡互通、开放、融合的体制机制，在社会事业、社会保障、基础设施、人居环境等公共服务方面推进现有制度的城乡接轨、城乡融合，特别要以进城就业农民融入城市、有序转变为市民为突破口，在提供城市公共服务、放宽城市户籍准入、扩大住房保障覆盖、实现养老保险转续等方面加大推进力度，促进更多的进城就业农民落户城市，享有与当地城市居民同等权益。

统筹城乡发展、加快形成城乡经济社会发展一体化新格局是一场深刻变革，在前进的道路上必然会遇到一些困难、矛盾和问题。为此，赵洪祝书记特别强调，切实加强和改善对统筹城乡发展工作的组织领导。应按照加快发展现代农业的要求，推进农业发展方式转变；按照不断提高农民收入的要求，推进农民创业就业方式转变；按照协调推进新型城镇化和新农村建设的要求，推进中心镇、中心村建设；按照提升农村民生水平的要求，推进农村公共事业发展；按照构建城乡发展一体化体制机制的要求，推进城乡配套改革。同时，在坚持过去成功做法和经验的基础上，积极探索新的方法和路子，着力健全规范的工作体制，形成党委统一领导、党政齐抓共管、农村工作综合部门组织协调、有关部门各负其责的工作格局；着力打造服务型基层组织，构建县、乡、村“三级联动”的服务机制，形成各负其责、各展所长、互为补充、融为一体的“组团式”服务格局；着力推进政务公开和民主决策、民主管理，加快推广重大事项由村党支部提议、支委会和村委会联席会议商议、全村党员大会审议、村民代表会议或村民会议决议和决议公开、实施结果公开的“四议两公开”机制，充分保障农民当家做主的权利。

城乡统筹与“中心镇”战略提速

这些年，在推进城乡统筹发展过程中，浙江着力推进改革，注重释放体制的活力。继实施四轮“强县扩权”之后，浙江省已经出台了《中心镇发展规划(2006~2020年)》，“十一五”期间重点培育一批中心镇发展成为现代化中小城市，镇区人口10万左右的达到40个，5万左右的达到60个。今年1月11日，浙江省政府召开中心镇扩权事项清理对接座谈会，讨论落实“大力实施中心镇培育工程、推动扩权强县向中心镇延伸”的工作部署。这次会议透露，浙江省政府即将出台《关于开展小城市培育试点的指导意见》，拟给予龙港、店口等20个中心镇正县级待遇，通过5年左右培育成为管理水平高、集聚能力强、服务功能全的小城市。这将预示着浙江将有一批镇直接升格为市，这将又是一次体制改革的新突破。

年初，浙江中心镇扩权工作拉开帷幕。据透露，1月份，义乌、绍兴和温州等三地政府领导人曾被召集到杭州，就“大力实施中心镇培育工程、推动扩权强县向中心镇延伸”工作部署进行意见征询。

其后，浙江省政府随即出台《关于开展小城市培育试点的指导意见》，拟给予龙港、店口等21个中心镇正县级待遇，计划通过5年左右培育，成为一定实力的中小城市。

4月28日，浙江省发改委副主任、浙江省中心镇改革发展领导小组主任姚作汀一行在温州市考察座谈期间，听取了温州市关于推进5个强镇扩权改革的情况汇报。并征求浙江《加快中心镇培育小城市若干意见》和《小城市培育试点管理办法》两项意见。这两项意见，正是浙江未来规划“镇域经济”的新思路，姚作汀表示，中心镇要早规划、早抓基础设施的建设，在建设时做到高起点、大手笔。

浙江省此次转变经济发展方式的综合试点项目之一，中心镇已经成为其县域经济的第二支撑点。总的发展思路是：在培育百大中心镇之时，浙江各市重点推动几个重中之重的中心镇，配备城市的功能职能。除了温州提出建设5大市级镇之外，目前浙江不少城市已经在跃跃欲试。目前宁波市也开始把余姚泗门镇、慈溪观海卫镇、奉化溪口镇等7个镇标注在了“宁波版图”的突出位置。

这些中心镇将作为县(市)域总体规划的重要战略节点，在组织领导上，允许中心镇党政主要领导实行职级高配，例如温州部分镇委书记可进其所在县(市)委常委，镇长明确为副县长级。据悉，目前在温州试点的5大强镇为：龙港市、柳市镇、塘下镇、瓯北镇和鳌江镇，其一起跻身温州市级强镇扩权改革第一批试点镇，即希望其建成镇级市。也就是按照城市的功能来建设和管理镇，解决乡镇责大权小的问题。

试点的5个镇，都不是县(市)政府所在地，但财政收入占全县(市)比例，都在30%以上。如2009年，龙港财政收入近9.5亿元，约占苍南县的45%；瓯北镇占永嘉县的比例更是高达70%以上。

不过，职责和权力的不对等，已经成为诸多中心镇发展的不小障碍。例如，温州龙港镇镇长王忠秀即透露，龙港镇常住人口28万、外来人口10万，最苦恼的是所有的责任都落到乡镇一把手身上，不管是教育、消防安全，还是拆迁拆违，各种责任制的落实，责任无限大，权力却很小。据悉，目前浙江省级部门对中心镇面临的诸多问题，正在加紧赶制对策，与此同时，对于中心镇一把手的执政能力培育，同样列入中心镇发展规划中。

此外，目前，为了支持浙江21个中心镇的发展，浙江省财政将在整合利用现有财政资金的基础上，一次性安排中心镇培育资金10亿元、欠发达地区扶持资金10亿元。

不过，据5月4日《21世纪经济报道》，目前，在浙江中心镇的规划和发展方面，与土地利用的冲突同样存在矛盾。目前台州市正在赶制25个中心镇(包括市级等)的总体规划，2010年，这部分规划要全部完成，赶制的关键在于让中心镇总体规划和土地利用总体规划——“两规”完成衔接。而从国土督察系统获悉，目前浙江存在部分中心镇的规划，甚至提出5~15平方公里的具体规划要求，其对土地需求相当大，这与国家土地管制相冲突。

由于台州市中心镇规划，制订时间较早，现已难以适应城乡结构快速演变和一体化发展的需要。事实上，早在2003年前后，台州一些重要的城镇就完成了新一轮总体规划的编制，2005年左右，这些中心镇才完成土地利用总体规划的修编，所以中心镇目前普遍存在着起点低、内容不齐等问题。

因此，目前不少地方“两规”存在“两张皮”现象，这给中心镇建设带来了很大的问题。

相关链接

马云向温家宝总理专题汇报全文

我们是理想主义者，我们今天真是怀着非常感恩的心态，我们感恩这个时代。因为十年中国经济和互联网的发展才有今天的阿里巴巴。我在这里做一个简要介绍，关于阿里巴巴集团目前的情况。阿里巴巴是一个很年轻的公司，当年十八个人在我家里开始创业，到现在为止只有十年时间。我们的员工平均年龄是28岁，虽然我们在一个非常年轻的行业，是一批非常年轻的员工，但我们是一批非常理想主义的人。阿里巴巴的高管60%以上是老师出身，我自己也当了六年老师，我们是理想主义色彩非常浓的一家企业。但是我们也很务实，我们坚信互联网能帮助大家更成功。在互联网领域里面有三个主要行业：

第一类是以新闻门户站点为主，第二类是游戏，第三类是电子商务。首先，我们认为做新闻类，对意识形态的把握不是我们的强项。

第二类是游戏，我们坚定地认为游戏不能改变中国，中国本来就是独生子女家庭，孩子们都玩游戏的话，国家将来怎么办？所以游戏我们一分钱也不投。人家投，我们鼓掌，但我们不做，这是我们的一个原则。

第三类也就是难做的，是电子商务。十年以前做电子商务，人家认为是天方夜谭，互联网在中国不可能发展，电子商务更难发展。凭什么你们做电子商务？我们仔细调查发现，美国电子商务围绕大企业做，大企业有钱，他们创造的价值为企业省时间、省采购成本。而我们发现在中国，特别是亚洲主要是小企业为主，中小企业除了知道怎么省钱，更想知道怎么挣钱，所以我们跟欧美的电子商务做了一个相反的动作，大家认为我们要帮人家省钱，我们认为我们要帮人家赚钱；大家认为我们应该帮大企业服务，我们认为我们要帮中小企业服务，因此，根据这些思想我们创建了阿里巴巴公司。

十年专注电子商务，坚持为小企业服务

第一，十年以来阿里巴巴只专注电子商务。很苦很累的时候一分钱也没得赚，我们还是守住电子商务，不管那时候游戏再赚钱，不管那时候门户站点再能卖广告，我们都一直坚持做电子商务。

第二，我们坚持为小企业服务。不管大企业给我们多少钱，我们基本不做，我们只盯住小企业，因为我们十年创业的经历告诉我们，小企业非常艰辛，我们需要通过技术手段帮助他们完善，帮助他们成长。

第三，我们坚守在浙江。不管再远大的理想，必须立足于本地。全球的眼光，当地制胜，一个企业并不是你在哪里，而是你的心在哪里。你如果看全世界，你能做全世界的生意，所以根据这些想法，并且我们坚信互联网只是一个工具，我们应该帮助传统行业去利用互联网，活得更好、活得更久。

每次灾难都是一次机会，阿里巴巴是充满理想主义的公司，所以我们乐观，我们坚信每次灾难都是一次机会，任何大灾难来了后，我们只要镇定下来，我们一定能对付掉的，无论是SARS，还是金融危机来袭，我们都一次次地度过了。事实上这家公司绝大部分人都是年轻人，这批由80后、90后组建的公司，我们希望跟父辈们的公司不一样，我们专注小企业、专注电子商务、专注帮助别人成功的思想，这是阿里巴巴集团整个经营的思想。

接下来，我想汇报一下阿里巴巴集团的主要业务。阿里巴巴集团的业务主要是以四家公司为主：

每天买家人数等同于二十个广交会

第一家公司是阿里巴巴，是企业电子商务。阿里巴巴围绕小企业，围绕中小企业我们做两件事情：内贸和外贸，今天看到的这张图，是实时的。现在不是很热闹，到晚上看会非常热闹，因为欧美刚好跟我们时间相反，从这个图上面可以实时看到，比如现在泰国正在寻找编织的东西。这张图我们能够知道全世界的采购量，这些数据从哪里来?目前，我们总共使用阿里巴巴的中小企业有5000万家。在国内有3700万中小企业和个体户使用阿里巴巴，在国外有1200万家中小企业卖家。我们搭建了一个买卖平台，帮小企业把产品卖出去。比方说有家小企业卖杯子，只要在网站上放上杯子的信息，想买杯子的人就会联系他们，这样就形成了这套体系。进出口贸易的体系也是一样，现在每天有130万海外买家访问阿里巴巴国际网站，每天买家人数等同于二十个广交会。

提前预测到金融危机正因为这些数据，使我们提前八个月到九个月预测到金融危机。2008年初，我们突然发现整个询盘数急剧下滑，欧美对中国采购在下滑。海关是卖了货，出去以后再获得数据；而我们提前半年时间从询盘上推断出世界贸易发生变化了。所以我们提前了十二个月做了一些准备，鼓励小企业渡过难关，所以我们在2008年7月21日，奥运会前两个礼拜写了一

封信，告诉企业界冬天来了，请所有企业做好准备。

一图而知中国小企业动态

现在这张图是中国内贸，现在有3700万中国小企业，各种各样的小企业在阿里巴巴进行买卖。这张图是实时在线，实时反映它们的数据，能基本掌握整个中国经济的一些小企业动态。

现在在全国的十几个省，尤其是沿海地区，我们有直销人员每天上门拜访三家以上客户，我们还有电话服务人员，他们每天至少打二十个电话。我们一天大概能够掌握七万家小企业状态，从这些经济的状态，我们来判断小企业需要什么。这是我们的阿里巴巴，这家公司现在已经在香港上市，它的一切工作都围绕小企业服务。

今后十年努力超越沃尔玛

第二家公司是淘宝网。今天在中国可能对年轻人影响最大的就是淘宝网。淘宝网在七年前诞生，一开始主要是年轻人，现在大批商家都上淘宝，有些生意做大了就变成B2C了。去年淘宝完成了2000亿交易额，今年我们要完成4000亿的交易额。

淘宝网创造的直接就业机会是113万人，创造的间接就业机会已经超过302万。这张图能看到整个中国的网上交易状态，在长江三角洲一带最热闹，网上创业人数最多。接下来是华南地区，然后是北方地区，我比较遗憾的是中部和西部发展并不是很迅速。我们希望通过十年努力，超越沃尔玛在全世界的销售额。现在沃尔玛全球销售额是35000亿元人民币，我们今年的目标是4000亿，但是我们是有机会的。从这个数字上来看，淘宝网去年交易额是2083亿，目前来讲增长速度非常快。

我一会儿汇报我们如何能做到35000亿，这是一个巨大趋势。因为很多工厂都是直销的，我们今年交易额涨得非常好的主要原因是广东由于金融危机，工厂货卖不出，他们就到淘宝上卖，价格便宜质量也很好，使得中国内需市场由于通过网上交易而迅速发展。

我们在广东帮助广货北上，主要通过网络卖，所以今年4000亿是小数，十年以后我们有把握、有希望、有决心做到40000亿，一旦做到40000亿就非常了不起。

从另外一张结构图来看，淘宝有些数据，从上半年数据来看，淘宝上女装就卖了124亿，今年我们估计服装在淘宝上卖会达到600亿，很多年轻人一个月收入1500块钱，到线下花，没多少钱好花的，但是在网上1000块钱相当于现实生活的2400块钱，所以虽然很多人收入低，但是他们买的又便宜又好，我们扩大了整个低收入人群的消费。现在淘宝每一分钟卖出去的服装是969件衣服，每一分钟卖出去的鞋子203双，现在在这个巨大的市场，淘宝一天成交额已经达到10亿元人民币。淘宝三天到四天就能完成整个王府井百货一年的营业额，这是一个巨大无比的需求市场，主要是解决年轻人的消费需求。

信用积累是最值钱的

第三家公司是支付宝。最近央行出来文件对我们也很好，最早网上购物大家最担心就是诈骗，我给了你货，你不给我钱；我给你钱，你不给我货，大家相互扯皮。我们建立支付宝，经过六年发展，现在支付宝已经为中国的3.5亿人提供服务，我们甚至可以为大家交水费、电费、煤费进行支付，换句话说我们做了银行不愿意做和银行做不了的事情。银行不可能说从建设银行划一分钱到工商银行，这个成本太高，而我们由于用互联网的技术，能够迅速把一分钱从建行到农行划一百次，让老百姓不需要到街上排队交电费、水费。但支付宝最大的宝贵之处，是我们为每个年轻人，每个网上消费的人建立一套信用机制，你在网上买过什么、卖过什么都在这个信用机制内，信用积累是最值钱的，这给很多银行做小企业贷款，个人消费贷款做了很大的保障。

我们真正地进入一个数据时代

第四家公司，也是我们觉得比较骄傲的就是阿里云。我们由于掌握了阿里巴巴的内贸和外贸数据，掌握了淘宝上消费者消费行为。现在淘宝有2亿消费者，每天到淘宝上想来买东西的人有4300万人，完成500万笔交易的大量数据，加上我们支付宝数据，我们突然发现我们真正地在进入一个数据时代。我们今天掌握的数据，对国家宏观经济、微观经济、对个人消费，特别对制造业是巨大无比的宝库，所以我们准备做云计算，五年以后，我们的竞争一定是在计算数据上面的竞争，我们在这儿将大力投资，我们主要的思想是让整个社会去分享数据，让制造业掌握消费者的数据，让消费者知道制造业的数据，而且整个数据我们是彻底分享，而不是靠数据挣钱，所以这是我们四家公司。

帮助企业比赚钱更有意义

这四家公司现在盈利状态：阿里巴巴很挣钱，我们收很少的费用，一家企业只要付1688块钱人民币就可以做内贸。外贸，由于金融危机之前是5万块钱一年，金融危机以后我们降到了1.98万，去年我们少赚5亿利润，但是我们去年多服务了5000家企业，对阿里人来讲觉得非常骄傲，我觉得做帮助企业的事情比赚钱更有意义。淘宝没有收费，因为本来我承诺三年不收费。刚刚准备收费，金融危机过来，我们又决定五年不收费，现在经济形势还不是很好，我们决定还是不收费，所以我们已经七年没收费了。尽管不收费，但是光收点广告的钱，淘宝很盈利。另外，我们觉得支付宝有可能是继VISA、Mastercard之后，对下一代金融体系创新的信用体系。所以我们对支付宝大力投入，保证它的安全、干净、透明、开放。这是目前四家公司的状况。

我们是一家理想主义色彩的企业，我刚才讲的一切都是理想主义，但是理想主义加我们现实、务实，才让我们活到现在，接下来我要汇报，我们未来十年想发展什么。

1000万小企业、1亿就业机会、10亿消费者

刚才看的视频是十周年的时候，我在全体员工大会上的承诺，未来十年我们要为1000万家小企业解决一个生存、成长、发展的平台；第二我们要为全世界解决一亿就业机会；第三个目标，我们为十亿人打造网上消费平台。

我们这一代人做企业是去解决社会的问题

我们这一代人做企业跟上一代人最大的区别是，上一代人做企业是在社会中找机会赚钱，而我们这一代人做企业是去解决社会的问题。我们阿里巴巴集团从18人到1.8万人，可能将来还会发展到12万人，没有一个机会大到可以让我们持续发展，只有解决社会不断涌出来的问题，才有可能让我们这代年轻人持续不断发展。我们要解决的最大问题，就是小企业就业以及让企业更加开放、透明。

所以根据这些思想，以及我们的目标，我们想在未来十年重点投资三个领域。

创造小企业银行服务的直升机部队

第一个领域，我们坚定不移地围绕中小企业发展。今天阻碍中小企业发展主要有三块，中小企业的融资、中小企业的税收、中小企业的培训。我们觉得中小企业的融资已经到了迫在眉睫的地步。从我们的数据来看，现在的经济形势并不是很乐观，小企业的倒闭率跟金融危机刚刚开始的时候差不多，而一个很重要原因之一就是没解决金融问题。在这儿看一张图，我们跟工商银行和建设银行联手做了一个给小企业贷款项目的调查：今天中国55%的小企业贷款需求是50万元人民币以下，而中国各大银行贷款期望至少是两三百万以上，让大银行做小企业贷款也真的很为难，就像让香格里拉偶尔摆一个地摊、摆一个大排档可以，天天摆大排档，他也吃不消，因为他训练的人是做大企业的。全中国网商在阿里巴巴上面申请的贷款金额总共2512亿元，获得贷款的客户是1.3万家，获贷金额是132亿元，获贷比例只有5.25%，也就是只有5%的小企业获得了贷款，大批的企业不能获得贷款。

小企业是无抵押，而银行一定要抵押，现在很多小企业感觉把银行当成当铺了，我交给你什么，你贷一点现金出来。今天通过电子商务、通过互联网数据也可以进行贷款了，而今天为止，我们贷出去的132亿中，坏账率只有0.28%，几乎是没有什么坏账，小企业贷款非常注重自己的信用。我们只贷50万元人民币以下的款，我们有把握和保证。给我们这一次机会，我们要创造一个奇迹出来，因为世界没有一个公司拥有这么多小企业数据，并时刻掌握这些数据。我们要创造小企业银行的直升机部队，直升机部队不是空军，空军是高空飞行，大银行就应该高空飞行，而小企业银行是低空飞行，对小企业机制进行创新。我们的使命是帮助小企业成功，这是我们未来十年全力以赴想做的。

四个小时把货送到家门口

第二件事情，今天淘宝看到了一万亿的交易，但是我们看不到三万亿、四万亿交易，什么原因?被物流挡住了，中国的物流体系分散，原先是邮政为主，现在出现了很多民营快递。由于淘宝，出现了大量小的民营物流公司，但是我们缺乏像日本、美国那样好的体系建设，我们希望能够做到在中国任何一个地方网上下单，四个小时把货送到家门口，这是我们在十年以内想做的，我们想在全中国找十个省，建十个大的仓储体系，让所有小企业把仓储放在里面，同时鼓励所有物流发展现代物流，信息化。

乡村都市化，而不是都市乡村化。我们还有一个思想，我们觉得在城镇化过程中，不能把都市乡村化，不是把农民推到城市里去，大家一起来建一个城市，这就是城市化了，我们认为要把乡村都市化，住在乡村里的农民，假如高速公路能通，假如网上下一个订单就可以把城市的货运进去，我们就能真正做到乡村都市化，而不是都市乡村化。现在大批民工到城市找工作，都市乡村化问题越来越严重。所以我觉得在信息化和工业化时代，我们全力想推进“十二五”规划想发展现代物流业和现代信息的沟通。如果这个打通以后，我们看到中国有可能建立一个巨大的物流系统，而今天沃尔玛在全美国布到乡村的商场其实就是仓储系统，我们其实今天有机会，阿里巴巴想在这上面全力以赴，我也不希望政府投什么钱，一直以来我们得到浙江政府全力支持，这也是我们的理念和思想，我们也不会向政府要钱，我们全力想推进现代物流。

全世界商业数据最完备的公司

第三，大力推进云计算，因为高科技能力就在于计算能力、储存能力和信息分享的能力，我们今后有可能是全世界商业数据最完备的公司。这些数据如何给社会提供服务、提供价值，这是我们想做的第三块工作。云计算五年以后将成为新的增长点，我们会全力以赴。

最后，汇报一下外贸和小企业的经济状态，未来三个季度，我们预测是每个季度外贸同比增速会下滑十个点，外贸状态不理想也不乐观，这是我们从订单上进行的分析。外贸企业可能会遇到三个问题：汇率、用工、原材料涨价，这三个问题如果合在一起的话，困难会非常大，我们将紧密盯住这些问题的发展。

请总理放心电子商务，阿里巴巴是一家拥有理想主义的公司。我们感恩这个时代给了我们这样的机会，为几千万甚至上亿人提供服务。

也请总理对80后、90后的年轻人放心，我觉得我们这批人在创造至少前面没有人做过的事情——我们想创造一个新的商业文明，不再以自我为中心、以赚钱为目的。我们说赚钱只是一个手段，它不是目的。我们还是一家很开心的公司，一会儿总理去走一走、看一看，我们倡导的是“认真生活、快乐工作”，别人说快乐生活、认真工作，我们是倒过来说，我们觉得生活一定要认真，你不认真生活，生活也不会对你认真，而工作要快乐。

崭新的“升级版”浙江向我们走来

这些年的浙江，一再成为国内外媒体关注的焦点，无论是今年3月吉利与福特达成收购协议，吉利跨国并购沃尔沃；还是两个月之后，浙江另一家民营企业娃哈哈宣布，委托荷兰与瑞士的公司为娃哈哈贴牌加工产品——从替别人加工，到让别人为自己加工，娃哈哈开创了中国企业“走出去”的全新模式；以及3天后，位于杭州的阿里巴巴的惊人之举：正式推出海外直购频道——“淘日本”，中国第一个跨境直购的商品交易平台诞生了……

6月26日前后，温家宝总理专门赴在浙江杭州就经济运行情况进行调查研究。他先后来到杭州祥润制衣有限公司、阿里巴巴网络有限公司、浙江西子富沃德电机有限公司、浙江杭叉工程机械集团、杭州制氧机集团等企业，深入生产车间，和干部职工亲切交谈，了解纺织服装、电子商务、机械制造等行业和企业的生产、科研和销售情况。

从全球领先的企业间电子商务平台“阿里巴巴”到亚洲最大的在线零售网站“淘宝网”，从第三方在线支付平台“支付宝”到正在发展的以数据为中心的“云计算”……十年来，阿里巴巴专注电子商务，专注为中小企业服务，自身也获得了迅猛发展。温家宝对马云说：“生产带动流通，而流通也影响生产。电子商务是流通形式的飞跃，它不仅改变了流通的传统方式，而且促进了流通的发展，正如你所说的，形成了一个巨大的市场。再深一步讲，电子商务要提供一个公平便捷的网上交流平台、一个真实可信的物流仓储信息平台、一个有信用的支付平台。电子商务有着无限的发展潜力。”

现在每天有130万海外买家访问阿里巴巴国际网站，每天买家人数等同于二十个广交会。淘宝网创造的直接就业机会是113万人，创造的间接就业机会已经超过302万。现在淘宝每一分钟卖出去的服装是969件衣服，每一分钟卖出去的鞋子203双，现在在这个巨大的市场，淘宝一天成交额已经达到10亿元人民币。淘宝三天到四天就能完成整个王府井百货一年的营业额。这是马云向温总理做的专题汇报中透露的“惊人”数据。

“阿里巴巴”的意思就是芝麻开门，马云和他的阿里巴巴为全中国的中小企业“芝麻开门”，这是一种理想。同时也是浙江整个经济转型的一个缩影。而在浙江，这种经济转型的“微缩景观”还有很多。为此，6月30日的《人民日报》就在头版头条发表长篇文章，报道了转型升级中的浙江带给人们的时空错乱的感觉：

论经济发展的先天条件，浙江严重不足：“七山一水两分田”；缺油少煤，资源95%以上靠外来输入；海防前线这一区位，又让国家投资长期以来远远绕开浙江……穷则思变，靠着“走遍千山万水、吃遍千辛万苦、想尽千方百计、说尽千言万语”的“四千精神”，浙江人勇立改革开放时代潮头，创造出了“浙江速度”、“浙江奇迹”：经济从1978年开始年均增长13.1%，高出全国3.5个百分点；农民人均可支配收入从1984年开始年年保持全国省区第一；60个县（市），30个进入全国百强县，又是全国第一……

2008年，就在经济高歌猛进的时候，潜在的危机，也在悄悄逼近浙江。“进入新的发展阶段，浙江面临着国际国内宏观发展环境的深刻变化，面临着资源环境约束和要素价格波动的双重压力，面临着市场竞争日趋激烈和自身竞争优势弱化的双重压力。”浙江省委书记赵洪祝这样分析面临的形势。

转型升级，已成为浙江经济发展的内在要求。“不独如此，随着国家区域发展总体战略深入实施，东部地区率先发展，西部大开发深入推进，中部地区快速崛起，东北地区等老工业基地全面振兴，可以说，浙江前有‘标兵’，后有‘追兵’。如果浙江不加快转变经济发展方式，争创发展新优势，就会在新一轮发展中扩大与‘标兵’的差距，就有被‘追兵’赶超的可能。”赵洪祝保持着惯有的清醒。

转型升级既要做好存量文章，加大存量调整力度；更要做好增量文章，以增量带动存量的调整和优化。

其实，对于浙江经济存在的结构性矛盾，浙江早已开始采取对策。

世纪之交，浙江省委明确提出，要推动经济发展从量的扩张向质的提高转变。2003年7月，省委推出“八八战略”——发挥浙江的体制机制优势、区位优势、块状特色产业优势、城乡协调发展优势、生态优势、山海资源优势、环境优势、人文优势等“八个优势”，推出进一步发挥、培育和转化的八方面举措，以推动经济社会发展再上新台阶。

根据“八八战略”的总体部署，浙江开始实施“腾笼换鸟”工程：抓住宏观调控的机会，以“倒逼机制”促使企业苦练内功，加快推进产业结构调整和经济发展方式转变；同时，力抓节能减排，关停了大量高污染企业，逼迫低小散企业自我提升。在2007年6月召开的浙江省第十二次党代会上，浙江在坚持“八八战略”基础上进一步提出了“两创”战略——创业富民、创新强省。强调全面推进个人、企业和其他各类组织创业与再创业，全面推进制度、科技等方面的创新，建设全民创业型社会和全面创新型省份。

2008年9月，省委十三届四次全会作出推进经济转型升级的决定。特别是通过学习实践科学发展观活动，全省上下进一步形成坚持科学发展，推进转型升级的共识，行动更加自觉、更加急迫、更加有为。

为推动企业创业创新，省里出台了多项新的扶持政策：由省发改委牵头，对企业投资建设的高新技术项目，在资金等要素方面给予倾斜；由省科技厅牵头，对企业设立各类国家级或省级技术中心、工程研究中心、工程技术中心、研发中心，以及面向行业和区域的技术中心，加大财政扶持力度；由省财政厅牵头，对企业研发新产品实行评定奖励制度，重点支持研究开发、生产高新技术产品和节能环保产品。扶持政策还涵盖了金融保障、品牌战略、税费减免等方面。

就在转型升级稳步推进之时，一场百年不遇的国际金融危机不期而至。2009年第一季度，全国GDP同比增长6.1%，而浙江却只有3.4%……浙江经济何去何从？是为了保住GDP增长而暂时放缓转型升级步伐，还是立足长远咬定转型升级?

“复原传统增长方式，即使暂时保住了经济指标，今后仍然躲不过发展难关。困境中更要咬定转型升级，坚持标本兼治，保稳促调。”发展的十字路口，省委书记赵洪祝、省长吕祖善的意见完全一致。“既要做好存量文章，加大存量调整力度，不断巩固和发展原有优势，更要做好增量文章，积极挖掘潜力，变劣势为优势，以增量带动存量的调整和优化。”省委、省政府的这一决定使浙江转型升级的步伐迈得更加坚实。

提升存量，浙江把眼光瞄准传统产业，推动企业由“低小散”向“高新尖”发展，推动块状经济向产业集群转化。于是，传统的纺织业“变脸”了。我国最大的纺织基地绍兴，长期存在着“一流设备、二流技术、三流价格”的短腿。2008年，入驻绍兴轻纺城的多家民营企业在政府组织下，联合成立了纺织研究院，聘请专家实施科研攻关。2009年开始，绍兴很多规模纺织企业开始大量聘请海外雇员，意大利、美国、英国等全球时尚中心也都有了绍兴人自己的设计中心。向设计、营销这条国际产业分工的“微笑曲线”的两端升级，绍兴纺织业完成了“量变”到“质变”的凤凰涅槃。“七色彩虹”是对美出口最大的中国针织面料供应商，以往生产的普通面料，售价仅为每米10元左右。升级后，每米面料可卖到60多元。

产业集群之路加速启动。“领带之乡”嵊州市，不再着眼于“一根领带打天下”，相关产品雨后春笋般冒了出来：家纺、丝巾、服装……许多企业还一改在嵊州埋头生产、坐等经销商上门取货的经营理念，主动出击到全国各地进商场、设专柜、开品牌店，扩大营销网络。嵊州市政府也因势利导建起中国领带城物流中心，构筑融交易、仓储、展示、科研等为一体的现代化专业市场群，推动简单集聚的块状经济向产业集群转化。

当然，浙江在做好“增量文章”上，更是下足了功夫——以发展支撑力强的大项目为依托，努力把现代服务业、高新技术产业、海洋经济和欠发达地区发展培育成新的经济增长点。

国际金融危机的倒逼机制，也使浙江的服务业加快推进转型升级——2009年，浙江省服务业增加值增长12.5%，对全省生产总值增长贡献率达57.6%。三产对浙江经济的贡献首次超过工业。大家对刚刚结束的“杭州国际动漫节”可能还记忆犹新。你知道吗，“杭州制造”的国产动画片，不但占领了国内荧屏，还冲出国门打入国际市场。2009年杭州共生产原创动画片35部、1477集、27409分钟，产量居全国第一；获得国家广电总局推荐的优秀动画片共8部，同样居全国第一。

优化社会环境

转型升级不能只局限于经济结构内部。社会环境优化是经济转型升级的基础，执政能力提高是经济转型升级的保证；只有社会环境、执政能力一齐升级，可持续发展才能落到实处。如果社会环境没有得到优化，执政能力没有根本提高，那么经济转型升级就很难取得成果。这是浙江各级党委、政府的共识。基于这种认识，浙江把社会环境优化、执政能力提高，当做转型升级的两翼，促两翼齐振，让整个系统一起升级。其中最有名的就是在抓经济转型升级的同时，千方百计优化社会环境：坚持和发展“枫桥经验”，推进“网络化管理、组团式服务”，打造“平安浙江”。目前，全省乡镇（街道）综治工作中心建成率达到96%，有综治信息员5万多人，建立各类调解组织5万多个。另一方面，强化宣传教育——通过提高群众素质，让群众自觉遵守社会规范，自己化解矛盾，做到“小事不出村，大事不出镇，矛盾不上交”。

为及时有效化解各种社会矛盾，浙江省2003年推出“领导干部下访接待”制度，连续8年，从省委书记、省长到基层乡镇长，定期约访接待群众。为保证这一制度落到实处，省里坚持常年抓“三头”不松懈。何为“三头”？抓基层源头，抓问题苗头，抓落实领导责任制的“头头”。“三头”齐抓，尤其是头头带头，“下访制度”出成效便是必然的了。群众这样评价“领导干部下访接待制度”：“干部来下访，群众少上访”；“下访抓‘三头’，矛盾无出头”。

保障和改善民生是建设“平安浙江”的基础。连续多年浙江都将新增财力的2/3以上用于民生改善；养老、医保、教育等社会保障指标都名列全国前茅。

在浙江经济快速发展的进程中，解决好劳资双方的关系问题，不仅关乎经济能否持续发展，也关乎社会的稳定。浙江省各级工会找准定位，不做“花瓶”、“摆设”，而是把自己当做劳资和谐的“红娘”和社会安定的“稳压器”。全省县以上地方工会和部分乡镇工会都建立了职工维权帮扶中心，为困难职工群体提供包括法律维权、职业介绍、困难帮扶、心理咨询、就业培训等多种服务，使包括农民工在内的困难职工在工会找到回家的感觉。义乌市总工会维权帮扶中心首创的社会化维权机制，受到中央领导的肯定，获得中国公共管理创新奖；宁波北仑区建立的党政主导、工会牵头、各方协作的社会化劳动争议调解机制，有效地降低了劳动者维权成本，缓解了社会矛盾，为权益受到侵害的劳动者近距离得到救济提供了帮助，成为新时期社会管理的成功样本。

这些年，不少地方劳资矛盾凸显已成为一个不容回避的话题。企业效益年年翻番，但一些企业职工工资却不见涨。尽管有关部门一再要求建立企业职工工资正常增长机制，让劳资双方协商解决工资问题，但收效甚微。

现在，这一难题在浙江得到破解。政府、工会、企业一起努力，“工资共决”覆盖面占到全省企业的70%以上。在羊毛衫生产基地温岭新河镇，由羊毛衫行业工会与业主委员会分别代表职工方和企业方，对整个行业的职工工资进行协商谈判。协商制定统一的工时、工价标准。“工资共决”后，工人的工资年均增幅达5%以上。

由于注重社会环境优化，浙江成为我国社会治安最好的省份之一。不久前国家统计局的抽样调查表明，浙江省群众安全感满意率居全国前列。去年初的“裁员潮”和今年初的“用工荒”，在浙江也都没有明显显现。这一切保证了浙江经济的平稳运行。

提高执政能力

如果说社会环境优化，被浙江当做保证经济转型升级的左翼，那么执政能力提高，则被当做保证经济转型升级的右翼。赵洪祝经常强调：“执政能力能否提高，决定我们转型升级的成败。”

执政能力主要通过各级领导干部的综合素质和工作水平表现出来。为此，省委下大力狠抓各级党组织的学习型党组织创建，狠抓各级领导干部的教育培训，狠抓各类干部的交流轮岗，力求通过学习、实践两条根本途径，全面提高各级领导班子和领导干部的创造力、决策力、执行力。

提高干部素质，教育先行。“人文大讲堂”是浙江一道亮丽的风景。从省里开始，基本每个市、县都有自己的“人文大讲堂”。周末到人文大讲堂听讲座，成为各级干部的必修课。“人文大讲堂”的课程设置不拘一格。科学家、文学家、艺术家、经济学家……都可以在这里挥洒自己的智慧。从省委书记到科员，都是忠实的听众。

执政能力提高，还必须将影响“政令畅通”的坛坛罐罐全部打破。浙江首创“强县扩权”。这两年又全面推进“扩权强县”、“强镇扩权”改革，扩大县以及中心镇部分经济社会管理权限。5次扩权后，浙江省将能下放的权限“不留尾巴”地下放到县。几乎所有县都得到了原属地级市的经济社会管理权限。省市两级政府自我削权，行政审批事项已经由改革初期的3251项减少到目前的630项。

今年以来，在打破“坛坛罐罐”方面，浙江继续发力：围绕转变发展方式，浙江又进一步深化综合配套改革，制定了加快增长方式的评价体系，启动了推动城乡一体化改革……此外，要素配置市场化改革、医药卫生体制改革、义乌国际贸易综合配套改革等六大改革，也同时启动。

一面是放权，一面是服务。以温州推行“效能革命”为起始，浙江年年紧抓机关作风和效能建设。今年浙江提出“治庸治懒”，对“庸、懒、散、乱、吃、拿、卡、要”严惩不贷。

重典，保证了政府的执政效能。“眼下，想混日子不可能了。”宁波北仑区一名手握实权的科长如此感慨。当地在440多个机关科室中梳理出100名有实权的重点职能科室负责人，通过媒体公布，接受群众监督和评议，让中介机构调查考评。连续两年评优可以优先选拔任用，连续两年考核“基本称职”将直接定格为不称职，原则上予以免职处理。

为提高干部执政水平，浙江大刀阔斧改革干部考核评价标准。大凡基层干部，都会有这样的经历：一听说调到工业基础好、资源丰富的乡镇，无不欢呼雀跃；而若要调到工业基础差、资源匮乏的乡镇，则会叫苦不迭……这与时下通行的干部考核评价机制大有关系：GDP是否增长，是衡量干部政绩的一个硬杠杠。在任期内，如果GDP没有大的增长，想评优？想升迁？难！

这样的比赛，容易带来这样的结果：为了GDP增长，有些人便把环境保护抛在了脑后。于是，尽管三令五申保护环境，小造纸、小化工仍屡禁不止；本来秀丽的山水，会被开山取石弄得千疮百孔……

现在，浙江实行新的干部综合考核办法，不再搞单纯的GDP竞赛，讲究“由里往外美”。以富阳为例，这个市根据各自的不同条件将25个乡镇、街道，分为工业主导型、综合发展型、农业生态型3个类别予以分类考核。新考评办法同过去相比有两大变化：一是不引导所有干部都去“抓数字”，把民生搞好，同样可以得高分；二是分类考核，定位是什么就考核什么，不鼓励大家都当“团体冠军”，而是鼓励大家按不同功能定位去做“单打冠军”。

新的考评办法把过去捆在身上的一些不合理、不公平的“政绩枷锁”卸掉了，欠发达的乡镇和经济发达的乡镇，干部都有了推进科学发展的信心和决心。乡镇干部的积极性被真正调动了起来！用当地干部的话说，抓GDP增长是政绩，解决民生困难、生态环保问题同样也是政绩。有这样的指挥棒，转变经济发展方式就有了“我要转”的动力保障。

转型升级孕育了浙江更大的“势能”。经过转型升级的浙江，将带着更大的冲劲与势能，再次站在经济发展的潮头。

转型升级效果显现

一扫去年年初颓势，浙江经济发展的后劲也已显现出来：1~5月，经济持续回升向好，重要经济指标大幅增长，企业利润、财政收入、居民收入均出现快速增长势头。今年开门就是个满堂红。1月，财政一般预算总收入590.3亿元，同比增长24.1%；进出口总额185.8亿美元，同比增长26.1%；金融机构本外币存款余额44637.6亿元，同比增长24.4%；工业用电量183.4亿千瓦时，同比增长87.5%。

浙江经济强势向好，不独表现在这些数字上，还表现在经济质量全面提升，结构更加优化，活力不断增强：去年全省规模以上工业企业利润总额增长34.4%，新产品产值率提高1.7个百分点，单位生产总值能耗下降5.6%，化学需氧量排放量下降4.6%，二氧化硫排放量下降5.3%，均创历史较高水平。

就上半年总体形势来看：今年1~5月，全省规模以上工业企业实现利润同比增长56.5%，科技活动经费支出增长40.6%，限额以上第三产业投资增长24.5%，民间投资增长29.2%，新产品产值增长25.8%。

也许数字是枯燥的，要想看些生动的，请把目光投向正在举办的“南非世界杯”赛场：从场馆的坐椅到空调设备，从球迷项上的围巾到嘴里造势的喇叭，到处都有“浙江制造”。不少人为此欢呼雀跃。然而，金华市市长陈昆忠却有着另类解读：“这些制造还不足喜，其实，大家更应该高兴的是赛场外不断涌现的‘浙江创造’。”

制造可以模仿，创造却需要创新。你瞧：时尚的滑轮车后轮装上单向齿轮，取代了复杂而昂贵的电机提供动力；一辆轻巧的代步自行车，到了宾馆、机场里，折叠起来就是一个灵巧的行李架；看惯了水杯胖胖的杯身，眼前这个扁长方形水杯可以放进钱夹里……

这些，还只是“浙江创造”的一个侧面。2009年，浙江省专利申请量超过10万件，授权量近8万件，分别比上年增长20.6%和51%；今年一季度，全省专利申请量、授权量继续保持增长势头，前5个月专利授权量同比增长77.9%。宁波2009年获国家授权专利首次突破万件。“万件专利的价值，不亚于几千亿元固定资产投入。”宁波市市长毛光烈说。

在转型升级带动下，浙江的短板正在一块块补齐。素被称为浙江“西部地区”的丽水，2008年、2009年连续两年农民人均纯收入增幅名列全省第一。而浙江省2009年农民人均收入在全国省区中率先突破万元大关，并连续25年位居全国省区第一。如果说，以前浙江沿海地区的崛起是“单极突进”的话，那么今天全省从南到北、从东到西，各个区域正齐头并进，呈现“多轮驱动”、区域统筹协调发展的积极态势。

“其实，浙江转型升级带来的好处，绝不仅仅是这些。转型升级，可谓功在当代，利在未来。”绍兴市委书记张金如打了个比方：“转型升级等于脱掉了原本穿在身上的旧棉袄，换上更轻更好的新棉袄。”

相关链接

日本经济转型的“市场意识”

日本在2002~2007年的“泡沫后遗症”中，取得了出口与内需双引擎的经济复苏，演绎了战后最长的经济扩张期。日本是通过怎样的途径，采取了哪些措施，实现了内需主导型复苏？其政策手法和市场意识很多值得借鉴。如重视民间投资，重视利润率，慎用财政政策，形成出口—投资—消费链条等。

出口—投资—消费联动

在宏观经济运行中，内需主要包括两方面内容，一是民间企业设备投资，二是民间消费。日本经济的内需主导型复苏也基本得益于两者的快速跟进。

实际上，日本这一轮复苏的主要拉动力依旧是对外出口扩张。所不同的是，出口拉动迅速转化为民间企业设备投资，而企业收益的扩张又带动了民间消费及时跟进，从而实现了内需主导的景气全面扩张。

日本经济之所以能形成“出口、投资、消费的联动链条”，与20世纪90年代后日本大规模的经济体制改革密不可分。如自2002年起，原来著名的银行、证券公司、保险公司一夜间销声匿迹，取而代之的是巨型金融集团。银行、证券、保险以及信托等行业全面实现了产业化经营。

改革后的日本企业通过积极引进外资，改变股本结构，实现了企业治理创新。通过改革，日本企业基本摒弃了战后“日本经营模式”，一改单纯追求市场占有率，轻视利润率的传统做法。依据全球市场动向，在亚洲形成了以日本为龙头的新产业分工体系，确保了日本在生产设备、核心部件以及原材料等生产资料领域的领先地位。这种新的垂直分工体系，为日本企业以对外投资，带动生产资料出口，从而带动国内设备投资增加，创造了良好前提。

对外投资以及出口收益的增加，又使企业获得了高额利润回报，使企业剩余资金膨胀，为企业自主、及时展开设备投资提供了财源，也为企业将利润转移为股东红利和工资提供了前提。如2005年度中期，日本上市公司股东红利平均增加28%。与此同时，员工可支配现金收入也明显提高，为个人消费提供了丰富的财源。

政府政策不再直接面对企业

值得关注的是，2001年日本政府将原有注重企业、社会管制的庞大“省厅体系”压缩为“1府12省”，放弃产业政策，突出政府服务功能。行政体制的变革使日本的宏观经济政策更注重市场规律，政策的“作用着力点”不再直接面对企业，而是透过市场间接影响企业行为。

例如，自2001年以后，日本几乎不再出台任何产业政策大纲，仅出台“产业发展蓝图”，设定重点发展方向，编制覆盖全国的经济发展战略。特别是在对付通货紧缩过程中，日本政府没有搞所谓的“财政、金融组合政策”，而是针对全球化的新形势，压缩财政支出，突出“超宽松”的金融政策作用。

日本政策当局认为，金融政策具有较宽的覆盖面，容易通过金融市场间接取得政策效果，且具有较深的作用持续性。相反，财政政策则过于集中个别领域，不利于产生广泛的关联效应，特别是对公共建筑事业的财政投资仅带动水泥、钢铁等产业扩张，不利于增强日本的全球竞争力。因此，日本开始尝试一种财政金融“反向组合”的政策。

综观之，日本内需主导型复苏的关键在于日本政府大胆给企业松绑，尝试适应全球化下开放经济新特点的“新型政策组合”，从而刺激了民间经济活力。

美国金融危机后，“市场万能论”遭到批判。但日本并没有完全否定市场，在积极扩张财政、实施雇用补贴的同时，积极利用市场机制，突出市场意识，将经济政策根植于市场，形成政策“引水功效”，以泵出源源不断的“深层活水”。

在日本政策制定者看来，科学的市场经济，并不是简单主张“凡事委托市场”，更不是“将所有的事情都交给市场”，而是主张把民间能做的，尽可能交给民间，按市场原理原则，展开竞争，用市场机制分散风险、降低成本，实现资源的最佳配置。当“市场失灵”时，政府及时介入，纠正偏差，确保资源配置合理化。近期鸠山政府就在讨论引进民间资本进入基础设施建设，促进民间资本形成社会资本。

科学转型需把握三个平衡

与此同时，日本政策制定者注重金融体系建设，认为金融危机虽暴露了“美国金融资本主义”的破绽，但并没有改变市场原理的科学性。面对“经济转型”，更需要准确把握“自由”与“干预”的平衡，有效协调“市场机制”与“政府主导”的关系。

当时的麻生政府提出了“亚洲所得倍增计划”，积极利用亚洲市场克服危机；鸠山上台后也在“经济增长战略”中强调亚洲市场的意义，提出“亚洲开放立国论”。目前，新兴市场国家拥有27亿人口的大市场，中产阶层迅速崛起。而对新兴市场的开拓，并不意味着对传统市场的放弃，尤其是“潜在市场”转变为“现实市场”是一个长期的过程。

开辟新市场，主导内需扩张的战略，离不开民族生产力的形成与蓄积。在全球化时代，技术飞速发展，技术创新体系日趋全球化，技术产业的形成更趋全球化、工程化，任何国家、民族，都无法单独主导一个时代的技术体系。

因此，科学的经济转型，客观要求积极把握三个平衡：即世界市场与内需市场的平衡、开辟新市场与维护旧市场的平衡、自主创新与吸引外资共同创新的平衡。

地标之三：生态江西和低碳先行的革命老区新魅力

江西是一个经济小省，GDP总量全国排名比较靠后。但前不久有关机构发布的评价体系显示，GDP含金量江西为0.437，名列全国第七，超过了广东、山东等10个万亿GDP省份。这样靠前的名次，主要是江西良好的生态环境对提升GDP含金量有较好的优势。在2010年中国省域竞争力蓝皮书关于环境竞争力排名中，江西位列第三。从20世纪80年代开始实施“山江湖”工程，到“要金山银山，更要绿水青山”观念的提出，再到“生态立省、生态强省”理念的实施，及至今天鄱阳湖生态经济区正式纳入国家战略，江西已经在全国率先走上了一条生态文明和经济文明高度融合的科学发展、绿色崛起之路。

既要金山银山，更要绿水青山

早在2003年，时任江西省委书记孟建柱就在全国率先提出“既要金山银山，更要绿水青山”的口号。而省长吴新雄在2010年全国两会江西省记者招待会上更坚定地表示，江西“绝不以牺牲环境和生态为代价换取发展”，“如果没有绿水青山，宁可不要金山银山！”目前，江西森林覆盖率位居全国第2位，国家级森林公园39个居全国第1位，国家级自然保护区8个列全国第2位。吴新雄多次强调，绿色生态是江西最大的财富、最大的优势、最大的潜力、最大的品牌、最大的后劲，保护好江西的生态环境，是江西各级政府的最大责任。

为了把“既要金山银山，更要绿水青山”理念真正落实到每一项决策、每一项规划、每一个项目、每一个举措中，2007年，江西省率先在全国出台了考核市、县政府的“六大考评体系”，采用经济发展、资源节约和环境保护、社会发展、社会稳定、民生工程、政务环境6个方面的指标体系，对市县政府进行考核评价。在这一新“指挥棒”的引导下，“绿色政绩观”成为江西各级领导干部的追求，“绿色生产观”成为广大企业的追求，“绿色消费观”成为全省人民的追求。2009年起，江西省开展了污染减排评价考核，将考核结果作为各县（市、区）领导班子和领导干部政绩考核的重要依据，对没有完成任务的，实行评先评优“一票否决”，并予以通报批评和诫勉谈话；对难以完成减排任务的建设项目实行环境影响评价区域限批；对减排设施运转不正常的企业通报批评；对重点减排工程项目建设缓慢的、运行不正常的，或拒不实施减排工程的企业，依法处罚，直至停产关闭。

在省会南昌，已经探索出一套“绿色考核体系”，即按照辖区自然资源、经济发展水平及产业特色分类，对14个县级区划单位，根据“六大板块”的功能定位，实施差异化考核，引导和鼓励各县区在坚持全面协调可持续发展的前提下，根据各自的板块定位、区域特色、产业优势竞相错位发展。例如，梅岭被称为南昌的“绿肺”，对梅岭所在的湾里区的考核，南昌市取消了工业增加值等经济指标的考核，较大幅度降低了GDP增速、财政收入增速等经济指标要求，新增了森林覆盖率、水源水质等生态环保指标以及生态旅游经济指标的考核，生态考核占比接近1/3。同时，“绿色财政”及时跟进，政府给予必要的经济补偿，每年转移支付3000万元。

在绿色生态发展理念和新型政绩考核体系指引下，江西省招商引资方式近年来也发生了重大转变，改招商引资为招商选资，在招商和承接产业转移中提出“三条红线”不能碰：大量消耗资源能源的项目不能引进、严重污染环境的项目不能引进、严重影响安全与群众健康的项目不能引进；对投资项目做到“七个不准”：在江河水源核心保护区内，不准开办任何有污染的企业；在城镇生活饮用水源一级保护区和二级保护区内，不准有任何污水排污口；在城市主要生活区，不准排放有毒有害物质和上马高超分贝的项目；在风景名胜区内，不准有有碍景观的项目和建筑；在开采区，不准乱开采，防止影响景观；在任何林区，不准砍伐阔叶林；不准随意向鄱阳湖湖区排放污水，特别是湖边规模化养殖地，要防止污染。就是在这种情况下，江西凭着良好的生态环境和发展软环境，连年摘得中部地区招商桂冠。

鄱阳湖生态经济区“三区一平台”发展定位

定位	具体内容
全国大湖流域综合开发示范区	正确处理经济建设、人口增长与资源利用、环境保护的关系，鼓励率先探索生态、经济、社会协调发展的新模式，走出一条生态良好、生产发展、生活富裕的文明发展之路，为全国其他湖区综合开发和治理发挥示范作用
长江中下游水生态安全保障区	发挥保障长江中下游水生态安全的重要作用，大力加强生态建设和环境保护，切实维护生态功能和生物多样性，着力提高调洪蓄水能力，努力创造一流水质、一流空气、一流生态、一流人居环境，构筑区域生态安全体系
加快中部崛起重要带动区	培育一批具有较强竞争力的核心企业和知名品牌，建成全国粮食安全战略核心区和生态高效农业示范区，建成区域性的先进制造业、商贸和物流中心，培育若干在全国有重要影响的重大产业集聚基地，建设国际知名的生态旅游区和休闲度假区，争当中部地区崛起的排头兵
国际生态经济合作重要平台	切实保护鄱阳湖“一湖清水”，全方位、立体式展示中国坚持生态与经济、人与自然和谐发展的新成就；广泛开展国际经济和技术交流，积极借鉴国际生态经济发展的经验和模式，充分发挥鄱阳湖生态经济区的自身特色，探索建立国际生态经济合作新机制

把鄱阳湖生态经济区打造成“国家名片”

国务院2009年12月12日正式批复《鄱阳湖生态经济区规划》，标志着建设鄱阳湖生态经济区正式上升为国家战略。这也是新中国成立以来，江西省第一个纳入国家战略的区域性发展规划，是江西发展史上的重要里程碑，对实现江西崛起新跨越具有重大而深远的意义。鄱阳湖生态经济区是以江西鄱阳湖为核心，以鄱阳湖城市圈为依托，以保护生态、发展经济为重要战略构想，把鄱阳湖生态经济区建设成为全国生态文明与经济社会发展协调统一、人与自然和谐相处的生态经济示范区和中国低碳经济发展先行区，打造成一张绿色生态经济发展的“国家名片”。早在2008年，为积极策应鄱阳湖生态经济区建设，做好“绿色生态”文章，江西省就着手前期的准备工作，全面启动了造林绿化“一大四小”工程、全省县（市）污水处理设施、农村无害化处理建设等一批重大项目建设，同时还开展了“五河一湖”及东江源头保护区、国家风景名胜区生态环境综合整治，对133个饮用水源保护区开展了环境专项督查。目前，江西已将鄱阳湖生态经济区作为引领江西科学发展、加速崛起的“龙头工程”，以促进江西发展方式的根本转变，实现经济发展与生态保护的统一。

根据国家发改委2009年12月发布的《鄱阳湖生态经济区规划》，鄱阳湖生态经济区的发展定位是“三区一平台”，即建设全国大湖流域综合开发示范区、建设长江中下游水生态安全保障区、加快中部地区崛起的重要带动区和国际生态经济合作重要平台。江西将围绕“三区一平台”的总体定位，着力构建“四大支撑体系”、重点打造“十大产业基地”，即着力构建安全可靠的生态环境保护体系、调配有效的水利保障体系、清洁安全的能源供应体系、高效便捷的综合交通运输体系；重点建设区域性优质农产品生产基地，生态旅游基地，光电、新能源、生物及航空产业基地，改造提升铜、钢铁、化工、汽车等传统产业基地。为了推进鄱阳湖生态经济区建设，1月28日，省长吴新雄在北京举行的新闻发布会上提出三项措施：第一，严格把好项目关，坚决做到三个不准：凡是高能耗、高污染、高排放的项目坚决不搞；凡是黄赌毒的项目坚决不搞；凡是危害人民群众生命财产的高危项目坚决不搞。第二，坚持生态环境的立法，通过立法增强环保意识，通过立法来强化生态环境的保护。第三，加强对市县各级领导环保政策的考核，注重对生态环境质量的考核。1月31日，江西省委书记苏荣在建设鄱阳湖生态经济区动员大会上专门提出，加快形成有利于结构调整、有利于转变发展方式的体制机制，积极研究绿色国民经济核算方法，探索将发展过程中的资源消耗、环境损失和生态效益纳入经济发展水平的评价体系，在创新发展理念和发展模式上率先取得突破，率先建立符合生态经济发展、适应未来发展趋势的体制机制和开放环境，努力做到在全省有推广效应、在全国有示范作用、在世界有广泛影响。

虽然鄱阳湖规划是一个低碳经济发展的范本，但原鄱阳湖规划没有低碳方面的指标，而国家发改委确定的低碳试点省级行政单位，也不包括江西。为了争取率先建立全国低碳试验示范区，江西省将对原鄱阳湖规划作出新的调整。省长吴新雄在今年省政府工作报告中提出，今年要实施《鄱阳湖生态经济区规划》，努力把鄱阳湖生态经济区建设成低碳与生态经济的国家级试验区。在3月1日举行的江西鄱阳湖生态经济区座谈会上，包括科技部部长万钢和国家发改委官员，都建议江西加大产业升级换代的力度，努力使鄱阳湖生态经济区率先成为全国低碳经济的实验示范区。

在鄱阳湖生态经济区建设中特别值得一提的是，鄱阳湖生态经济区智慧工程。国务院批复鄱阳湖生态经济区规划后，江西电信积极响应，坚决贯彻落实省委、省政府的要求，并根据打造“三区一平台”

的内在需要，迅速出台了“鄱阳湖生态经济区——智慧工程”建设方案。今年3月，“鄱阳湖生态经济区——智慧工程”正式启动。作为江西省信息化建设主力军，中国电信江西公司将大力推进生态环保、交通运输、低碳产业、社会运行四大智能化体系的构建，为鄱阳湖生态经济区的可持续发展提供强大的动力和支撑。

根据这一方案，江西电信将在未来三年投资36亿元以上，加快鄱阳湖地区通信网络和应用平台的建设，满足生态经济区发展的信息化、智能化需求。一是网络设施全覆盖。打造有线、无线无缝融合的高速宽带互联网，两年时间内实现宽带网和3G移动网覆盖鄱阳湖生态经济区全部区域，互联网接入速率城区达20M、乡镇达4M、行政村达2M。二是宽带化、智能化业务承载能力大提升。生态经济区内所有城市建成“光宽带城市”；2010年底实现1000G的互联网出口带宽；加快鄱阳湖地区下一代互联网建设。三是大力推广物联网应用。积极推进传感器、定位仪、监控头等信息化应用，为监管部门、企业构建智能化的生产和管理系统。

在生态环保方面，一是建设智能化的全省生态环境监测系统。通过远程实时技术加强对“五河一湖”生态状况的监测。二是搭建智能化的统一的省、市、县环保管理应用平台。为环保执法、环境信息应用提供手段，提高生态管理效率。三是建设智能化的水利管理系统。运用信息化、智能化手段，全力支撑鄱阳湖水利枢纽工程建设，确保运行安全。

在交通运输方面，打造智能化交通运输体系，增强交通系统运行效率，减少能源消耗和对自然界的污染。

在低碳产业方面，在打造鄱阳湖生态经济区现代农业、生态旅游、光电、新能源、生物等低碳生态产业基地的过程中，通过构建智能化系统，降低运营成本，提高产出效率。

在社会运行方面，大力推进政务、公共服务的智能化。为鄱阳湖生态经济区提供无纸化办公和智能项目管理；所有工业园区均接入省数字园区信息化服务平台；建设“网上鄱阳湖”数字化宣传平台，向全球实时展示生态经济区发展动态；建设智能化的社会管理系统，加快社会治安视频监控“天网”工程建设，加快警务e通、工商e通等信息化应用的推广。打造智能化的教育、医疗、卫生、社保系统，推进“数字学校”、“数字医院”、“数字社保”等建设，实现农村党员远程教育系统100%覆盖。

借两会东风大力推销鄱阳湖

今年全国两会期间，江西省借两会东风大力推销鄱阳湖，3月4日，铁道部、江西省在京就加快推进江西铁路建设发展签署会议纪要。会谈时，江西省委书记苏荣说，铁路是经济发展的大动脉，铁路建设是我省基础设施建设的重中之重。大力推进鄱阳湖生态经济区建设，实现江西科学发展、进位赶超、绿色崛起，迫切需要加快铁路建设，构建全省现代综合交通体系。根据江西省的铁路建设规划，到2020年江西铁路里程将增至6000公里，将进一步拓展省内路网覆盖面，将为江西的发展增添新鲜血液。

同一天，江西省还与商务部在京签署部省合作协议。根据这份合作协议，江西省和商务部决定，双方利用各自条件、优势和资源等，在商务发展战略研究和鄱阳湖生态经济区建设、外贸进出口、利用外资、对外经济技术合作、服务贸易、商贸流通、开发区建设、产业转移、人才培训和干部交流等方面加强合作，并建立江西省政府和商务部负责同志定期会晤制度，成立合作协调工作小组，建立促进商务事业发展的合作机制，逐步完善多层次、宽领域、经常性的沟通平台与合作内容，不断提升合作水平，通过共同努力，积极应对国际金融危机，推动国民经济又好又快发展。

3月12日，江西省又与国土资源部签署《共同加强江西国土资源工作促进鄱阳湖生态经济区建设合作备忘录》。按照《共同加强江西国土资源工作促进鄱阳湖生态经济区建设合作备忘录》，国土资源部将与江西省人民政府在构建保障和促进科学发展国土资源管理新机制、强化规划和计划管控、切实加强耕地保护、积极探索土地整治新模式、大力推进土地节约集约利用、着力提高矿产资源开发利用水平、加强地质环境保护与恢复治理、建立部省合作工作机制等八方面合作，促进鄱阳湖生态经济区又好又快发展。

此后的6月17日，江西省政府又与科学技术部在南昌市举行2010年部省工作会商会议。科技部部长万钢在讲话中充分肯定了江西省的科技工作，特别是在高度重视科技创新提高自主创新能力、开展卓有成效的工作推动高新技术产业快速发展、采取有效措施吸引国内外科技资源为江西经济社会发展服务等方面所取得的成效。希望江西认真贯彻落实中央经济工作会议精神，加快推动鄱阳湖生态经济区建设，加快推进具有江西特色的区域创新体系建设，落实自主创新政策，营造良好的科技创新环境，切实依靠科技推动发展方式转变和经济结构战略性调整，为创新型国家建设作出贡献。

乘低碳经济快车实现“弯道超车”

发展低碳经济是我国加快发展方式转变的重点所在。而在这一点上，江西省的反应最快，早早站在了低碳经济发展的最前沿。几年前，江西就对产业经济的发展进行了高起点规划，将太阳能光伏产业、半导体照明（LED）产业等13个环境友好型的产业作为战略性产业重点打造。2009年11月17日，首届世界低碳与生态经济大会暨技术博览会在江西南昌举行，大会发表了《南昌宣言》，号召在全球范围内大力发展低碳与生态经济。会前，江西省政府发布了国内首个省级低碳经济发展白皮书——《绿色崛起之路——江西省低碳经济社会发展纲要》，提出到2020年，江西省产业、能源结构趋于合理，生产方式基本实现向低碳型转变；低碳技术的研发能力全面提升，若干技术和产业规模达到国内领先水平；温室气体排放得到有效控制，碳汇能力明显提高；与低碳经济社会发展相适应的法规、政策和管理体系基本建立；在低碳领域与国内外交流合作的平台全面建立，国际低碳经济交流合作中心地位得到确立。

对于低碳经济发展区域布局，《纲要》提出要建立三大低碳产业群，即建设以“四大生产区”和“八大生产基地”为核心的低碳农业产业群；建设以“六大发展区”和“八大工业基地”为核心的低碳工业产业群；建设发展以“四大功能区”和“两大精品线路”为核心的现代旅游产业群。同时，要发挥11个重点示范城市的带动作用，其定位是：打造九江沿江产业带，打造南昌世界光电之都，打造景德镇“绿色瓷都”，打造鹰潭“世界铜都”，打造赣州“世界钨都、稀土王国”，打造宜春“亚洲锂都”，打造萍乡“循环经济试验城”，打造新余“国家新能源科技示范城”，打造上饶“中国光学产业城”，打造吉安“绿色产业示范城”，打造抚州“绿色农产品示范城”。

为了确保低碳经济顺利发展，江西提出要在城市推行以低碳发展为理念的城市规划和交通模式，创建以低碳经济为主流的社会环境，率先推动“低碳化”公共管理与服务体系的建立。另外，《纲要》提出要建立有利于低碳经济发展的政策体系，鼓励“低碳化”消费，在吃、穿、用、住、行等各个消费领

江西低碳经济发展总体布局

产业	布局
低碳农业产业群	四大生产区：南部平原优质粮食和无公害蔬菜生产区；北部平原优质棉花、油菜生产区；环湖水域高效渔业产区；丘陵山地高效林业、牧业、果业生产区 八大生产基地：鄱阳湖大型优质粮食生产基地、鄱阳湖淡水养殖基地、棉花种植基地、油菜种植基地、有机茶生产基地、无公害蔬菜生产基地、畜禽养殖基地、早熟梨种植基地
低碳工业产业群	六大发展区：装备制造、石油化工产业发展区；陶瓷产业发展区；铜产业发展区；医药、食品产业发展区；建材、光伏产业发展区；生态产业发展区 八大工业基地：光电产业基地；新能源产业及设备制造基地；铜冶炼及深加工基地；优质钢材深加工基地；炼油及化工产业基地；航空产业基地；汽车及零部件生产基地
低碳旅游产业群	四大功能区：北部山水览胜旅游区、中部湖泊生态旅游区、东部特色文化旅游区、南部人文景观旅游区 两大精品线路：鄱阳湖区域的精品线路、跨省旅游精品线路

域，综合利用税收、价格、经济补偿等政策工具，引导和推广“低碳化”消费方式，抑制“高碳化”消费；建立“低碳化”生产的标准和制度，建立“低碳化”标准，建立和完善针对企业的环保设计标准，建立和完善针对产品生产全过程的监督、报告和评价体系，设立能效和排放标准。此外，制定“低碳化”制度，结合企业经济指标与环保设计标准，制定产品从设计到生产的全流程“低碳化”管理制度，并辅之以考核制度、奖励制度和问责制度。

今年2月初，在北京召开的“中国低碳经济合作项目动员大会”上，南昌市被列为全国唯一发展低碳经济试点的省会城市。近年来南昌抓住建设三个“示范城市”（中国服务外包示范城市、“十城万盏”半导体照明应用工程示范城市、“十城千辆”节能与新能源汽车示范推广试点城市）政策机遇，积极策应鄱阳湖生态经济区部署，以半导体照明、光伏、服务外包三大产业为重点推进低碳经济发展，使之在全市工业中的比重达到30%。目前，南昌正在全力打造光伏、LED等3个超千亿元的产业，发展电子信息、新型材等4个超500亿元的产业。在未来5年内，南昌将初步建成全国乃至全球的先进制造业基地、光伏产业基地、LED产业基地、大飞机产业基地、服务外包产业基地和优质农产品生产加工基地。

首届世界低碳大会首个低碳白皮书亮相江西

在发展低碳经济的问题上，江西省是内地动作最快的一个地区。2009年11月17日，首届世界低碳与生态经济暨技术博览会在南昌隆重开幕。这次会上发布的《绿色崛起之路——江西省低碳经济社会发展纲要》被称为我国首个低碳经济白皮书。今年两会期间，贺国强在参加江西团的讨论时就曾点题：要充分发挥鄱阳湖生态经济区建设的龙头带动作用，切实促进江西经济社会又好又快发展。他强调，支持鄱阳湖生态经济区建设，是中央从促进我国区域协调发展的全局和战略高度作出的一项重大决策，不仅对促进江西经济社会又好又快发展具有直接推动作用，而且对完善我国区域发展布局、推动中部地区崛起、促进全国生态环境保护和建设，都具有重要而深远的意义。在这个讲话中，贺国强特别希望江西坚定不移地抓好落实，切实加快经济发展方式转变，积极推进产业结构调整，大力发展低碳经济、循环经济、绿色经济，真正走出一条经济发展和生态保护双赢的成功之路。

据当地媒体报道，该次会议期间，江西省有关方面先后组织进行了三次签约，共签约项目143个，项目总投资1046.95亿元。其中在11月19日签约仪式上，就一次性签订合同项目105个，项目总投资407.85亿元。其中，有亿元以上内资项目81个，项目总投资348.25亿元。有千万美元以上外资项目22个，项目总投资8.77亿美元。江西省之所以能在全国率先举办这么一个大规模的世界低碳与生态经济暨技术博览会，就在于该省新能源资源优势及发展的速度。例如，江西省不仅具有较好的发展新能源汽车和锂离子动力电池产业的产业基础，而且拥有得天独厚的原料资源优势。宜春拥有世界最大的锂矿山，前不久建成全国首个锂电新能源产业基地。江西省目前正积极通过落实扶持和激励政策、实施新能源汽车发展战略、建设配套服务设施、打造特色产业园区、引进各类人才和积极融资、聚集资本六个方面加速新能源汽车的发展。2010年，江西省委、省政府决定实施科技创新“六个一”工程，其中，“新能源汽车与动力电池”就是主攻的十大优势高新技术产业之一。争取到2012年，江西全省混合动力、纯电动汽车产销量达3万辆，动力模块产销量达6万台套，锂离子单动力电池产能达4亿安时；到2015年，全省新能源汽车和动力电池销售收入150亿元，其中新能源汽车产销量占全省汽车产销量8%左右，占全国新能源汽车产销量的6%以上，单体动力电池产销量居全国前列。使我省新能源汽车与锂离子电池产业跻身国内同行发展前列。相关数据还显示，到2015年，江西省新能源汽车和动力电池销售收入将争取达到150亿元。其中新能源汽车产销量将占全省汽车产销量8%左右，占全国新能源汽车产销量的6%以上。

博览会召开期间，江西省委书记苏荣动情地说，山清水秀的赣鄱大地，作为一个正处在工业化、城镇化进程中的省份，这些年始终奉行“既要金山银山，更要绿水青山”的发展理念，坚持走新型工业化、新型城镇化道路，深入实施“生态立省、绿色发展”战略，充分发挥后发优势，努力实现经济社会可持续发展。当前，江西正举全省之力推进鄱阳湖生态经济区建设，并率先作出了发展低碳与生态经济的战略部署，着力构建科学发展的生态经济体系、永续利用的自然资源保障体系和人与自然和谐共处的人居环境体系，积极探索经济与生态协调发展的新路子。为此，苏荣表示，我们将坚定不移地推动以人为本、全面协调可持续的科学发展，坚持资源节约和环境保护的基本国策，加快转变发展方式和产业结构调整，积极发展绿色经济和循环经济，促进新能源、洁净能源和可再生能源发展，继续推进重点产业和重点企业节能减排，努力建设资源节约和环境友好型社会。

此次博览会上，江西省发布的国内首部低碳经济白皮书意义重大，在全国有着领先的示范作用。其中最值得关注的是这份白皮书在区域布局方面重点提出的发挥鄱阳湖生态经济区龙头作用的构想。其中包括：建设以“四大生产区”和“八大生产基地”为核心的低碳农业产业群，建设以“六大发展区”和“八大工业基地”为核心的低碳工业产业群，建设发展以“四大功能区”和“两大精品线路”为核心的现代旅游产业群。所以，江西本次提出的低碳经济本质上与鄱阳湖生态经济发展相一致，对于重点发展鄱阳湖生态经济的配合促进作用也将逐渐显现。白皮书重点提出的建立光伏产业之都、光电之都、景德镇瓷都等一系列发展目标都是重点突出传统优势，配合低碳理念和生态优势寻求发展。这些发展目标都与低碳经济相联系，具有低消耗、节能、低污染的特点，再配合生态旅游、文化创意、新能源、新材料产业的发展，其经济发展新模式的示范意义非常重大。另外，白皮书中重点强调了重点城市工业的辐射作用，提出要打造南昌“世界光电之都”。加快建设南昌光伏产业基地，形成涵盖硅料、硅片、电池片、电池模组件、应用系统五个环节，上、中、下游新产品齐全的光伏产业链，最终形成规模宏大、分工合理、配套完备的光伏产业群，把光伏产业打造成千亿产业。

根据中英两国政府气候变化合作协议，国家发改委已决定将英国战略方案基金“低碳城市试点项目”放在南昌实施，这被认为是江西省借由低碳经济绿色产业抢占国际高端市场的一个机遇。该项目的中方执行单位为厦门大学能源经济研究中心，英方执行单位为英国碳信托基金公司、阿特金斯顾问（深圳）有限公司。该项目实施，将有利于借鉴英国发展低碳经济的成功经验，为探索城市经济低碳发展模式，增强经济竞争力发挥先导性作用。到了2010年2月在北京召开的中国低碳经济合作项目动员大会上，南昌市正是成为全国唯一一个被列为发展低碳经济试点的省会城市。连同中英两国合作的低碳城市试点，南昌已经拥有两个试点项目，成为国内低碳试点城市的先锋。

据当地官员透露，南昌列入国家低碳经济试点城市后，将在国家和省有关部门的指导下全力以赴做好试点工作，上半年将制定与国际接轨又符合南昌实际的试点工作方案，从指标设定、路径选择、技术标准、政策优化、项目推进等方面把试点工作落到实处。目前，南昌市正在加大新型战略产业发展步伐，集硅片生产、薄膜电池、导电玻璃、太阳能电池以及上下游产业于一身的世界级太阳能光伏产业园已开工建设，预计到2011年，全市光伏产业主营业务收入有望达到1000亿元。“十城千辆、十城万盏”低碳环保城市建设正在向纵深发展。与此同时，南昌市正在全力推进“森林城乡、花园南昌”建设，构建和谐生态社会，切实提高全社会的环境意识和可持续发展观念。

根据实际情况，南昌市已经规划了四大低碳经济示范区，即红谷滩以及扬子洲生态居住和服务业中心区、高新开发区生态高科技园区、湾里区生态园林区、军山湖低碳农业生态旅游区。通过低碳经济示范区建设，该市将把两年一届的“世界低碳与生态经济大会暨技术博览会”打造成全省招商引资、引企、引技、引智的高端平台，争取国家部委在政策、项目、资金等方面给予更大支持的承接平台，推动低碳与生态经济加快发展、产业结构快速优化的升级平台。

鄱阳湖区有望成低碳生态经济试点区

2009年12月12日，国务院正式批复了《鄱阳湖生态经济区规划》，鄱阳湖生态经济区成为新中国成立以来江西第一个上升为国家战略的区域规划。一个多月后的2010年1月26日，江西省省长吴新雄在江西第十一届人大第三次会议的政府工作报告中又对这一规划的实施提出的要求，即“实施《鄱阳湖生态经济区规划》，努力把鄱阳湖生态经济区建设成低碳与生态经济的国家级试验区”。也就是说，除了原来的生态外，还要增加“低碳”。随后在3月初北京举行的江西鄱阳湖生态经济区座谈会上，包括全国政协副主席万钢，国家发改委宏观院副院长王一鸣等人，都建议江西加大产业升级换代的力度，努力使鄱阳湖生态经济区率先成为全国低碳经济的实验示范区。但由此出现的一个问题就是，原鄱阳湖规划没有低碳方面的指标。而国家发改委确定的低碳试点省级行政单位，并不包括江西。因此，这一规划正面临着新的调整，包括对此前的鄱阳湖生态经济区部分指标进行调整。目前，该经济区规划目前有14项指标，其中鄱阳湖的湿地、水质、森林覆盖率，单位GDP能耗等是约束性指标。但是“十二五”期间，单位GDP碳指标尚未列入。但能否调整和升级鄱阳湖规划，把鄱阳湖变身为低碳试验区目前来看还是一个未知数，来自科技部的鼎力支持让江西踌躇满志。

事实上，在2010年两会上，对于政府工作报告中出现的“碳汇”一词，江西省的代表委员就表示出极大的兴趣。“常绿阔叶林‘碳汇’效率最高，而江西林木结构以常绿阔叶林为主，因此江西发展‘碳汇’具有很大优势”，全国人大代表、江西省林科院总工程师汪香梅说，“江西正在增加大森林‘碳汇’量。目前江西大力实施的绿化工程有两个目的，一个是增加森林的覆盖率，到‘十一五’结束，森林覆盖率要达到63%。一个是调整林木结构，提高森林的质量，扩大常绿阔叶林的比例，并修复鄱阳湖湿地”。而作为江西科技部门的掌舵人，全国人大代表、江西省科技厅厅长王海对江西发展低碳技术产业的态度更为明确：“从去年开始，我们已投入1亿元科技创新经费，用于加强低碳、节能、生态保护等新兴产业的技术研发力量。江西科技创新和新兴产业的发展也进入到了一个跃升期。比如光伏产业，去年江西硅片产量是3000兆瓦，单晶硅产量达到2个兆瓦，产值超过了200亿元。从硅料到太阳能发电，整个光伏产业链已在江西形成。”

上述低碳与生态论坛上，一个比较一致的观点认为，绿色生态是江西最大的财富、最大的优势、最大的潜力、最大的品牌。在鄱阳湖生态经济区的战略构想中，江西将努力把鄱阳湖生态经济区建设成为生态优良、经济发达、城乡协调、生活富裕、生态文明与经济文明高度统一，人与自然和谐相处的生态经济区。陈昌智高度评价了江西建设鄱阳湖生态经济区的战略构想。他说，江西在发展规划绿色生态经过了大量的调查研究，进而提出了建设鄱阳湖生态经济区的战略构想。这是低碳和生态经济发展的有益尝试。“我认为鄱阳湖地区可以作为(低碳和生态经济发展)试点的地区之一。”

数据显示，2008年江西的森林覆盖率已经达到60%，新的鄱阳湖生态经济区规划提出2015年达到63%。不过，如此高的森林覆盖率，对于固碳方面的作用有多大，仍不得而知。目前江西面临的问题是急需改变能源结构。比如2006年随着国家对经济能耗指标的考核，万元GDP能耗开始逐年下降，但江西受经济结构重化工业的影响，能源消费结构并没有发生大的改变，2008年煤品终端消费比重59.8%，略高于2000年的水平，同期电能终端能源消费比重16.1%，低于2000年。江西科学院能源研究所以及国家发改委能源研究所，国家林科院目前正在加紧测算全国以及江西的相关数字，预备为“十二五”碳指标减排拿出数字。

南昌已成低碳城市强势领跑者

根据世界自然基金会的定义，低碳城市是指城市在经济高速发展的前提下，保持能源消耗和二氧化碳排放处于较低的水平。当国内多个省市提出发展低碳经济的初步设想时，江西省会南昌市在外界的不知不觉中，悄然制定了发展规划，高位引进一批优质项目，低碳产业框架初步形成。这个经济欠发达的中部城市，胸怀大气魄，提出力争做中国低碳经济的先行区。

2009年11月初，南昌市成为国家发改委正式确定的低碳试点城市。按照国家发改委应对气候变化司对外合作处蒋兆理处长的说法，南昌将制定节能减排的战略、目标和实施办法，通过试点积累经验，为国家制定有关政策法规提供参考依据，也为全国其他城市提供示范。

作为江西“鄱阳湖生态经济区”核心城市的南昌，市委书记余欣荣是低碳想法最多、行动最快的决策者之一。早在2009年年初，余欣荣就亲自出题的市重大社科课题——“南昌市发展低碳经济，实现可持续发展研究”向全社会公开招标，市发改委、南昌社科院组成的课题组中标后开始了课题研究。通过半年的努力，课题组深入分析了南昌发展低碳经济的可行性，提出了发展低碳经济的目标任务和具体的行动方案。在课题研究过程中，余欣荣还亲自作出批示，将课题初稿印发市领导和有关县区、市直相关部门广泛征求了意见。课题研究成果分次向社会公布后，产生了十分广泛的影响。目前，该课题已通过有关专家评审，并被一致认为达到了国内同类研究的较高水平。对此，余欣荣书记说，发展低碳经济要与建设鄱阳湖生态经济区紧密结合起来，太阳能将成为南昌发展清洁能源的核心，南昌将在更高的起点、更深的层次上建设好花园城市、绿色南昌。

2009年11月12日，《人民日报（海外版）》在头版“望海楼”专栏刊登了省委常委、市委书记余欣荣的文章——《南昌能建成低碳经济之城吗》。文章深刻分析了南昌争创“低碳经济先行区”的优势，明确了南昌争创“低碳经济先行区”的思路，进一步坚定了南昌走绿色发展科学道路的信心和决心。以下是这篇文章的主要内容：

南昌争创“低碳经济先行区”的优势，集中在三个方面：一是得天独厚的生态环境优势。有着2200多年历史的南昌，是一座山水绿色都城，“花园城市绿色南昌”是这个城市倾心打造的一张亮丽名片。数据显示，近年来南昌的绿地面积大幅增加，城市绿化覆盖率达到43.04%，绿地率达到40.64%，城市空气质量优良率一直稳定在95.69%以上，在中国省会城市中排名第五。二是后发先至的产业建构优势。由于工业化起步晚，南昌的经济模式、工业体系尚未完全定型和成熟。南昌历史的“欠发达”从某种程度上说并非劣势，而恰恰是发展低碳经济最大的优势。正所谓“起步晚没包袱，起点高是财富”。三是日益形成的人才聚集优势。近年来“学在南昌”品牌的打造，招才引智计划的实施，培养和吸引了一大批各层次、各领域、各方面人才，使南昌具备了发展低碳经济的智力支撑和技术支撑。

南昌争创“低碳经济先行区”明确在三个方面：一是牢牢把握追求绿色GDP这一低碳经济的实质。南昌选择了以低碳经济引领可持续发展之路，就是选择了一条边保护、边开发、不以生态为代价的绿色发展之路。在南昌，“既要金山银山，更要绿水青山”的发展理念，“生态立市、绿色发展、和谐崛起”的发展战略，都将会越来越深入地得到落实。二是紧紧抓住推进技术创新这一低碳经济的核心。在这方面以开放姿态大力开展国际合作必不可少，但关键还在大力推进低碳技术的自主创新，这一点迫在眉睫。为此，南昌将更加牢固树立品牌意识和知识产权意识，加大技术创新，加快人才引进，发展高科技企业，让低碳产业、低碳经济、低碳社会、低碳生活、低碳城市处处体现“南昌创造”。三是高度重视完善政策制度这一低碳经济发展的保障。保证低碳经济发展路径的畅通，根本的就在于政府制定的政策、制度在导向和落实上是不是体现了科学、务实、负责的精神。特别是要综合采取激励性和约束性的

相关链接

《南昌宣言》

二零零九年十一月十八日

2009年11月17~21日，由中华人民共和国国家发展和改革委员会、科学技术部、工信部、财政部、环境保护部、住房和城乡建设部、国务院国资委和江西省人民政府共同主办的世界低碳与生态经济大会暨技术博览会在中国南昌隆重召开。会上，来自25个国家驻华使节及国际机构代表、近千家企业领导人就世界低碳与生态经济发展问题展开深入而广泛的交流和合作。经讨论形成共识，大会发表以下宣言。

随着世界经济一体化加速，全球人口和经济规模不断增长，资源和能源使用带来的环境问题及全球气候变暖，对自然生态系统和人类生存发展带来严峻挑战，已成为世界各国迫切需要共同解决的重大课题。在世界各国积极应对国际金融危机、新能源引领新一轮产业革命的关键时期召开的世界低碳大会与生态经济大会暨技术博览会，具有重大的历史意义。大会在交流低碳与生态经济成果，加强低碳与生态技术和产业合作，探讨可持续发展道路等方面取得了丰硕的成果。

我们认为，世界低碳与生态经济大会暨技术博览会，是世界各国发展低碳与生态经济的合作平台，是全球低碳与生态经济发展成果的展示平台，是促进能源技术创新、能源结构调整和低碳产业发展的服务平台，要坚持不懈举办下去。大会初定在中国南昌每两年举办一届。

发展低碳和生态经济，世界各国、全球企业应担负起共同但有区别的责任。应对资源环境压力，发展低碳和生态经济，是摆在我们面前一项紧迫而又长期的任务，事关人类生存环境和各国发展前途，需要全世界各方共担责任，共同努力。我们倡议，要在全球范围内大力发展低碳与生态经济，提倡低能耗、低污染、低排放，推行能源高效利用、清洁能源开发、绿色GDP核算等，力求低碳经济模式与低碳生活方式双管齐下，实现人类生存发展观念的根本性转变。要大力推动技术创新和制度创新，建立低碳能源系统、低碳技术体系和低碳产业结构，并建立与低碳发展相适应的生产方式、消费模式和鼓励低碳发展的国际国内政策、法律体系和市场机制。

发展低碳和生态经济，要加强世界各国政府间的合作，更要强调全球企业间的合作。我们认识到，转变发展方式，推进低碳和生态经济发展的主体是企业。全球相关企业互利双赢的合作，是推动低碳与生态经济发展的不竭动力。发达国家的企业尤其是跨国公司要联合全球力量，加强节能减排新技术的研发，在更高层次、更大范围，以更灵活的形式转让新技术、新成果，发展中国家的企业要加强新技术的跟进、消化和吸收，让低碳与生态技术更好地服务于全人类共同利益；发达国家的企业尤其是跨国公司，要积极有序地推进低碳和生态产业转移，促进低碳和生态经济在全球的合理分布和共同发展。

有效政策手段，积极引导地方政府追求和实现经济与环境的双赢。南昌一直致力于资源节约型和环境友好型“两型社会”的建设，在政策层面和制度体系上始终注重绿色GDP的考核，这些已经并必将更加有力地把南昌引入到以低碳经济促可持续发展之路上来。

江西省国家科技创新四大规划齐亮相

2009年11月，《江西省国家科技创新研发平台建设规划（2009~2012年）》、《江西省高新技术产业特色基地建设规划（2009~2012年）》、《江西省优势科技创新团队建设规划（2009~2012年）》、《江西省创新型企业建设规划（2009~2012年）》正式下发。

其中，《江西省国家科技创新研发平台建设规划》以2008年为基准年，规划期为2009~2012年。规划目标为：

充分发挥政府对科技资源的优化配置作用，创新管理体制和机制，调动高等院校、科研院所、大中型企业等各方面积极性，完善已有国家和省级科技创新研发平台设施设备，培养和造就一批科技创新人才，进一步提升科技创新能力。在此基础上，依托科技创新“六个一”工程所确定的十大优势高新技术产业，组建10个左右以优势学科、优势领域、优势产业为核心，以领军人才为龙头，以优秀科技人才为主体，以科技项目为支撑，具有布局合理、特色突出、科技创新能力强，在国内领先或一流的科技创新研发平台。在2009~2012年期间，使10个左右国家级科技创新研发平台争取申报国家级项目50项以上，转化科技成果100项以上，培养博士生100名以上，申报国家科技进步奖6~8项、省级科技奖50项，申请专利150项，在国内外重要期刊上发表高水平论文150篇，出版专著10部以上。

在发展方向方面，主要任务是：

1.大力培养和集聚一批高层次领军人才，推动优势科技创新团队建设。围绕10个左右国家研发平台建设，通过实施各类高层次创新人才计划和国家、省重大科技项目，大力培养、引进和集聚一批具有道德品质优、创新精神强、有较高学术技术水平和科技创新能力，懂经营、善管理的高层次复合人才和创新创业领军人才，为国家级研发平台建设提供高层次领军人才保障。同时，根据10个优势高新技术产业发展的需求，围绕优势领域和产业，立足创新型企业的培育壮大、重大高新技术产业化项目实施、优势科技创新团队和高新技术产业特色基地的建设，通过项目带动和扶持等方式，做优做强一大批科技创新团队，提高其科技创新能力。

2.加强科技创新资源的整合和集成，努力提升研发平台的核心竞争力。围绕10个左右国家研发平台建设，有机整合高等院校、科研院所等科技创新机构和大中型企业的科技创新资源，根据优势领域和优势产业发展的需要，按照优势互补、风险共担、利益共享的原则，鼓励和引导高等院校、科研单位和企业实行产学研合作，开展跨行业、跨部门、跨企业联合进行科技攻关和成果转化，针对学科发展前沿和国民经济、社会发展及国家安全的重要科技领域和方向，开展创新性研究，着力突破制约产业发展的关键共性技术，在重点领域掌握一批核心技术、知识产权和技术标准，努力形成以国有研究机构为主导、企业为主体、市场为导向、产学研相结合的多元化自主创新体系，取得一大批重大科研成果和重大工程化成果，为成功组建国家级研发平台奠定基础。

3.加大研发平台科研基础设施的建设力度，提高自主创新能力。围绕10个左右国家研发平台建设，坚持政府引导扶持，以建设单位和吸引社会资金投入为主的原则，通过实施国家、省重大科技项目带动和扶持等方式，鼓励高等院校、科研院所和大中型企业加大资金投入力度，完善基础设施条件，添置一批科研设备，达到拟组建国家工程技术研究中心基本具备的工程技术试验条件和基础设施，有必要的检测、分析、测试手段和工艺设备的要求，以及拟组建国家重点实验室具备先进的科研条件和设施，有相对集中的实验用房，面积在3000平方米以上；拥有先进、完备的科研条件和设施，总值1500万元以上，并对外开放使用的要求。

4.创新体制和机制，探索和完善平台建设和运行的管理模式。围绕10个左右国家研发平台建设，建立起平台组建、管理和运行的管理体制，形成包括领导机构、管理机制、咨询机构、监督机构和服务机构在内的完整组织体系，在组织架构上形成决策、执行与监督相互制衡的管理体制；实行管委会和专家咨询委员会制度，建立管理部门、科技专家和有关方面参与的重大事项决策机制，加强统筹协调和资源集成，充分发挥咨询和监督作用。同时，积极探索组建国家研发平台的构建模式。由一个依托单位组建的平台，要加快建立和健全具有独立法人资格、产权结构明晰、实行独立核算的科研开发实体，并在此基础上再与其他法人单位进行联合，扩大整合优势资源。由多个单位组建的平台，在其内部建立一个小而精干的具有法人地位的管理机构，解决组织协调比较困难的问题，有效集聚多种优质科技资源。此外，平台建立起高效有序的运行机制，实现人才、技术和经济运行的良性发展。

而《江西省高新技术产业特色基地建设规划》则提出，在继续大力抓好南昌国家高新区、景德镇国家陶瓷科技城等国家级高新技术产业特色基地建设的同时，争取在2009年使新余新能源科技城、共青数字生态城等进入国家级行列，并力争江西省又有一个高新技术开发区进入国家级队伍。从2010年开始，每年组建3个左右的高新技术产业特色基地。到2012年底，全省在光伏材料、风能与核能、清洁汽车及动力电池、航空制造、半导体照明、金属新材料、非金属新材料、生物和新医药、现代农业及绿色食品、文化及创意等十大优势高新技术产业领域，重点建设10个能够带动和支撑江西经济社会发展、能够参与国际分工、具有江西优势和特色的高新技术产业基地，着力培育国内同行业龙头企业3~5家以上。使全省高新技术产业特色基地内的高新技术产业产值达到600亿元，从而推动地方经济结构战略性调整，提高区域经济整体竞争力。

其建设内容主要是结合江西省“十一五”科技、经济发展规划，按照“引导、示范、聚集、创新”的指导方针，组织社会各界力量，集成各方优势资源，积极推动“产、学、研”合作创新，着力提高自主创新能力，不断增强区域内高新技术产业的竞争优势。

1.推动基地的产业集聚。

（1）大力支持各基地依托现有基地骨干企业，以培育壮大主导产品为目标，不断延伸基地主导产业的产品链、产业链，努力培育和壮大关联产品群、企业群，提升基地产业集聚能力。

（2）围绕基地主导产业的形成，以基地为载体，通过举行专题招商引资及招才引智等活动，大力吸引与基地主导产业相关联的企业、技术、人才进入基地，加快提升基地特色主导产业的集聚度。加快建设基地的专业孵化器，孵化与基地主导产业相关联的中、小企业，不断壮大基地关联企业群，推进产业集聚。

（3）以推进区域高新技术特色产业的技术进步和产业化为目标，积极推动高新技术特色产业联盟的建设和发展，以促进区域企业的全面合作和集聚创新。

2.提升基地的技术创新能力。

（1）围绕基地产业特色的发展方向，通过设立科技专项等形式，组织以企业为主体的技术创新活动。依托基地骨干企业，整合社会科技资源，承担国家、省级重大科技项目，努力突破一批重大关键技术，力争每个基地每年都能形成1~2个对基地主导产业发展有重大带动作用的具有自主知识产权的高新技术产品。

（2）鼓励基地骨干企业切实加大研发投入。以企业为主体，联合国内外科研机构、高等院校建立企业工程技术研究中心、博士后流动站等，进行联合科技攻关，以提高企业对自主知识产权科技成果的获取与转化能力。

（3）瞄准基地产业发展方向，逐步建立为企业成长提供特色化和专业化技术支持的公共技术服务平台。省科技基础设施建设计划给予重点支持。

3.培育区域优势产业成为我省经济社会发展的新增长极。

2009~2012年，在调动社会各界力量、集成优势资源、推动基地的产业集聚、提升基地技术创新能力的基础上，大力培育区域优势产业。在各基地相互竞争发展中，选择符合十大优势高新技术产业要求的10个基地，加以重点建设，力争使之成为国家级高新技术产业特色基地，成为我省经济社会发展的新增长极。

《江西省优势科技创新团队建设规划》则提出，通过实施“院士后备人才培养计划”、“科技经营型创新人才培养计划”、“主要学科学术和技术带头人培养计划”、“青年科学家培养计划”、“高层次创新人才引进计划”等，培养和引进一批科技创新领军人才。在此基础上，以领军人才为核心，以优秀科技人才为主体，以学科建设为龙头，以平台建设为依托，以科技项目为支撑，组建100个左右具有江西特色、研究方向明确、结构布局合理、领军作用突出、在国内外有较大影响的优势科技创新团队。其中，在高等院校、科研院所和卫生医疗机构组建50个左右，企业组建50个左右。通过3~4年的建设，使100个优势科技创新团队争取承担国家级项目200项，省部级项目1000项；开发新产品1000个，转化科技成果2000项，转化成果累计实现增加值100亿元，实现利税20亿元；获得国家科技奖6~8项、省级科技奖

100项，申请专利500项，形成技术或产品标准100件。

其主要任务中的发展重点是：

1.大力培养和集聚一批创新领军人才。

以提高人才创新创业创优能力为核心，通过实施各类高层次创新人才培养计划和国家、省重大科技项目，大力培养、引进和集聚一批道德品质优良和创新精神强，有较高学术技术水平和研究创新能力，善于组织管理的高层次复合型人才和创新创业领军人才。省级各类科技人才培养计划要紧紧围绕10个优势高新技术产业对高层次人才的需求，重点向优势科技创新团队的领军人才和优秀骨干人才倾斜。

2.着力建设一批竞争力强的科技创新团队。

根据培育和发展10个优势高新技术产业的要求，立足创新型企业的培育壮大、重大高新技术成果产业化项目的实施、国家级研发平台和高新技术产业特色基地的建设，对科技创新团队的组建进行合理布局。通过项目带动和政策扶持等方式，支持已组建的41个高等院校、科研院所、医疗机构科研创新团队做优做强，不断提高团队的整体创新能力；尽快启动企业技术创新团队推荐、遴选和培育工作，在光伏材料、风能与核能、清洁汽车及动力电池、航空制造、半导体照明、金属新材料、非金属新材料、生物和新医药、现代农业及绿色食品、文化及创意等领域组建50个左右企业技术创新团队。有机整合企业、高等院校、科研单位等科技创新机构的各类科技创新资源，根据产业、学科等发展的迫切需要，按照优势互补、风险共担、利益共享原则，积极引导高等院校、科研机构与企业开展产学研合作，开展跨行业、跨部门、跨区域联合组建创新团队，以提高科技资源的利用效率，形成具有较强竞争力的创新团队。

3.努力建设一批设施完善的创新团队依托载体。

加快国家和省级重点实验室、工程技术研究中心、企业技术中心建设。鼓励科研机构、高校和企业联合共建或与省外、国外研发机构合作建设实验室、工程技术研究中心和企业技术中心。加强博士后科研流动站和工作站建设，吸引国内优秀博士、海外留学博士和优秀外籍博士进站从事博士后研究工作。加快全省科技创新公共服务平台建设，进一步完善服务功能，增强服务能力，提升服务水平。

4.组织创新团队开展国际国内科技交流与合作。

围绕十大优势高新技术产业的培育和发展，组织我省优势科技创新团队与国内外研发机构、创新团队有目的地开展高层次人才联合培养、高级专家相互聘用和兼职。有计划地组织国际国内重大科技合作交流与学术活动，积极参与国际国内重大合作研究开发项目。大力推进国内外大院大所、名校名企来我省共建各种形式的科技创新载体，鼓励通过项目引进科技创新领军人才或创新团队。

最后，《江西省创新型企业建设规划》提出，围绕10个高新技术产业的发展需求，通过培育一批、引进一批的办法，分“试点、省级、国家级”三个层次，在遴选、试点的基础上，优胜劣汰、动态调整，通过3年努力，抓好150个左右省级创新型试点企业（含农业龙头企业），培育形成100个省级创新型企业，力争10个以上省级创新型企业进入国家级行列，带动一批优势产业主营业务收入突破1000亿元。

新型城镇化打造江西转型新引擎

客观地说，城镇化一直是江西省的一个短板。虽然经过了很多努力，但这些年江西省的城镇化水平相对较低的状况尚未根本改变，城市综合实力不强及城镇化粗放式发展的状况尚未根本改变。坚定不移地推进新型城镇化，是江西省社会主义现代化建设的一项重大历史任务。

今年1月11~13日，江西省推进新型城镇化和城市建设工作现场会举行。省委书记苏荣在会上强调，我们要紧紧抓住中央把稳步推进城镇化作为应对国际金融危机、扩大国内需求和调整经济结构的重要抓手，紧紧抓住鄱阳湖生态经济区建设上升为国家战略这两个重大历史机遇，开拓创新、真抓实干，推进城镇化更好更快发展，为实现全省进位赶超、跨越发展增添强大动力。

这次全省推进新型城镇化和城市建设工作现场会中，与会代表先后考察了抚州、南昌、九江、吉安中心城区和南昌市的“一大四小”工程；抚州、南昌、九江、吉安市领导作了典型发言；其他设区市的领导介绍了本地的情况，畅谈了参观考察的感受和打算。通过参观考察和座谈发言，进一步深化了推进新型城镇化对扩大内需、拉动消费、调整结构，促进经济社会平稳较快发展的重大意义的认识。大家普遍感到，这次会议主题突出、方式新颖、内容丰富，既生动又深刻，既充实又管用，效果好，收获大，必将成为我省推进新型城镇化的一个重要里程碑。

苏荣在讲话时指出，要深刻认识推进新型城镇化的现实意义和战略意义，坚定不移推进新型城镇化进程。近两年来，我省新型城镇化和城市建设的快速推进，为积极应对国际金融危机的巨大冲击，实现全省经济快速回升向好、逆势上扬发挥了重要作用。全省新型城镇化和城市建设也相应进入了一个新的发展阶段。不久前召开的中央经济工作会议特别强调，稳步推进城镇化是扩大国内需求和调整经济结构的重要抓手；要坚持走中国特色城镇化道路，促进城镇化与新农村建设良性互动。我们要深刻领会和认真贯彻落实中央经济工作会议精神，充分认识推进城镇化的现实意义和战略意义，牢牢把握城镇化发展面临的历史机遇和我省城镇化发展的阶段性特征，凝聚共识、聚集力量，推动全省城镇化更好更快发展，加速江西崛起进程。要深刻认识推进城镇化是扩大内需、调整结构的重要抓手，是保持经济平稳较快发展的重要引擎。加快城镇化是实现我国经济平稳较快发展最大的内生动力和坚实支撑，是转变发展方式、实现经济转型的重要突破口和关键环节，更是经济欠发达省份加快发展的全局性、战略性、持久性强大动力。要深刻认识推进城镇化是打破城乡二元结构、促进城乡一体化发展的必由之路，是加速江西崛起的重大战略。城镇化的发展顺应了社会生产力发展的要求，顺应了人类生产方式和生活方式发展变化的要求，是工业革命以来人类文明的大趋势，是任何国家和地区实现现代化不可逾越的阶段。

江西省是一个农业人口多、农业比重大的经济欠发达省份，要解决好“三农”问题，加速江西崛起、实现富民兴赣，根本出路在于工业化、城镇化。要深刻认识我省推进城镇化的现状和面临的形势，进一步增强加快城镇化进程、提高城镇发展水平的历史责任感。从我们面临的机遇看，国家实施《促进中部地区崛起规划》，必将有力推动中部地区工业化、城镇化进程。鄱阳湖生态经济区是国家促进区域经济协调发展的重大战略，是江西发展史上的重要里程碑，是引领江西科学发展、加快崛起的重大战略和难得机遇，对加快全省新型城镇化进程具有重大而深远的意义。我们要牢牢把握这一历史机遇，增强责任感和紧迫感，进一步做好工作，不断提升全省城镇化水平，为加速江西崛起，实现进位赶超、跨越发展提供强大动力。

苏荣指出，当前和今后一个时期，全省上下要以科学发展观为指导，坚持走中国特色城镇化道路，遵循城镇化发展的客观规律，以推进鄱阳湖生态经济区建设为强大动力，加快新型城镇化进程，提升城镇发展质量，努力实现新型城镇化更好更快发展。我省新型城镇化道路路径选择应顺应城镇化发展的一般规律，并与基本省情、经济社会发展的基本要求相适应，走具有江西特色的新型城镇化道路。要创新城镇化发展理念和模式，加快推动城镇化由粗放增长向集约高效发展转变，由城乡分割向城乡融合转变，由项目带动向统筹推动转变，使“扩容增速”与“提质增效”相同步，发展速度与发展质量相协调。具体来说，要着力抓好以下几项重点工作：

一要充分发挥规划的战略性、前瞻性和导向性作用，切实做到以科学规划指导城镇化和城镇建设。城市规划是城市建设的蓝图，城市的科学发展首先取决于城市的科学规划。规划也是政府的最大资源，是城市竞争力的重要资本。规划带来的效益是最大的效益，规划造成的损失是最大的损失。城市规划是引领城市科学发展的“宪法”和总纲。城镇规划的修编，既要注重前瞻性，切实解决规划赶不上发展、规划滞后于建设的问题，又要坚持科学性，注意防止脱离实际、过度超前、求大求快、因人力物力财力难以承受而在实际工作中无法执行的问题。要搞好远期规划、中期规划、近期规划和年度规划。远期、中期规划一定要充分论证，力求科学准确，但不宜太细。重点要切实搞好近期规划和年度规划，尽可能做到周全、明确、具体，增强规划的权威性、稳定性，保持工作的连续性，确保规划经得起历史、实践和群众的检验。

二要充分发挥工业化的要素聚集和产业支撑作用，大力增强城市经济的整体实力。没有产业支撑的城市，就缺失活力，缺少张力，缺乏竞争力。我们必须坚定不移推进以工业化为核心的发展战略，紧紧咬住工业化目标不放松，加快工业化不松劲，进一步加快新型工业化和新型城镇化进程，壮大城市经济整体实力。要以建设鄱阳湖生态经济区列入国家战略为契机，进一步落实省委、省政府提出的举全省之力支持南昌加快发展的决策，积极推进南昌大都市区建设，加快环鄱阳湖中心城市和其他城镇发展，使鄱阳湖生态经济区建设真正成为引领江西科学发展、加速崛起的引擎和“龙头”。

三要充分发挥基础设施和公共设施的功能性、配套性和服务性作用，着力提升城市综合承载能力。基础设施建设的水平，决定城市的承载力；城市功能的现代化，体现城市的现代化。要着力抓好高效便捷的城市内外交通基础设施，供水、供电、供气、通信等市政公用设施，体现社会事业发展水平的公共服务设施，保障性住房等民生工程项目，城市防灾减灾和应急设施。在加速新城区建设的同时，逐步把老城区改造提上重要日程，把加强老城区市政设施建设与环境整治结合起来，把老街区改造与文化古迹保护结合起来，提升城市建设的质量和品位。要将城中村改造和城乡接合部整治，纳入城市统一规划、建设和管理，有序推进城中村改造，解决老城区、城中村和城乡接合部的脏乱差现象。

四要充分发挥体制机制创新作用，着力构建加快推进城镇化的良好环境。深化户籍制度改革，创新投融资体制，创新土地管理机制，创新小城镇发展方式。在用地问题上，各地既要树立只争朝夕的精神积极做好工作，尽可能缩短报批时间，又必须严格执行国家的有关规定，必经的程序不能少，必须履行的手续不能漏，确保经得起检查。要坚持最严格的耕地保护制度和最严格的节约用地制度不动摇。城镇化不能简单搞外延扩张，要努力提高城镇现有土地利用率，严控增量，盘活存量，节约集约用地，严禁违法占地、粗放用地。不论哪种形式的探索，都不能突破国家土地利用规划和年度用地计划，都不能损害农民的土地权益。

五要坚持生态文明、经济文明和社会文明有机统一，努力建设可持续发展的城市。在推进工业化、城镇化过程中，一方面，要始终把加强生态环境保护放在首位，注重人与自然和谐，无论是经济发展，还是城市建设，首先要充分考虑重大生态环境保护问题，特别是城市的水体、湿地和森林。要发挥好山水优势，做好生态文章，充分利用江、河、湖、溪、山地等自然资源，在保护城市自然生态环境的前提下，打造独具特色的城市景观环境，建设绿色生态园林城市；充分利用山体、水系、道路、功能分隔带，大力建设绿色长廊、生态林地、风景园林，增加城市绿化量，提高绿化水平；充分彰显水的灵气，疏浚和美化河流、湖泊、湿地等水体，沟通、活化和清洁城市水系，拓展人与自然融合空间，满足人民群众“亲水”需求。同时，切实加强从源头上防止和控制污染排放，严格做好项目建设的环境评价工作，加大环保执法力度。建立健全环境问责制，使环境保护成为硬政绩。另一方面，要始终坚持以人为本，注重社会和谐，在城镇化快速发展和社会加速转型过程中，必须高度重视不同阶层、不同群体的利益关系，统筹兼顾、正确处理各种利益矛盾，创造公平公正的社会环境，最大限度地促进社会和谐。

苏荣强调，推进城镇化更好更快发展，是关系全省经济社会发展全局的重大课题，也是对我们领导科学发展能力的重大考验。各级党委政府和领导干部要增强以科学发展观指导城镇化工作的自觉性和坚定性，深刻认识和把握城镇化发展的客观规律，不断提高领导城镇科学发展的能力和水平。要进一步加强城镇化工作的领导，进一步加强干部城镇化工作培训，建立城镇化工作的督查考核制度，形成激励机制，更好地推动全省城镇化发展。

省长吴新雄强调，要抓住机遇，切实抓好城市基础设施建设，拉开城市发展框架，提高城市长远发展的承载力和可持续发展能力。按照“改造老城、建设新城”的理念拉开城市框架，合理划分功能区域，有序改造老城区，高水平建设新城区，拓展城市发展空间。按照“公交优先、有机配套”的原则拉开交通框架，优先发展公共交通，加快构建铁路、公路、水运、航空配套衔接的立体交通体系，适度超前发展生态绿色交通。按照“先建地下、后建地上”的要求抓好基础建设。特别是新城区建设，要先搞好地下管网的规划和建设，拉开城市基础设施框架。按照“功能互补、联系紧密”的要求抓好城市各功能区之间的有机联系和结合，特别是工业园、科技城的衔接和融合，拉开城市功能框架。要提高城市质量和品位。以创建生态园林城市为抓手，加快推进宜居城市、生态城市、园林城市、文明城市建设，努力创建宜居宜业的一流城市，不断提升城市发展质量和水平。充分保护和利用好城市的山、江、河、湖等自然资源，使之成为富有特色的城市生态带、生态区、生态组团，使城市拥有一流的空气一流的水、一流的生态一流的美。结合“一大四小”造林绿化工程，沿路、沿山、沿江、沿河、沿湖、沿场搞好生态绿化，努力做到把森林引入城市、让花园进入社区、集中绿化上规模、分散绿化上水平、林相结构成景观、生态环境创一流，使全省城市绿化率在中部各省走在前列。坚持以人为本，以城市住宅小区为基本单元，以小区自然环境和历史文化积淀为依托，着力打造环境优美、生活便利、文明和谐、富有特色、最宜人居的一流城市生态生活组团。特别是城市湖泊周边，要努力打造“环湖一条路、沿湖一片绿、依湖一批景、连湖活水系、靠湖聚财富、营造新天地”的生态宜居组团。切实抓好城市污水、城市噪声和大气环境的治理，使城市天更蓝、水更清、环境更优美，繁华中有宁静、有优雅、有森林、有和谐。精心搞好城市美化亮化，使城市展示“建筑各具特色、色彩优雅协调、花卉草坪绿岛、青山绿水夜景”美好图景，体现艺术美、色彩美、凝固美、流动美、内在美。要以县城和中心镇为重点抓好城镇建设。

吴新雄强调，省政府各部门要真抓实干，为推进新型城镇化和城市发展创造性工作。要为新型城镇化和城市发展，创造好大环境。一是创造好大的生态环境。以建设鄱阳湖生态经济区建设为龙头，以鄱阳湖生态水利枢纽工程、峡江水利枢纽工程为重点，继续抓好造林绿化“一大四小”建设工程和“五河一湖”生态环境综合治理工程，抓好污水、废气、噪声治理，使江西青山常在、绿水长流，为人民群众营造更多的宜居环境和清水、休闲、娱乐的空间。二是创造好大的交通环境。加大力度，加强高速公路、高等级公路为骨架的道路交通体系建设。加快铁路建设，提高铁路的运行质量和水平。加大机场的布局、建设和改造，积极争取国家有关部门支持，增加和新开新的航线、航班。加大力度支持市县骨干道路交通网的改造和建设。三是创造好大的产业发展环境。支持省委、省政府确定的十大高新技术产业发展；支持符合条件的工业园区升格为国家级的高新技术开发区、经济技术开发区、特色工业园区；支持发展现代物流、现代服务业。要为推进新型城镇化和城市发展创造好的大机制。进一步放宽市县发展的权限，增强市县发展的动力和活力。加快市县城市发展土地利用规划修编的批复，抓紧做好全省大中小城市布局规划。认真开展好创业服务业活动。要为新型城镇化和城市发展创造好的大政策，积极向上争取更多支持，大力支持各地市经营城市，做大融资平台，积极探索和支持户籍制度改革。要为新型城镇化和城市建设创造好的大品牌。

相关链接

十个数据彰显江西社会经济发展良好态势

数据一：6900亿元	2009年江西省生产总值达6900亿元，比上年（2008年）增长12%，财政总收入915亿元，增长12%
数据二：400亿斤、7629家	江西省2009年粮食总产突破400亿斤，实现连续六年增产；全省省级以上龙头企业达407家，农民专业合作组织达7629家
数据三：2500亿元	规模以上工业完成增加值2500亿元，增长19%；实现利税800亿元，增长15%
数据四：2468亿元	社会消费品零售总额完成2468亿元，增长18.5%
数据五：42.6%、14020元	新型城镇化步伐加快，城镇化率达到42.6%，比上年（2008年）提高1.2个百分点。城镇居民人均可支配收入14020元，增长9%；农民人均纯收入5075元，增长8%
数据六：618万、83.7%	深入开展“千企万岗”帮促就业活动，新增城镇就业44.9万人，新增转移农村劳动力48.7万人；全省315万返乡农民工已有308.52万在省内外实现了就业创业，农民工输出总数达618万，恢复并超过金融危机前水平；全省高校毕业就业率达到83.7%，连续9年高于全国平均水平
数据七：5.44万套、15.4万人	扎实推进保障性住房建设，开工建设廉租住房5.44万套，发放廉租住房租赁补贴12.7万户；新开工建设经济适用住房56.52万平方米；设区市中心区棚户区改造已拆迁旧危房200.83万平方米；基本建成1.8万户的农村危房改造任务。全省新增基本养老保险参保人数15.4万人，124万企业退休人员月均增加基本养老金143元
数据八：120480例	大力实施“光明·微笑”工程，到目前为止已经为120480例白内障和5312例唇腭裂患者进行了免费手术
数据九：0.35%	全省群体性事件较少，至11月底仅占全国0.35%，且未发生在全国造成重大影响的事件；信访形势平稳；排查化解矛盾纠纷工作和公共安全感指数居全国前列
数据十：560万亩	造林绿化“一大四小”工程扎实推进，全省已完成造林绿化面积560万亩。主要河流检测断面水质达标率达到80.2%；11个设区市城市环境空气质量全部达到国家二级标准

地标之四：人才第一、环保优先、南北共建的江苏沿海开发新路径

江苏是沿海经济发达省份，2009年经济总量和人均GDP均居全国第二。而据中国社科院发布的2009年中国省域竞争力蓝皮书，江苏综合竞争力居全国各省区的第一位。目前，江苏总体上已处于工业化中后期发展阶段，这一阶段发展基础更好、动力更强，但深层次矛盾也日益显露。对于江苏而言，加快转变经济发展方式既是时代的命题、发展的难题，更是现实的课题。用江苏省省长罗志军的话说，江苏经济已经进入转型升级的关键时期，转变经济发展方式更具紧迫性，既要坚持不懈打持久战，更要主动作为打攻坚战。

人才成为江苏的第一品牌

21世纪什么最重要，人才。这是某电影中的一句经典台词。虽然只是一句台词，但恰恰说中了现实中的问题。人才，是一切问题的根本。中国是个人口大国，但这只是从数量上说的，从质量来说，我们还有很大差距。从人力资源大国迈向人才强国，是中央的既定战略。

全国人才工作会议叫响“人才资源是第一资源”

2010年5月25日至26日在北京举行的全国人才工作会议上，胡锦涛总书记发表重要讲话，强调切实做好人才工作，加快建设人才强国，是推动经济社会又好又快发展、实现全面建设小康社会奋斗目标的重要保证，是确立我国人才竞争比较优势、增强国家核心竞争力的战略选择，是坚持以人为本、促进人的全面发展的重要途径，是提高党的执政能力、保持和发展党的先进性的重要支撑。全党全国要统一思想，真抓实干，全面落实加快建设人才强国各项战略任务，努力培养造就数以亿计的高素质劳动者、数以千万计的专门人才和一大批拔尖创新人才，进一步开创我国人才事业新局面，为全面建设小康社会、加快推进社会主义现代化、实现中华民族伟大复兴提供有力人才保证。

胡锦涛在讲话中指出，人才资源是第一资源，人才问题是关系党和国家事业发展的关键问题，人才工作在党和国家工作全局中具有十分重要的地位。当前，我国人才发展总体水平与世界先进水平相比还有较大差距，与我国经济社会发展需要相比还有很多不适应的地方，特别是高层次创新型人才匮乏，人才创新创业能力不强，人才资源开发投入不足。根据新形势新任务和人才工作面临的新情况新问题，党中央、国务院颁布了《国家中长期人才发展规划纲要（2010—2020年）》。贯彻落实好这个纲要，对全面提高人才发展水平、加快建设人才强国，对全面建设小康社会、加快推进社会主义现代化、实现中华民族伟大复兴具有重大而深远的意义。在这次会议上，胡锦涛同志提出今后一个时期在人才方面中央的重点工作：

一要坚持人才工作指导方针，确立人才优先发展战略布局，坚持服务发展、人才优先、以用为本、创新机制、高端引领、整体开发的指导方针，紧紧围绕党和国家工作大局，把服务科学发展作为人才工作的根本出发点和落脚点，把发挥各类人才作用作为人才工作的根本任务，构建与社会主义市场经济体制相适应、有利于科学发展的人才发展体制机制，发挥高层次人才在经济社会发展和人才队伍建设中的引领作用，支持人人都作贡献、人人都能成才，统筹推进城乡、区域、产业、行业和不同所有制人才资源开发，实现各类人才队伍协调发展，促进人的全面发展。

二要坚持突出工作重点，统筹抓好各类人才队伍建设，突出培养创新型科技人才、大力开发经济社会发展重点领域急需紧缺专门人才，统筹抓好党政人才、企业经营管理人才、专业技术人才、高技能人才、农村实用人才、社会工作人才等人才队伍建设，抓紧培养造就一批复合型、高层次、通晓国际规则的适应对外开放的人才。

三要坚持推进改革创新，激发各类人才创造活力，重点围绕用好用活人才、提高人才效能，完善人才工作管理体制，健全人才工作机制，从人才培养开发、评价发现、选拔任用、流动配置、激励保障等方面形成更加科学、更具活力的一整套机制，形成统分结合、上下联动、协调高效、整体推进的人才工作运行机制，建立健全政府宏观管理、市场有效配置、单位自主用人、人才自主择业的人才管理体制，形成有利于人才发展的法制环境，着力解决制约人才工作发展、制约人才发挥作用的突出矛盾和问题，为人才事业发展增添蓬勃活力和强大动力。

四要坚持德才兼备原则，全面提高人才队伍素质，把树立正确的世界观、人生观、价值观，弘扬爱国主义、集体主义、社会主义思想融入人才工作全过程，教育和引导各类人才学习践行社会主义核心价值体系，组织和引导各类人才在社会实践中砥砺品质、锤炼作风、提高干事创业的本领，鼓励各类人才坚持求真务实、尊重客观规律，恪守科学精神、大胆探索创造，倾心本职岗位、注重工作实效，淡泊个人名利、无私奉献才能，建设一支饱含爱国热情、勇于追求真理、具有务实作风、善于团结协作、积极改革创新、争创一流业绩的高素质人才队伍。

五要坚持扩大人才工作对外开放，做好人才“引进来”和“走出去”工作，坚持人才自主培养开发和引进海外人才相结合，加强人才和人才开发国际交流合作，积极引进海外人才和海外智力。

胡锦涛指出，切实做好人才工作，加快建设人才强国，加强和改进党对人才工作的领导是根本保证。要坚持党管人才原则，自觉用科学理论指导人才工作、用科学制度保障人才工作、用科学方法推进人才工作，不断提高人才工作水平。各级党委要把人才工作摆在更加突出的位置，善于用战略思维、开放视野、发展观点谋划和推动人才工作，落实人才培养使用重大政策，抓好重大人才工程，统筹经济社会发展和人才发展，履行好管宏观、管政策、管协调、管服务的职责，深入研究人才工作面临的突出矛盾和问题，使人才工作始终体现时代性、把握规律性、富于创造性。各级党委和政府要切实做好人才服务各项工作，努力为人才发展营造良好环境，坚持用事业聚才育才，使各类人才创业有机会、干事有舞台、发展有空间。要鼓励创新、爱护创新，使一切创新想法得到尊重、一切创新举措得到支持、一切创新才能得到发挥、一切创新成果得到肯定。要关心人才的学习和生活，千方百计为他们排忧解难。要通过大力表彰和广泛宣传优秀人才的先进事迹，营造尊重科学、鼓励创新、甘于奉献的社会氛围，在全社会形成见贤思齐、奋发努力的良好风尚。

温家宝在讲话中强调指出，人才资源是国家的战略资源，各级党委和政府要把人才工作摆在突出位置，为人才的成长服好务。一要大胆使用和吸引人才。加强对拔尖创新人才、急需紧缺人才、战略性后备人才培养的支持力度。大胆引进和使用海外高水平拔尖人才，鼓励海外留学人员回国工作、创业或以多种方式为国家发展服务。充分发挥国内人才的作用，调动他们的积极性。二要加大人才发展资金投入。建立健全政府、用人单位、个人和社会多元化的人才发展投入机制，较大幅度增加人力资本投资比重。三要更加关心和爱护人才。努力营造尊重知识、尊重人才、尊重劳动、尊重创造的氛围。鼓励创新、探索和超越，提倡“百花齐放、百家争鸣”，倡导独立思考、追求真理，宽容失败。关心和改善人才的生活条件，解决好他们在住房、医疗、就业、子女教育、社保等方面的实际问题。

江苏省第一个召开全省人才工作会议

继全国人才工作会议之后，2010年6月17日至18日，江苏省第一个召开全省人才工作会议。江苏正处于加快转变发展方式、推动经济转型升级的关键阶段。作为自然资源比较匮乏的省份，江苏可以依靠的最大优势是什么？梁保华书记明确回答：“惟有人力资源是永不枯竭的资源，惟有人才优势是最可依靠的优势。”罗志军省长强调：“不能再像过去那样拼资源消耗、拼生态环境、拼廉价劳动力，而要更加注重依靠知识、技术和管理，归结到一点就是要依靠人才。”为此，江苏省提出各级政府要进一步加大人才发展投入，大幅度增加人力资本投资比重，确保省、市、县三级人才发展专项资金不低于本级一般预算收入的3%，人力资本投资占GDP比重10年提高4个百分点。这样大的人才投入力度全国罕见，是人才政策的一次重大突破。

“强省之基、竞争之本、转型之要。”会议对人才队伍建设的这一新定位，把人才工作推到了新高度，吹响了以人才引领发展、加快转型升级的号角。对此，省委书记梁保华作出这样的论断：“江苏实现‘两个率先’，关键要靠人才优先发展。加快建设人才强省，是决定江苏未来的战略抉择。”把人才放到了决定江苏现在转型升级和未来竞争优势的全新高度，引起了与会人员的强烈共鸣。

此次会议对人才工作的重要性、战略性地位给出了准确定位，也为新一轮经济社会发展指明了方向。会议提出实现率先建成人才强省的目标，必须坚持“人才优先、引领发展，以用为本、优化结构，突出重点、整体推进，多元开发、形成合力，优化环境、激发活力”的总原则，要求加快构建人才优先发展的战略布局。

梁保华书记指出，加快构建人才优先发展的战略布局，要做到“四个优先”：增加要素投入优先增加人才投入，调整经济结构优先调整人才结构，开发发展资源优先开发人才资源，完善发展环境优先完善人才环境。宿迁市委书记张新实认为，“四个优先”充分体现了“人才是第一资源”的科学理念。“区域之间的竞争，核心是人才的竞争。宿迁与先进地区和全省平均水平相比，在人才总量、特别在高端人才和技能人才上还有很大差距。”他表示将认真贯彻会议精神，努力在更新观念理念、引进高端人才、培养技能人才、创新载体建设、优化人才发展环境等五个方面力求突破。

会议期间，与会同志认真学习讨论梁保华书记、罗志军省长的重要讲话和《江苏省中长期人才发展规划纲要（2010~2020）》。大家普遍认为，加快建设人才强省，是决定江苏未来的战略抉择。率先建成人才强省，必须牢固树立人才资源是第一资源的理念，把人才优势作为江苏最需培育、最有潜力、最可依靠的优势；必须大力营造有利于人才发展的良好环境，让各类人才各得其所、用当其时、才尽其用；必须形成在实践中锻炼和培养人才的鲜明导向，为各类人才提供锻炼成才的机会，搭建干事创业的平台；必须把人才投入作为赢得未来的战略性投入，促进人才优先发展。这次会议达到了解放思想、统一认识、坚定信心的目的，对促进江苏人才事业大发展、率先建成人才强省，必将起到有力的推动作用。

值得注意的是，这次江苏省人才工作会议还特别提出："把加强人才队伍建设作为强省之基、竞争之本、转型之要，使人才成为江苏最重要的品牌，人才优势成为江苏最突出的优势。"这一认识把人才之于江苏的极端重要性提到了新的高度。

提到地方人文品牌，过去人们经常会想到晋商、徽商，而今天，则不能不提"浙江老板"。因此，在2010年3月举行的全国"两会"上，一位中央领导在参加江苏代表团审议时说，江苏要努力构建全国创新活力最强、创业素质最强、创优能力最强的人才队伍，使"江苏人才"成为像"浙江老板"一样名扬国内外的人文品牌。

确实，在区域竞相发展中，浙江有"浙江老板"的"独门法宝"，江苏的优势在哪里？在于人才！江苏人口总量大，人口受教育程度高。江苏还是各类人才向往的"人间天堂"，经济社会发展水平和优越的创新创业环境使江苏成为海内外人才汇聚的高地。江苏要在新一轮发展中再次领先，必须扬长避短，充分发挥人才大省的优势，做好人才的文章，打响"江苏人才"这个品牌。

要使"江苏人才"成为与"浙江老板"齐名的品牌，关键是大力发展创新型经济，提升人才对经济发展的贡献率。"浙江老板"之所以成为浙江招牌，是因为"老板经济"、"民营经济"已经成为浙江的支柱经济，"老板精神"已经成为浙江精神的代名词。同样，要叫响"江苏人才"，也要使"人才经济"成为江苏的支柱经济，使人才成为江苏发展的"主要驱动"，以至于人们一说到江苏的发展，就会自然联想到江苏的人才。

近年来，江苏大力推进经济转型升级，产业结构大大优化，新兴产业成为经济增长的突出亮点，但传统工业占工业比重仍然达到70%，人才、科技、知识对经济的贡献率还不够高，推动经济发展由物质资源消耗向创新驱动转变还任重道远。最近，江苏提出"三大计划"，这一计划的实施，为人才到江苏创新创业提供了重要舞台，同时也有利于提高人才和科技对于经济的贡献率，为释放"江苏人才"潜力，打响"江苏人才"的品牌提供了重要的机遇。

打响"江苏人才"这个品牌，说明江苏省的决策者已经开始以全新的视角审视和重视人才工作。在知识经济时代，人才和知识成为主要的"资源"，抓人才就是抓经济，人才之于地区发展的重要性凸显，必须克服重招商引资、轻招才引智，会招商却不懂招才的现象，高度重视人才工作。一方面要着眼于"育"，大力培养人才，突出培养适应经济社会发展需要的创新型、技能型、创业型人才，不断提高人才培养质量，使"江苏人才"成为高素质人才的代名词，另一方面要着眼于"引"，加大招才引智力度，不断优化创新创业创优环境，使江苏真正成为海内外各类人才汇聚的高地。

这里，有一个很有价值的信息需注意：从2010年5月28日起，江苏省常州市的领军型“海归”创业人才将领到一张“海创卡”，手持这张卡，他们在创业过程中遇到的服务及生活难题将通过10部门联合开设的“绿色通道”一站式解决。小小一张卡，是江苏省抢抓人才、服务人才的生动缩影。在加快转变经济发展方式的大背景下，江苏省以加强高层次创新创业人才队伍建设为核心，通过创新人才工作体制机制，充分盘活人才这一“第一资源”，引领经济转型升级。

经过30多年的改革开放，江苏省经济社会呈现平稳较快的发展态势。2009年江苏省实现地区生产总值3.4万亿元，位居全国第二位。然而，江苏一、二、三产业产值比例为6.4：54.1：39.5，高新技术产业产值只占规模以上工业比重的30%，这让江苏清晰地认识到加快转变经济发展方式的迫切性。

人才资源是第一资源，也是地区发展的核心战略资源。南京大学长三角经济研究中心主任刘志彪认为，人才资源在满足产业转型升级现实需求的同时，还将引领和主导未来产业格局的发展方向。

当前，大规模的转型升级浪潮正在江苏省强力推进，新能源、新材料、新医药、环保、软件和服务外包、传感网(物联网)产业等六大战略性新兴产业率先成为发展的重点。在2010年4月召开的江苏省加快转变经济发展方式工作会议上，该省又提出实施“新兴产业倍增计划、服务业提速计划、传统产业升级计划”三大计划。

“上述目标的实现都需要人才资源的支撑和引领。”江苏省委副书记、组织部长王国生说，把握全球人才结构重组这一重大契机，积极参与海内外人才竞争，加大对创新创业型领军人才的吸纳力度，已经成为江苏省各级党委政府的战略选择。

郑卫国，曾是全球最大基因检测公司的技术部门负责人。4年前，他被无锡市引进领军型海外人才的“530”计划所吸引，毅然回国创业。100万元创业启动资金、500平方米工作场所、100平方米公寓住房……在一项项优惠政策的扶持下，郑卫国的中德美联生物技术有限公司快速成长。2007年底，该公司研制的中国第一个DNA检测试剂盒通过国家鉴定，进入产业化生产，预计2010年销售收入将突破1000万元。为此，5月25日的《新华每日电讯》报道说，像郑卫国这样的创业故事，在江苏已不是孤例。早在2003年，江苏省即明确人才强省的战略目标。2007年，开始实施“江苏省高层次创新创业人才引进计划”，围绕优先发展的重点产业，每年向海内外引进200名左右高层次创新创业人才或团队，一次性给予每人100万元的资金支持。在省引才计划的带动下，全省出现了竞相引才的生动局面。

截至2009年底，江苏省市县三级共资助引进创新创业领军人才3600多名，62人入选国家“千人计划”，这些人才80%来自海外，70%拥有自主知识产权成果。主要分布在新能源、新材料、新医药、环保等新兴产业。

在引进高层次创新创业人才的同时，2008年起，江苏省每年从高校院所、机关部门选派“科技镇长团”，加快推进校地合作；2009年，又启动实施“科技企业家培育工程”，着力打造新型科技企业家队伍，全面激活人才资源。

不久前，“江苏省科技创新团队”引进和建设计划启动实施，对引进的具有世界先进水平的创新团队，除给予核心成员每人100万元补贴外，还将连续3年给予团队每年1000万元的科技项目经费资助。

从2007年开始，江苏省财政每年拿出2亿元用作引进人才专项资金。

统计数字显示，截至2009年底，江苏省人才资源总量760万人，其中高层次人才36万人。当前，正处在转型升级关键阶段的江苏省，着力构建高层次人才创新创业首选之地，让各类人才在江苏干事有舞台，发展有空间。

这些年，江苏省突出企业在人才开发中的主体地位，用实招激发企业人才开发的内生动力。目前企业引进的博士，省财政给予奖励，县(市、区)每月给予2000~5000元的补贴；设立科技型中小企业技术创新资金，支持企业加强人才培养、技术开发和平台建设。

江苏各地十分注重搭建人才施展才华的舞台。目前，全省建成苏州工业园、南京软件城、常州动漫城等一大批高质量的人才创新创业载体。省级以上科技孵化器达到200家，吸引2660名留学归国人员和一大批国内科技人才创新创业。江苏省通过体制机制创新，营造出浓厚的创新创业氛围，鼓励成功、宽容失败，让“第一资源”成为推动经济转型升级的主力军。

相关链接

2010年江苏省引进高层次创新创业人才公告（2010年5月13日）

江苏科教发达、经济繁荣、环境优美、社会安定，是海内外高层次人才创新创业的首选之地。为大力实施人才强省战略，推进经济发展方式转变，今年我省将以更大的投入、更有力的支持举措继续面向海内外引进高层次创新创业人才。现就有关事项公告如下：

一、人才引进重点

围绕我省优先发展的新兴产业和重大项目，面向海内外重点引进以下高层次创新创业人才：

（一）省委、省政府确定的经济社会发展重大战略、重大决策和重大科技创新工程急需的高层次人才；

（二）能够对我省产业结构优化、技术水平提升和高新技术产业、特色产业基地发展有重大影响和带动作用，特别是在新能源和智能电网、新材料、生物技术和新医药、节能环保、软件和服务外包、新传感网、文化产业和现代农业等高新技术产业领域从事研发和实施科技成果产业化的高层次人才；

（三）实施省级以上重大科技计划项目、创建省级以上企业研发机构和技术服务平台所需要的高层次人才；

（四）地方、部门、企业及社会资金重点支持的高层次人才；

（五）创新在高校院所、创业在园区的高层次人才。

大力引进一批具有国际影响、拥有重大成果的创新创业团队，除给予个人经费资助外，还将给予团队3~5年持续的科技经费支持。具体办法另行公告。

支持一批由高校、科研、三级甲等医疗和省级疾病控制机构引进的，能提升我省重大创新项目、重点学科、重点实验室等重大研发平台科研创新水平和临床医疗技术水平的领军人才。具体办法另行公告。

二、申报条件

拟引进人才分为自主创业、企业引进两类，具体申报条件如下：

（一）自主创业人才（A类）

符合支持重点，以带技术、带项目、带资金的形式来我省投资创（领）办科技型企业的高层次人才。创（领）办企业的主导产品具有自主知识产权，技术水平达到国际先进或国内领先，能够填补国内空白或引领相关产业发展，有较大的市场发展前景和预期经济效益。此类人才须具备以下条件：

1.具有硕士（含）以上学位，年龄一般不超过55周岁。

2.创（领）办企业或个人拥有与创业领域产品、技术相关的自主知识产权。在产品开发和企业经营管理方面具有比较丰富的实践经验。

3.2009年1月1日后在我省创（领）办科技型企业，2010年6月30日前已完成工商注册登记等相关手续。

4.为所创（领）办企业的主要负责人，本人投入企业的实收资金不少于100万元人民币（不含技术入股）。

5.主要工作精力应为所创（领）办企业服务，每年在企业工作时间不少于6个月。

（二）企业引进人才（B类）

符合支持重点的各类高科技规模以上企业，引进掌握关键技术的高层次研究开发和管理人才。此类人才必须具备以下条件：

1.具有博士学位，年龄一般不超过55周岁。

2.具有在国内外知名企业、高校、科研单位及相关机构关键岗位5年以上从事研发或管理工作的经历，并取得突出业绩。

3.2009年1月1日后到我省工作或尚未到我省工作、但已与相关企业在2010年6月30日前完成引进手续。

4.引进后，能连续为引进企业服务3年以上，且每年服务时间不少于6个月。

优先支持本人参与项目投资、有资金投入并占有股份的企业引进人才。

以上两类人才，特别优秀的，申报条件可适当放宽。

三、申报单位或申报人

（一）从事高新技术产品研发、生产的成长性科技型企业，现代服务企业；

（二）高新技术产业开发区、留学生创业园、大学科技园、软件园、科技创业服务中心等创新载体；

（三）符合申报条件，有来江苏创新创业意向的各类高层次人才，特别是海外高层次人才。

四、申报办法

自公告发布之日起，符合申报条件的单位和个人通过“江苏省人才工作网”（http：//rcgz.jszzb.gov.cn/）网上申报评审系统，完成注册后登录系统，按照填报要求，填写相应的申报表格，并向本人创新创业地所属省辖市提交。2010年受理申报材料截止时间为6月30日。

五、支持政策及相关待遇

（一）2010年度共资助引进人才400名。设立新能源和智能电网、新材料、生物技术和新医药、节能环保、软件和服务外包、新传感网、文化产业和现代农业等8个引才专项，对于综合评分前200名的高层次创新创业人才，给予每人100万元的资助，其余给予每人50万元的资助。

（二）优先推荐进入省“333高层次人才培养工程”和“六大人才高峰”培养资助对象；优先推荐申报国家“千人计划”；优先推荐申报国家和省各类科技计划；优先向金融机构、担保公司、风险投资公司推荐融资项目。

（三）按照国家、省引进高层次人才的有关政策措施，妥善解决引进高层次人才工作条件、签证、落户、执业资格、医疗、保险、税收、配偶安置、子女入学、驾照转换等方面的问题。

六、需提供的申报材料

申报单位或申报人需提供以下材料：

（一）《江苏省高层次创新创业人才引进计划申报书》，其中自主创业人才填报A类申报书，企业引进人才填报B类申报书。

（二）引进或意向引进人才的身份证明(身份证或护照)、学历(学位)证书、职称、资质证明（证书）、在原单位担任重要岗位职务的证明和其他有关工作经历、资历的证明材料。

（三）专利等知识产权证书及所属权证明。反映人才能力、业绩的其他相关证明材料。

（四）创新创业计划书。

（五）已创（领）办企业人才需提供企业的营业执照、会（审）计事务所的验资证明、公司章程、2009年度财务报表；已到我省工作的企业引进人才需提供与引进企业签订的劳动合同或引进协议、知识产权权属证明及使用协议书、薪酬或股权证明等。

申报材料中的各类证书、证明、合同、报表等材料在网上申报时须提供原件的扫描文件或数码照片，并将申报书打印后与其他所有材料的复印件合订成册，一式二份交各市人才办。

突出环保优先实现绿色可持续发展

江苏在全国最早提出了“环保优先”的口号，并且把环保优先与富民优先、科教优先和节约优先一起列为“十一五”发展规划的方针。2007年5月，太湖蓝藻引发江苏无锡200万人口饮用水危机，震惊全国。痛定思痛，江苏省提出要从多年的重点发展整体上转入优化发展的战略抉择，彻底摆脱旧的发展模式，走出一条富有中国特色、体现江苏特点的现代化之路。

太湖治理拉开江苏转变方式序幕

2008年8月，财政部、环保部和江苏省政府联合在无锡市进行太湖流域主要水污染物排污权有偿使用和交易试点。在此过程中，江苏铁腕关停沿湖37个排污口，23条主要入湖河道沿岸170个排污口被强制封堵。2010年，该省将围绕“两个确保，一个下降，一个改善”（确保饮用水安全、确保太湖水体不发生大面积水质黑臭、流域主要污染物排放量下降、水质继续得到改善）年度治太目标，把加快转变经济发展方式作为太湖治理的根本保证，铁腕治污，科学治太，强化监测预警、调水引流、蓝藻打捞、“湖泛”防控、生态清淤等措施，确保居民饮用水安全。

太湖治理只是江苏转变经济发展方式、走绿色可持续发展的突破口和缩影。近年来，江苏坚持环保优先方针不动摇，加快探索环境友好型和资源节约型发展道路。2008年8月，江苏省颁布了《关于进一步加强节能减排促进可持续发展的意见》，提出要优化经济结构、工业结构和能源结构，推进节能改造、太湖水污染治理、减排治污、循环经济示范、全社会节能减排系统五大工程。在实践中，江苏省节能减排形成了“一激励、四突出”的工作局面。

所谓“一激励”，就是实行“以奖代补”调动减排积极性。从2008年起省级财政每年安排20亿元、太湖流域各市县每年从新增财政中划出10%的资金专项用于太湖治理，同时省财政设立了每年两亿元的节能减排专项引导资金，根据SO_2和COD减排量等环境绩效对重点减排工程给予奖励。

所谓“四突出”，就是设施建设、工程建设、结构调整和监督管理“重拳”齐下。第一，突出抓好污水处理厂建设，重点围绕太湖、淮河流域水污染治理，重点实施城镇污水处理厂和配套管网建设。第二，突出推进火电脱硫工程建设。第三，突出产业结构调整削减存量控制增量，将产业结构“调轻、调高、调优”作为污染减排的突破口，将建设项目环评审批与污染减排紧密挂钩。第四，突出加强环境监督管理，全省开展“六查一提高”环境执法专项行动，并按照“专家进驻诊断指导、污染治理一厂一策、废水处理一厂一管”的模式，对重点化工园区开展专项整治。

通过以上几项工作，江苏省节能减排工作取得显著成效。“十一五”以来，江苏省成为全国唯一连续三年完成总量减排指标的省份，并在保增长成为重中之重的2009年完成减排指标，着实不易，确有独到之处。

“转型”与“转行”、“腾笼换鸟”与“化鸟为凤”

在转变经济发展方式中，如何处理好“转型”与“转行”、“腾笼换鸟”与“化鸟为凤”的关系，这是推动产业结构优化升级中必须认真思考的问题。不久前，作为江苏省委机关报的《新华日报》发表评论，谈到该省的转型发展时就强调，实施“腾笼换鸟”，转出原有产业，引进新兴产业，是许多地方推进转型升级的重要经验。然而，转型也要防止“模式化”和“简单化”，防止把“转型”等同于“转行”，防止只重视“腾笼换鸟”而忽略“化鸟为凤”。对企业和地区而言，必须正确处理“转行”与“升级”的关系，宜“转”则“转”，宜“升”则“升”。如果为了赶时髦或面子好看，一味地逐“新”废“旧”，盲目摒弃旧产业，更换新产业，甚至大言“出口加工企业每天倒10家都不怕，因为正好腾出空间发展现代服务业”，这是对转型的误读。

文章说，经济转型有“产业链内升级”和“产业链外升级”两种模式。前者是指在产业链内部，由技术、附加值、利润都很低的低端环节向相对较高的高端环节演进的转型，着眼点在于“升”。典型案例是以宏基为代表的台湾计算机电子产业由贴牌生产(OEM)向代为设计并生产(ODM)、品牌制造(OBM)的成功转型。“产业链外升级”，是指由原有的、以低端产业为主导的产业链向新兴的、以高端产业为主导的产业链的升级，着眼点在于“转”。新加坡的主导产业先后历经纺织、电子、炼油、金融、高科技企业和生命科学的嬗变，即是这种转型的代表。

推动江苏经济转型升级，是选择“产业链外升级”，还是“产业链内升级”？诚然，如果能够成功“腾笼换鸟”，把传统产业置换为附加值高的高端产业，这当然好。近年来，无锡超越苏南模式和代工模式，致力于新能源、集成电路、传感网等新兴产业，去年实现高新技术产业产值4779亿元，高新产业增加值占规模以上工业增加值比重达43.6%，“产业链外升级”初露峥嵘。这种成功转型得益于无锡良好的产业和经济基础以及持之以恒的引才计划。事实上，发展高端产业要有一定的产业和经济基础，需要高端技术和大批高端人才，缺乏足够的人才和技术储备，发展高端产业只能是望梅止渴。即便勉强引进一些“高端产业”，可能也只是高端产业的制造加工等低端环节，未能跳出价值链底端的“宿命”。

推动转型升级，可以“腾出坑来种新树”，也可以“化鸟为凤”，帮助原有产业中具有升级潜力的企业实现“产业链内升级”，选择何种方式，要根据地区和企业的产业发展实际。20世纪末以来，江苏抓住了发达国家制造产业转移机遇，出口加工企业迅猛发展。

但是，由于很多企业处于产业链底端，利润率很低，如果能够鼓励、支持一些有条件的企业像宏基、现代等一样，实施“产业链内升级”，由代工生产逐步升级到生产设计并存直至研发设计、品牌营销等高端环节，一方面，企业实现了“小鸡变凤凰”的转型，另一方面，地区经济结构也将因为设计、营销、金融服务等大批生产性服务业企业的出现，而在“不露声色”中实现“凤凰涅槃”，最终形成制造业催生服务业、服务业优化制造业的良性循环局面。

文章最后指出，企业实现“产业链内升级”，离不开地方正确而有力的政策支持。对地方而言，首先应该“认识自己”，审视原有产业中哪些需要“腾笼换鸟”，哪些可以“原地升级”，而不是一味地盲目“求新”。对于那些有升级潜力的产业和企业，应该及时实施积极有效的产业、科技、人才政策扶持，帮助企业实现升级。最近，江苏省制定出台了“三大计划”，强调新兴产业倍增、服务业提速的同时也要实现传统产业的升级，这表明实现经济转型，需要“转行”发展新兴产业，也要升级传统产业。它也进一步提示我们，要辩证地看待转型升级，超越“转行”谋转型，以正确的路径实现产业结构优化升级。

南北共建、沿海开发促进区域协调发展

江苏省在地域上分为苏南、苏中、苏北三大板块，经济发展南北梯级差异明显是该省的一个基本省情。为了促进区域协调发展，江苏省早在2001年就提出了“苏南提升、苏中崛起、苏北振兴”的区域协调发展战略。从20世纪90年代起，江苏省就建立了“五方挂钩”的帮扶制度，并取得了很好的成效；进入新世纪，又建立起财政、产业、科技、劳动力“四项转移”制度。这两项制度，都是为了加快苏北发展、引导南北合作、实现互利共赢。2005年，江苏省出台了《加快苏北振兴的意见》，对苏北地区坚持多予、少取、放活，由以扶持输血为主转向激活内生造血机制为主。目前，南北差距拉大的趋势得到扭转，苏北主要经济指标增速连续多年超过全省平均水平。

在产业转移方面，2005年7月江苏省出台《关于加快南北产业转移的意见》，推出一系列扶持南北产业转移的政策措施，对投资开发区基础设施的苏南投资者实行奖励政策，并对重大南北产业转移项目，产业转移企业缴纳的流转税、所得税按财政体制属当地留成部分，在南北合作的地方政府之间实行

利益分成，办法由双方政府协商。2009年，江苏省境内外累计向苏北转移500万元以上产业项目2051个，总投资1454亿元，苏北实际引资778亿元。在产业转移过程中，特别引人注目的就是南北共建开发区的模式，曾得到国家发改委的充分肯定。2006年7月，苏北发展协调小组提出，要鼓励苏南开发区与苏北开发区紧密挂钩，更大力度地推进产业转移。同年9月，江苏省专门出台了《关于支持南北挂钩共建苏北开发区政策措施》，决定让苏南10个县（市、区）在苏北跨区域挂钩建设10个开发区，并出台了支持南北挂钩共建苏北开发区政策措施。共建园区的管理体制以苏南为主，苏北侧重提供良好外部环境。苏南在10年内不从开发区拿走一分钱，所有利润用于滚动发展。截至2009年4月底，苏南苏北共建开发园区已达20家。

在财政转移方面，江苏省出台多项优惠政策支持苏北发展，其中包括：转移支付方面，省财政对苏北5市安排财政体制调整转移支付和农村税费改革转移以及农村中小学教师和乡镇公务员省津补贴转移支付；社会保障方面，省财政对下岗再就业、企业退休人员养老金、医疗补助、城市低保、农村低保、农村卫生投入等多方面给予扶持；以“以奖代补”形式，安排资金扶持经济薄弱地区实行有线电视进村入户工程。2009年，江苏省财政各类转移支付补助总额达到415.1亿元。

在科技转移方面，江苏省探索出10个“结合”办法促进科技资源向苏北转移，即：结合苏北星火产业开发带建设，接受科技转移；结合重点领域自主创新能力培育，接受科技转移；结合产学研联合，接受科技转移；结合创新服务体系建设，接受科技转移；结合各级科技计划实施，接受科技转移；结合农业科技进步，接受科技转移；结合南北挂钩合作，接受科技转移；结合高新技术培育，接受科技转移；结合知识产权工作，接受科技转移；结合国际科技合作，接受科技转移。2009年，该省有关部门在苏北地区组织实施省级以上科技计划项目502个，省级科技投入3.43亿元，项目总投入42.7亿元。

在劳动力转移方面，江苏省探索出了劳务输出南北挂钩协作机制，积极引导苏南、苏北对口挂钩地区把省辖市之间的协作拓展为县区之间的协作，并部分实现乡际对接。2009年，苏北五市实现城镇新增就业35.3万人，新增农村劳动力转移1.83万人，苏南新增吸纳苏北农村劳动力14.55万人，对口挂钩交流劳动力7.44万人，为苏北地区培训农村劳动力27.82万人，省下拨苏北地区劳动力培训补助资金1.4亿元。

2009年6月，江苏沿海开发正式纳入国家战略，这将成为江苏区域协调发展的新“引擎”，激活长期作为“经济洼地”的苏北地区崛起的雄心。江苏沿海开发的战略定位是建设大港口、培育大产业、滩涂大开发、联动大发展。具体部署是：建设大港口，就是集中力量构建以连云港港为核心的沿海港口群；培育大产业，就是以重大项目为载体，以招商引资为抓手，以先进制造业、生产服务业为重点，加快建设我国船舶修造产业基地、新能源及装备制造基地和现代物流基地；滩涂大开发，就是科学开发利用沿海滩涂资源，抓紧实施百万亩滩涂围垦综合开发试验区工程；联动大发展，就是放大沿海开发效应，支持苏北苏中经济腹地借船出海、借力发展，鼓励苏南利用沿海发展空间加快结构调整、经济转型。

深化"苏南模式"开拓江苏特色的新农村建设之路

20世纪80年代，江苏省苏南农村广大干部群众从当地的区位特点出发，创新思路，大力发展乡镇企业，创造了"以工补农"、"以工建农"全面振兴农村经济的"苏南模式"。到了20世纪90年代中后期，随着市场经济的逐步深入，工业化进程加快推进，苏南经济发达的县（市）农村工业与城市工业逐渐由城乡分割走向城乡联动发展。一些县（市）突破就农村内部协调农工矛盾的局限，转向依托城市、按照城乡一体的发展思路统筹协调县（市）域范围内的农工矛盾，较早地接受"跳出农村抓农业"、"三农"问题"农外"抓的工作思路，在城乡统筹上率先而主动。

在中央作出扎实推进社会主义新农村建设的战略决策后，江苏在统筹城乡发展的思路下，提出以"三

相关链接

江苏加快农业发展六个转型升级

2009年，江苏粮食产量实现新中国成立以来首次连续六年增产，全省农民收入连续五年保持两位数增长。为继续保持农业增长、增效、增收，目前江苏省正在推进农业六个转型升级，将进一步加快江苏农业发展方式的转变。

转型方向	做法
农业增长动力由主要依靠土地、农资消耗，向更加依赖科技和资本驱动转型升级	加大农业科技和资本投入力度，加强农业科技创新体系、农业技术推广体系和农民教育培训体系建设，大力推广应用农业新品种、新技术、新模式，大力推进农科教、产学研结合，实施农业科研教学单位挂县强农富民工程，推进农业科技创新，提高农业核心竞争力
农业生产方式由主要依赖自然生产、活劳动投入，向更加注重可控的设施生产和机械化转型升级	把设施农业和农业机械化作为发展现代农业的重要突破口，大幅度提高土地产出率和劳动生产率。为加快推进主要农作物种植机械化，江苏农机购置补贴力度是全国较大的省份，2009年，全省用于农机购置补贴金的投入达8亿元
农业经营主体由兼业化的小农户，向专业化的现代农业市场主体和职业农民转型升级	加强职业农民培训，加快改造传统小农经营主体，大力发展农民合作经济组织、家庭农场、专业种养大户、龙头企业等新型市场主体，促进分工分业，提高专业化生产经营水平，增强市场竞争能力
农业经营方式由分散经营，向适度规模经营转型升级	以高产增效创建万亩示范片建设为抓手，大力开展专业化服务，积极推进土地流转，形成了土地集中经营、合作经营、统一服务型三种形式的适度规模经营模式，探索了粮食适度规模经营的新路子
农业产业功能由以农产品生产为主，向生产、生活、生态多功能并重转型升级	积极开发农业功能，创新农业经营业态，大力发展集生产、经济、生态、文化、休闲、观光于一体的新型农业，实现经济效益、生态效益和社会效益的有机统一
农业发展内涵由注重一产，向农业的一产、二产、三产协调发展转型升级	着力做强一产，提高土地单位面积产出效益；做大二产，发展农产品精深加工，提高附加值；做活三产，突破农产品流通，拓展农业功能，实现农业功能由生产向生产、生活、生态转变

化”带“三农”（以工业化致富农民、以城市化带动农村、以产业化提升农业），作出了扎实抓好高效农业规模化工程、500万农民转移工程、百万农民培训工程、城乡规划全覆盖工程、农村道路通达工程、农村“三清”工程、农民健康工程、农村文体工程、农村社会保障工程、“千村万户帮扶”工程等“十大工程”的重要部署，加强以工哺农、以城带乡的工作力度，纵深开拓具有江苏特色的新农村建设之路。

在实施“十大工程”特别是发展高效农业和现代农业过程中，江苏各地针对建立新型合作组织和农村土地流转的机制难点，积极进行以制度创新突破体制瓶颈的探索。近年来，江苏省积极鼓励农民创办农民专业合作组织、社区股份合作社和土地股份合作社，到2008年6月底，全省三类合作组织总数达1.16万个，带动农户522.3万户。随着“三大合作”的快速发展，劳务合作、富民物业合作、资金互助合作的“新三大合作”也蓬勃发展起来，不仅为农村服务业发展的新问题，也为农民开辟了就业和增收新渠道。其中，劳务合作社，让失地农民找到增收新途径，失地农民都可成为社员；富民物业合作可以把农民闲置资产盘活；资金互助合作则主要为借贷难解燃眉之急。

最值得一提的是，江苏省把改善民生作为新农村建设的重点，从农村最紧迫、农民最需要的事情做起，从2003年开始实施了卫生改水、草危房改造、乡村道路建设、建立新型农村合作医疗制度、减轻农民负担“农村五件实事”。为适应社会主义新农村建设的新要求，从2006年起，江苏省提出实施农村新五件实事，即：农村道路通达工程、农村教育培训工程、农民健康工程、农村环境整治工程和农村文化建设工程。在兴办农村两轮实事基础上，从2009年起，江苏省又启动新一轮农村实事工程，从原来的五件实事增加到六件，包括农村人才工程、农民健康工程、为农服务工程、农村文化工程、农村环境工程、脱贫攻坚工程，规划到2012年完成。

江苏区域创新能力何以跃居全国第一

江苏科学发展战略方针和实施路径

党的十六大以来，江苏省不断完善推进科学发展的战略思路和实施路径，形成了“一个统领、两个率先、三个发展、四个优先、五个载体、六个更加注重”的发展方略。

江苏科学发展战略路径

一个统领	以科学发展观统领全局
两个率先	率先全面建成小康社会，率先基本实现现代化
三个发展	率先发展、科学发展、和谐发展
四个优先	富民优先、科教优先、环保优先、节约优先
五个载体	法治江苏、平安江苏、文化江苏、诚信江苏、绿色江苏
六个更加注重	更加注重增强发展协调性，更加注重提高自主创新能力，更加注重改善民生，更加注重扩大人民主，更加注重文化建设，更加注重建设生态文明

江苏正处于经济转型升级的关键时期，加快转变经济发展方式是刻不容缓的战略任务。回顾江苏改革开放以来的发展历程，20世纪80年代，通过大力发展乡镇企业，加快了工业化进程；90年代以扩大对外开放为动力，推动了开放型经济大发展；目前正在经历的第三次转型，核心是发展创新型经济，突出依靠科技进步、劳动者素质提高和管理创新，推动经济大省向经济强省跨越，着力点是推进“三个转变”：经济发展由主要依靠物质资源消耗向创新驱动转变、粗放式增长向集约型发展转变、城乡二元结构向城乡发展一体化转变。

近几年来，江苏以调优调高调强为取向，坚持不懈地调结构抓创新促转型，在大规模改造提升传统产业的同时，大力发展新能源、生物技术和新医药、新材料、节能环保、软件和服务外包、物联网等六大新兴产业。发展新兴产业与推进自主创新紧密结合，集中力量突破一批关键核心技术，加快转化一批重大科技成果，培育壮大一批特色产业基地，以自主创新推动产业优化升级，形成新兴产业先发优势。2009年在国际金融危机的严重冲击下，新兴产业逆势上扬，成为经济增长的突出亮点，六大新兴产业销售收入增长26%以上，其中太阳能光伏电池产量占全球的20%以上、全国的60%以上，光伏技术处于国际领先水平。目前正在实施“新兴产业倍增计划”，经过三年努力，新兴产业占工业的比重提高到30%左右，成为全省经济的支柱产业和主要增长点。

“把发展创新型经济作为主攻方向，把调结构抓创新促转型作为工作主线”。江苏这一发展思路，受到党中央、国务院领导同志的充分肯定。5月26日，《人民日报》在头版头条位置刊登了《创新型经济引领江苏发展》的报道，并发表江苏省委书记梁保华《以创新驱动经济转型升级》的署名文章，就江苏抢占后金融危机时期发展制高点、以创新驱动经济转型升级进行了重点报道和介绍。

《人民日报》的报道说，转变经济发展方式抓得越早、越紧、越实，就越能打开新局面，赢得发展新优势！在连续18年实现两位数增长、人均GDP接近6500美元的关键阶段，经济总量居全国第二的江苏坚定踏上创新型经济之路，力求继续保持综合竞争优势，推进经济社会发展再上新台阶。

从美国“硅谷”到太湖“慧谷”

工业化、城市化、国际化，曾是江苏跨越发展的三大动力。如今，又多了一个“引擎”。那就是科技创新。精明的江苏人深知，没有创新，就没有未来；没有自主创新的技术能力，就不会有操之于己的战略产业。如今，江苏新能源、生物技术和新医药、新材料、节能环保、软件和服务外包、传感网等六大战略性新兴产业茁壮成长，2009年销售收入超过1.5万亿元。

从概念到行动，不过一年半载，传感网已成为无锡人生活中熟悉的部分。2010年4月，一份《物联网产业发展研究（2010）》报告，为我们描绘了一幅动人的前景：从现在起到2020年的10年里，中国物联网产业将经历应用创新、技术创新、服务创新三个关键的发展阶段，成长为规模超过5万亿元的巨大产业。

迄今，苏州“光谷”、无锡“太阳谷”、常州“轨交谷”、扬州“智谷”……都已基本形成较为完整的产业链。江苏太阳能电池产量已占全国的65%、全球的22%，风电设备关键零部件国内市场占有率超过50%，软件销售收入占全国的17.3%。

“当时若不登高望，谁信东流海洋深。”从模糊到清晰，从分散到集聚，以高科技支撑的新兴产业，对江苏整个经济的转型升级起到关键性的突破作用。在这些“成功故事”的背后，是核心关键技术人才的引进。

2006年起，江苏在全国率先设立“高层次创业创新人才引进计划”，投入专项资金20亿元，引进各类高层次人才6000多名、创新团队840多个，其中相当一部分拥有自主知识产权成果。为将“投资冲

相关链接

江苏考核开发区集约用地水平

近年来，各地开发区的建设如火如荼，已成为带动地方经济发展的火车头。而随着经济发展，土地等资源的供需矛盾日益紧张，推进产业结构升级和土地节约集约利用，提升单位土地面积的效益，各地都在积极探索。今年5月，江苏首次评审的“新型工业化示范基地”名单出炉，泰州医药高新技术产业开发区等20家开发区和产业集聚区名列其中。

此前，江苏省将集约用地作为“新型工业化示范基地”一项重要考核指标。明确要求“工业园区单位土地平均投资强度每亩200万元以上、平均产值每亩200万元以上，产业集聚区内研发投入占销售收入比重不低于2%……”这次获得“新型工业化示范基地”称号的南京软件园，2009年单位土地平均投资强度达到了每亩400万元，平均产出达到了每亩787万元，研发投入占销售收入的比重高达8.51%。

江苏共有各类开发区137家，其中国家级开发区31家，省级开发区106家，目前已成为新型工业化的重要载体。如何进一步提高开发区土地集约利用水平，提高产品附加值，加快向产业高端攀升，江苏省委、省政府提出了明确的要求，要求各类开发园区充分发挥集约用地的示范作用，以集约发展提升竞争力，推进产业集聚、企业集群、资源集约利用，进一步提高投入产出率、劳动生产率、资源能源利用率。江苏省将土地利用方式转变作为促进转变经济发展方式的重点，通过开展“新型工业化示范基地”评审，将新型工业化的内涵具体化，提升经济集约发展水平，提升产业竞争力。

据悉，江苏省对“新型工业化示范基地”集约用地等方面指标每三年进行一次复核，不合格的将撤销称号、发布公告并摘牌。国土资源部认为，江苏评审“新型工业化示范基地”，把土地的集约利用水平作为重要指标，为全省开发区、产业的健康科学发展指明了方向，对土地资源节约集约利用水平的提高大有裨益。

动”转化为“创新冲动”，专为高新技术企业准备的“省长基金”，从2003年的3.5亿元增至现在的10多亿元，全国领先；2009年，江苏全社会科技研发投入达680亿元，占地区生产总值的2%。

如今，江苏各地政、产、学、研“四位一体”合作模式风生水起，为高端人才、创业团队的研发和产业化提供了“全过程、全覆盖”的平台，为汇聚国内外科技资源开辟了诱人的舞台。

2009年，江苏新建各类科技产业园和科技企业孵化器200家，省级以上科技平台已超过900家。16个国家和省级高新园区，集中了全省40%的高新技术产业产值，90%以上的战略性新兴产业。

从招商引资，到招商选资，再到招才引智；从4年前提出大力发展新能源、新医药、新材料、环保等新兴产业，到去年8月确定“六大战略性新兴产业”，再到今年实施“新兴产业倍增计划”，江苏出手快、步伐稳，先发优势正迅速转化为特色优势。

“硅谷”铸就了互联网的辉煌，“慧谷”可否滋润传感网的成长？眼下，尚没有人能够肯定回答。但青年才俊从世界各地络绎而来，不为别的，只因为这是一片创业创新的热土。

目前，无锡已成为“国家传感网工程技术中心”，但这不在于其先人一步，而在于人家望而却步。培育周期较长的新兴产业，属于“勇敢者的游戏”，风险不言而喻；正是这种锲而不舍的创新意识，打破了阻碍发展的“坛坛罐罐”；正是这种昂扬奋进的精神状态，推动了新一轮转型升级。这是“江苏版”发展经济学。

以创新驱动经济转型升级

江苏省委书记梁保华认为，江苏正处于经济转型升级的关键时期，加快转变经济发展方式是刻不容缓的战略任务。回顾江苏改革开放以来的发展历程，20世纪80年代，通过大力发展乡镇企业，加快了工业化进程；90年代以扩大对外开放为动力，推动了开放型经济大发展；目前正在经历的第三次转型，核心是发展创新型经济，突出依靠科技进步、劳动者素质提高和管理创新，推动经济大省向经济强省跨越，着力点是推进“三个转变”：经济发展由主要依靠物质资源消耗向创新驱动转变、粗放式增长向集约型发展转变、城乡二元结构向城乡发展一体化转变。

近几年来，江苏以调优调高调强为取向，坚持不懈地调结构抓创新促转型，在大规模改造提升传统产业的同时，大力发展新能源、生物技术和新医药、新材料、节能环保、软件和服务外包、物联网等六大新兴产业。发展新兴产业与推进自主创新紧密结合，集中力量突破一批关键核心技术，加快转化一批重大科技成果，培育壮大一批特色产业基地，以自主创新推动产业优化升级，形成新兴产业先发优势。去年在国际金融危机的严重冲击下，新兴产业逆势上扬，成为经济增长的突出亮点，六大新兴产业销售收入增长26%以上，其中太阳能光伏电池产量占全球的20%以上、全国的60%以上，光伏技术处于国际领先水平。目前正在实施“新兴产业倍增计划”，经过三年努力，新兴产业占工业的比重提高到30%左右，成为全省经济的支柱产业和主要增长点。

自主创新是经济转型升级的主要驱动力。江苏以培育自主知识产权、自主品牌和创新型企业为重点，大力推进自主创新，大幅提高科技进步对经济增长的贡献率。突出抓好四个重点：一是大幅度增加科技投入，完善多元化投入机制，近两年全省各级政府科技投入年均增长20%以上，去年全省研发投入占GDP比重突破2%；二是推进产学研更加紧密结合，省财政设立科技成果转化专项资金，每年达到10亿元，“十一五”以来累计实施产学研项目20880个，一大批科技成果转化项目成为新的增长点；三是加大技术引进与消化吸收再创新力度，把开放优势转化为创新优势；四是加强创新载体和服务平台建设，着力打造技术公共服务、技术成果交易、创新创业融资服务和社会化人才服务“四大平台”。去年全省专利申请量达到17.4万件、授权量达到8.7万件，同比分别增长36.2%和95.7%，是全国最多的省份之一，区域创新能力由全国第四位上升到第一位。我们以开展国家技术创新工程试点省份工作为契机，加快完善技术创新体系，着力培育更多的自主知识产权和自主品牌，促进更多的科技成果转化为现实生产力，使更多的“江苏制造”转变为“江苏创造”。

发展创新型经济，推进经济转型升级，关键靠人才，基础在教育。江苏坚定不移地把科教兴省、人才强省作为经济社会发展的主战略，坚持人才优先发展，大幅度增加人才队伍建设投入，大规模培养培训人才，大力度引进高层次人才特别是领军人才和创新创业团队，以人才高地的建设带动产业高地、创新高地的建设。全省基本普及了高中阶段教育，高等教育毛入学率达到40%，现有高校122所、在校大学生177万，是大学、大学生最多的省份。各级都设立人才引进专项资金，近两年新增硕士和副高职称以上人才62438名，引进高层次创新创业团队1980个。

新兴产业倍增、服务业提速、传统产业升级“三大计划”启动

新兴产业方兴未艾，但还不是撼不动的大树。迄今，江苏传统产业仍占70%左右的份额，纺织服装、冶金、轻工、建材四大支柱行业规模分别位居全国第一、二、三、四位。“喜新不厌旧”，依然是江苏的现实选择。

在江苏人眼里，只有“夕阳技术”，没有“夕阳产业”。大量的传统产业在新技术的影响下，再次显示出成长期或成熟期的特征；即便是传统的纺织服装业，以高级面料做成的品牌西装也能卖出万元以上的价格。

今年4月，在全省加快转变经济发展方式工作会议上，江苏省委书记梁保华明确提出，“培育更多规模大、实力强、具有核心竞争力的行业排头兵”。

在制造业基础深厚的南京，传统企业正进军先进制造业领域。南京高精传动设备制造集团原为南京高速齿轮箱厂，专业生产高速重载齿轮传动设备。经过多年的技术创新和高起点投入，这家大型企业已经成为国内风电装备制造的领军企业。

逼上梁山，才能做成好汉。“江都造”的活力，是江苏以“存量调整”的思路和手段，靠技术进步

改造提升传统产业、继续保持竞争优势的一个样本。在产业细分领域里，大口径无缝钢管制造基地、高电压试验设备制造基地以及单体最大的造船基地……江都在全国独占鳌头。

而在江苏最大工业企业沙钢，总投资18亿元的“第一高炉”，炼钢容量居全球之首，技术含量世界最高；其另一座“高炉”——投入8亿多元建立的钢铁研究院，对于乡镇小厂发展成为国内唯一跻身世界500强的民营企业，更加功不可没。

产品由麻绳到钢缆、由钢缆到光缆，企业从小作坊演变为全国金属制品行业的龙头老大、光通信产业的佼佼者，“江阴法尔胜”精彩演绎的“绳子”传奇，历经的正是不懈的技术创新。

朝高端发展，向两端延伸，将设计、营销掌握在手中，把处于“微笑曲线”底部的低附加值制造环节转移出去，这是制造业进入“以质取胜”时代，江苏对传统产业进行适应性调整、重塑优势的关键路径。

“产业竞争力，企业竞争力，归根结底是看谁的自主创新能力强，产业层次高。”南京市市长季建业认为，谁拥有核心技术和自主品牌，谁的抗风险能力就强，受到的冲击就小。

如今，江苏依托把发展创新型经济作为主攻方向，把调结构抓创新促转型作为工作主线这一思路，积极抢占后金融危机时期发展制高点，紧紧扣住省情，江苏重点实施新兴产业倍增、服务业提速、传统产业升级“三大计划”，为此已出台一系列相关政策性文件。

新兴产业倍增计划。2009年，江苏区域创新能力首次跃居全国第一。当年全社会科技研发投入占GDP的比重达2%，基本达到创新型国家投入水平；科技进步贡献率已达52.3%。新能源、生物技术和新医药、新材料、节能环保、软件和服务外包、传感网等六大战略性新兴产业茁壮成长，占全部工业销售收入的21%。

“新兴产业倍增计划”，正是着眼新兴产业发展的高成长性，基于江苏新兴产业发展先行一步、初具规模的现实比较优势。其目标是六大新兴产业今后3年销售收入翻一番，超过3万亿元，占全省工业比重升至30%左右，成为江苏经济的支柱产业和主要增长点。

“只有在自主创新上实现突破，才能在转变经济发展方式中取得实质性进展。”江苏省长罗志军表示，江苏将加快建立技术创新体系，高水平建设创新载体和服务平台，重点支持企业培育自主知识产权和自主品牌。目前，江苏16个国家级和省级高新园区集聚了全省40%的高新技术产值。

服务业倍增计划。“十一五”期间，江苏服务业份额逐渐增大，人均增加值已由2004年的7006元增至2009年的17603元，绝对数和年增幅均高于全国平均水平。但相对于江苏制造业比重大、发展快的态势，与创新型经济发展要求比照，服务业增速仍不相适应。

差距就是潜力，就是增长空间。“服务业提速计划”提出：投资增长高于全社会固定资产投资增长，增速高于GDP增速，增加值占GDP比重每年提升1个百分点以上，力争3年提高5个百分点。在去年试点基础上，江苏将以国际协作的方式，实施持续3年的千人合作培训计划，将全省服务业管理人员与企业高管轮训一遍。

改造传统产业。如果说加快发展新兴产业，是为了抢占新一轮产业竞争的制高点，那么提升改造传统产业，则是通过存量调整，继续保持传统产业的优势地位。按照“传统产业升级计划”，未来3年江苏将累计完成技改投入15200亿元，全员劳动生产率每年提高11%以上，新培育江苏名牌产品680个。

目前，江苏传统产业仍占70%左右的比重，而列入“升级计划”的纺织服装、冶金、轻工、建材四大行业，规模均居全国前列。业内人士分析，选择优势产业作为升级重点，切合江苏产业发展实际和转型需要。当地多位经济专家表示，江苏实施“三大计划”，体现了全省上下加快转变经济发展方式的紧迫感，对江苏未来发展极具引领作用。

相关链接

江苏“百亿俱乐部”数量全国第一

超大规模企业，历来是衡量一个国家和地区经济实力的重要指标。江苏省经信委联合国家统计局江苏调查总队、江苏省统计局透露，过去5年，江苏省超百亿元企业从44家猛增到102家，数量位居全国之首。此间专家分析认为，“百亿俱乐部”成员激增，表明江苏正在奏响从经济大省迈向经济强省的激昂进行曲。

数量对比：5年前44家，5年后102家

盘点榜单，江苏百强企业的平均营业收入由2008年的224.66亿元提高至2009年的242.64亿元。200亿元以上37家，较上年增加6家，超500亿元的有10家，较上年增加1家。江苏电力公司、沙钢集团、苏宁电器位居前三，营业收入均超千亿元。

5年增加58家，这与江苏省实施的大企业大集团战略分不开。省经信委主任陈震宁说，向重点企业倾斜要素保障、项目审批、财税政策外，推进兼并重组是重要途径。沙钢与淮钢联合重组等一批兼并重组成功案例，在业内外产生了较大影响，通过兼并重组，企业结构、产品结构得到优化，市场竞争力进一步增强。同时，也与企业的自主创新息息相关。位居榜单89位的海力士—恒忆半导体有限公司，采用世界最先进的54纳米生产技术，已成为我国最大的半导体生产基地。

营业收入大幅增长，企业家底也更加殷实。2009年，百强企业拥有资产总额超过2.3万亿元，同比增长24.3%。其中，14家企业资产规模超300亿元，增加3家。江苏银行、南京国有资产投资管理控股公司、江苏交通控股、江苏电力公司和沙钢集团的资产总额居前五名。

面对去年复杂的经济形势，江苏企业保持了平稳较快运行。2009年，百强企业实现利润总额1326.02亿元，同比增长29.1%，利润增幅高于营业收入增幅20个百分点。百强企业实现利税总额2160.12亿元，同比增长11.2%。

同时发布的百强民营企业榜单显示，38家民营企业进入“百亿俱乐部”，较上年增加4家，提高近一成，国有及集体控股企业、外资企业分别为37家和25家，与民营企业形成三足鼎立的格局。

产业之变：服务业百亿企业超过1/4

细看榜单，今年的百亿企业主要分布在商贸流通、装备制造、电子信息、冶金、石油化工、食品轻工、纺织服装和建筑工程等江苏省优势产业领域。百强民营企业中，69家是制造业企业，此外，房地产建筑业、批发零售业、软件业分别占24家、6家和1家，成为百强民企的新生力量。

今年“百亿俱乐部”的新成员中，除了镇江奇美达、金东纸业等传统产业类企业外，还有熔盛重工等江苏省重点鼓励发展的船舶类企业，以及承担世博会中国航天馆建设重任的南通四建。

服务业呈现多元化发展，是今年榜单的一大亮点。入围的27家服务业企业，既包括传统的批发零售、公共服务类，如金鹰集团、五星电器、文峰集团，也有金融服务、投资管理、出版传媒等，如国信集团。

传统优势产业和服务业的迅速发展固然惹眼，新兴产业的发展可圈可点。位居榜单36位的无锡尚德营业收入突破200亿元。位居33位的兴澄特钢去年花半年时间完成了别人需7年才能完成的钢帘线钢研发，批量供应米其林等世界知名企业，产品质量已赶超日本同类产品。

未来发展：百亿企业数今年再增一成

2010年江苏省“百亿俱乐部”力争扩容至115家，比2009年增加13家。

专家指出，要让大企业在江苏经济发展中发挥更大的作用，必须充分发挥制度创新、技术创新和管理创新的活力，进一步实施重大战略性资产重组，以“强强联合”为突破口，通过“企业主动、政府推动、政策助动、各方联动”，迅速形成一批有较大影响力和竞争力，对全省经济发展具有很强带动力的大企业。省经信委有关负责人透露，目前江苏省正在推动部分大企业实施战略重组。

同时，今年江苏省将建立“百亿规模企业”服务绿色通道，在投资项目、兼并重组、信贷融资、市场开拓上给予全程跟踪和超前服务，并率先在大企业开展“两化融合”试点示范。与此同时，重点为大企业、百亿后备企业和行业龙头企业培养一批高层次复合型后备人才。今年开始，全省将重点培育100家管理创新示范企业，推进大企业管理现代化。

“推动工业企业转型升级，走集约化发展之路，也是今后大企业大集团战略的重点。”有关人士介绍说，2009年，70家工业企业进入“百亿俱乐部”，“论企业个数，仅占全省规模以上工业企业数的0.12%，营业收入、利税总额、总资产却分别占全省规模以上工业企业的两成以上”。

地标之五：黄蓝相间双新驱动的“彩色山东”

山东是名副其实的经济大省，GDP多年来居全国第二位，但2009年GDP在超3.5万亿元的情况下，退居第三位。省长姜大明在全国两会期间接受媒体采访时表示，山东不注重排名，而要把转方式调结构作为今年工作的重点，力求在转方式调结构上有新突破。为此，山东积极主动将本区域的发展与国家战略相对接，抢占区域、产业和城乡发展的战略制高点，为转型发展奠定了坚实基础。

以黄蓝战略抢占区域发展的制高点

山东半岛是我国最大的半岛，有3000多公里的海岸线，海洋资源丰富，海洋科技力量雄厚。国家信息中心首席经济师范剑平认为，无论从资源还是研发方面，山东具备发展海洋经济的领先优势。继山东半岛蓝色经济区总体规划及26个专项规划的编制初步完成之后，山东正积极争取纳入国家发展战略和“十二五”规划，力图将海洋优势转变为发展优势。

山东是沿海大省、陆海复合区域和重要对外合作发展区。近年来，山东按照国家的总体部署和要求，将重点区域带动战略作为转方式调结构的突破口，积极主动地推进黄河三角洲高效生态经济区和半岛蓝色经济区建设的“黄蓝战略”，以及胶东半岛高端产业聚集区、日照钢铁精品基地、鲁南经济带和省会经济建设，站在了区域发展战略制高点上。而正是这种把区域发展与产业培植有机结合起来，集聚优质要素资源，促进优势产业迅速崛起，形成区域竞争力的思路，成为转型山东的新选择。在这片广袤的黄河三角洲，被山东建设者寄予厚望。如今，黄河三角洲高效生态经济区发展规划已上升为国家战略。山东省社科院经济研究所所长张卫国说：“黄河三角洲的最大后发优势在于，它既可以实现增值，又可以实现人与自然的和谐。它就像是一张白纸，可以描绘出最美的图景。”截至目前，这一经济区已集中开工重点建设项目142个，总投资1371亿元。

众所周知，黄河三角洲是我国最后一个待开发的大河三角洲，包括山东6市19个县市区，国家先后把发展黄河三角洲高效生态经济列入“十五”计划和“十一五”规划。去年11月，国务院批复《黄河三角洲高效生态经济区发展规划》，黄河三角洲高效生态经济区建设正式上升为国家战略。为大力推进黄三角经济区建设，山东省紧接着出台了《支持黄河三角洲高效生态经济区又好又快发展的意见》，推出多达30多项的扶持政策。对于今年的工作，山东省省长姜大明在政府工作报告中提出，要抓好重点项目，根据总体功能定位，充分发挥比较优势，依托东营、滨州、潍北和莱州四大临港产业区，启动一批规划确定的重大项目，加快发展高效生态农业、环境友好型工业和现代服务业，探索资源高效利用、生态持续改善、结构不断优化的高效生态经济发展路子，同时做好区域一体招商，办好黄河三角洲高效生态经济区投资贸易洽谈会，打造区域招商引资新平台。

作为黄河三角洲的核心城市，东营市在整体规划上突出东营港及临港产业区，迅速拉开了高水平、大规模开发建设格局。作为黄河三角洲边缘城市，德州市重点做大太阳能产业和生物制药产业。德州市、县财政每年拿出8000万元配套资金，扶持可再生能源建筑应用示范项目。截至目前，德州市在太阳能项目建设上投入已达148亿多元，“中国太阳谷”建设初具规模。预计到2010年底，“中国太阳谷”产业产值将达500亿元。

在黄三角经济区规划获批前后，山东省又启动了《山东半岛蓝色经济区规划》编制，提出打造山东半岛蓝色经济区，掀起一场蓝色经济热潮。按照计划，总体规划成熟后，将择机上报国务院，争取纳入国家“十二五”发展规划，进入国家发展战略。按照山东省的构想，山东半岛蓝色经济区要建设九大核心区，包括海州湾重化工业集聚区、董家口海洋高新科技产业集聚区、丁字湾海上新城、前岛机械制造业集聚区、龙口湾海洋装备制造业集聚区、莱州海洋新能源产业集聚区、潍坊海上新城、东营石油产业集聚区、滨州海洋化工业集聚区。同时，在13个海洋产业大类中确定重点培植海洋生物、海洋装备制造、海洋能源矿产、海洋生态环保等8大优势产业，抢占蓝色经济高地，并筛选出未来3年涉海工业在建和拟建重点项目298个予以重点扶持，总投资将达1046亿元。山东提出，在用足用好现行政策的情况下，将重点围绕财税、投融资、土地、海域等领域，研究含金量高的省级扶持政策和拟争取国家给予的优惠政策。

在推进“黄蓝”战略的同时，山东省还着力推进胶东半岛高端产业聚集区、省会济南和鲁南临港产业带建设。目前，山东省正在抓紧编制胶东半岛高端产业聚集区发展规划，立足于世界技术前沿，努力打造高端产业、高端产品和高端技术自主创新平台，提高产业核心竞争力，形成黄渤海地区新的经济增长极；大力发展省会经济，提高省会综合服务功能。启动济南与周边各市城际轨道交通规划建设，促进区域交通通信一体化；加快出台鲁南临港产业带发展规划，推进日照钢铁精品基地建设，集中培植钢铁、电力、石化、木浆造纸等临港产业，带动鲁南地区加快崛起。

山东经济在实施黄三角和海洋经济等重点带动战略中，正积极寻求一条有别于过去的低碳路径。以提高可持续发展水平为目标，大力发展绿色经济、低碳经济、循环经济，加快形成有利于资源节约、环境友好的产业结构、生产方式和消费模式，走生态文明发展道路，在率先绿色发展上寻求突破。

以新兴产业立足经济发展制高点

山东是工业大省，规模以上工业增加值连续多年居全国首位，但又存在大而不强的问题。因此，着眼于提升国际竞争力，实现工业强省的目标，大力发展战略性新兴产业是山东不二选择。去年山东省在全国首个公布十大重点产业调整和振兴规划，并出台《关于加快工业调整振兴的意见》，同时推出40个特色产业调整振兴指导意见、13个新兴产业发展指导意见，力促山东工业在三年内由大变强。

为了加快培育战略新兴产业的新优势，形成支撑制造业强省建设的战略产业，山东省着手制定培育发展四大战略性新兴产业的政策措施。2009年底，促进新能源产业加快发展的若干政策率先出台。促进新医药产业、新材料产业、新信息产业发展的若干政策紧锣密鼓制定。根据山东省的规划，新能源产业重点扶持风电、太阳能光伏发电、海洋能源、核电装备及半导体照明、新能源汽车等技术和产品的研发生产，形成太阳能热利用、光伏发电、风力发电和核能4大新能源集群；新材料产业重点扶持碳纤维、陶瓷纤维、离子膜、芳纶以及有机高分子材料等技术和产品研发生产，培育聚氨酯、有机氟、有机硅3个新材料产业基地；新医药产业重点扶持生物医药、海洋药物、新型医疗器械等技术和产品的研发生产，培

育新型医药和医疗器械产业集群；新信息产业重点扶持大规模集成电路、高端计算机及服务器、平板显示器等技术和产品的研发生产，推进“三网”融合，加快物联网和云计算的研发应用。今年2月11日，山东省政府常务会议对新材料、新医药、物联网等3个新兴产业发展政策，以及工业机器人、工业设计、游艇、文教体育用品等7个更为具体的新兴产业指导意见进行了审议，目前已正式出台。

2009年，山东实现全社会固定资产投资1.9万亿元；今年，该省又敲定了1.98万亿元的结构调整投资大盘子，除7600亿元用于研发和工业技术改造投资外，将投资2730亿元重点用于发展新能源、新信息、新材料、新医药和空间海洋地球科学5大战略性新产业。按照山东省政府官员的说法，培植战略新兴产业是山东转变发展方式、调整经济结构的重点，也是争抢后金融危机时代发展制高点的战略需要。尤其在当前已现治理高水平重复建设苗头，山东必须集中财力使战略新兴产业尽快形成产能、占领市场。除了项目投入，根据山东省政府去年下发的加快新能源和节能环保产业发展的意见，从今年开始到2012年，每年省财政安排2亿元、省基建基金安排2亿元，连续3年共筹集12亿，设立省级新能源专项资金扶持新能源产业发展。而根据最新出台的山东省关于促进新材料、新医药、新信息产业发展的若干政策，自

2010年至2012年的3年中，山东也将分别设立新材料、新医药和新信息产业发展专项资金，由省级财政每年单列。

山东省重点产业、新兴产业和特色产业发展政策文件一览

类别	政策文件
重点产业	山东省电子信息产业调整振兴规划（鲁政发〔2009〕42号） 山东省船舶工业调整振兴规划（鲁政发〔2009〕43号） 山东省汽车工业调整振兴规划（鲁政发〔2009〕44号） 山东省钢铁工业调整振兴规划（鲁政发〔2009〕45号） 山东省轻工业调整振兴规划（鲁政发〔2009〕46号） 山东省有色金属工业调整振兴规划（鲁政发〔2009〕47号） 山东省纺织工业调整振兴规划（鲁政发〔2009〕48号） 山东省装备制造业调整振兴规划（鲁政发〔2009〕49号） 山东省化学工业调整振兴规划（鲁政发〔2009〕50号） 山东省现代物流业振兴发展规划（鲁政发〔2009〕61号）
新兴产业	关于促进射频识别(RFID)、半导体照明、软件产业等3个新兴产业加快发展的指导意见(第一批)（鲁政办发〔2009〕28号） 关于促进生物、海洋、集成电路、彩电平板显示、轨道交通等5个新兴产业加快发展的指导意见(第二批)(鲁政办发〔2009〕34号) 关于促进航空航天、核电装备、新能源、节能环保、新材料等5个新兴产业加快发展的指导意见(第三批)(鲁政办发〔2009〕35号) 关于促进新能源产业加快发展的若干政策(鲁政发〔2009〕140号) 关于促进新材料、新医药、新信息3个新兴产业加快发展的若干政策(鲁政发〔2010〕29号) 关于促进工业设计、海洋工程装备、游艇、文教体育用品、通信设备、机器人、高效照明等7个新兴产业加快发展的指导意见(鲁政办发〔2010〕14号)
特色产业	关于氯碱、农药、化肥、炼化、轮胎、食品、葡萄酒、白酒、啤酒、造纸、自行车电动车、陶瓷、钟表等13个特色产业调整振兴指导意见(第一批)（鲁政办发〔2009〕32号） 关于家具、工艺美术、家电、五金衡器、医药、服装、纺织机械、农业机械、铸造、模具等10个特色产业调整振兴指导意见(第二批)（鲁政办发〔2009〕33号） 关于粮油加工、乳业及乳制品、烟草、中药、丝绸、皮革、塑料、包装等8个特色产业调整振兴指导意见(第三批)（鲁政办发〔2009〕38号） 关于黄金、建材、石材、水泥及散装水泥、电工电气及仪表、石油装备、煤炭机械、煤化工、焦化等9个特色产业调整振兴指导意见(第四批)（鲁政办发〔2009〕39号）

以农村社区化占领新型城镇化制高点

自2001年以来，山东城镇化进入快速发展阶段，城镇化水平年均递增1.18个百分点。但从整体上看，山东城镇化水平仍滞后于工业化发展，加快城镇化进程，对于推进经济文化强省建设和转方式调结构有重要意义。2009年10月，山东省出台《关于大力推进新型城镇化的意见》，明确提出推进新型城镇化建设，构建层级合理的新型城镇体系，协调推进新型城镇化与新型工业化，使城镇化发展成为促进产业结构优化升级的推动力量。

随后，山东省又出台了《关于统筹城乡发展加快城乡一体化进程的意见》和2010年“一号”文件——《关于加大统筹城乡发展力度进一步夯实农业农村发展基础的实施意见》，进一步就推进城镇化、特别是促进统筹城乡发展提出一系列具体政策举措。其中，《关于统筹城乡发展加快城乡一体化进程的意见》提出了许多突破性发展思路，包括：县城的规划建设标准，应按中等城市的发展目标定位；城市郊区、独立工矿区周围和城区内村庄，将纳入城市发展总体框架，按照城市社区的标准进行规划建设和管理；中心镇的人口规模按5万人以上规划，基础设施按小城市的配置标准进行建设；中心村（农村社区）按中心镇的标准建设，人口规模按3000~1万人规划，主要依托原来的“管理区”、“管理片”进行布局；一般行政村除部分可改造为现代化农村居民点或农业作业点外，大部分应逐步与中心村、中心镇和城市整合。为此，山东省将制定完善鼓励宅基地节约、房屋迁建补贴和贴息贷款等优惠政策，引导和支持农民通过旧村改造和迁村并点融入城市或中心镇、中心村，以膨胀城镇规模，加速城镇化进程；逐步扩大县、镇两级经济管理权限，以增强其经济发展活力、行政协调能力和统筹城乡发展的实力，对纳入综合配套改革试点的县（市）、镇可先行开展扩权试验；全面开展农村集体产权制度改革试点。统筹城乡一体化的根本点是建立城乡发展资源、公共服务资源和社会保障、文化事业、就业、教育等方面的均等化。山东省要求各级财政安排的农村建设资金向中心镇和中心村倾斜，城乡统筹的电力、交通、通信、环保、给排水等基础设施建设应主要与中心镇和中心村衔接，教育、医疗、文化、体育、敬老、托幼等公共服务设施要重点向中心镇和中心村集中；商贸、流通、金融等社会化服务设施应向中心镇和中心村布局，以增强对农民的吸引力。

在推进新型城镇化过程中，山东有一个引人注目的现象，就是行政村正在逐渐消失，取而代之的是新型农村社区。山东许多地方以社区服务中心建设为抓手，将县级行政审批、公共服务、社会事务管理等功能延伸到农村社区，同时吸引县城科技信息、商贸物流、信用保险等各类经营性服务组织到社区设立网点，推进工业向园区集中、人口向小城镇集中、居住向社区集中，搭建起了公共服务向农村延伸的平台，解决了公共服务在村镇之间的断层问题，有效推进了公共服务均等化。如山东省诸城市的农村社区化建设就是被民政部充分肯定的一种比较典型的模式。2007年以来，诸城市按照地域相近、规模适度的原则，将5个左右村庄（1500户左右的农户）规划为一个社区，服务半径两公里左右；选择一个交通便利、班子较好、潜力较大的村庄作为中心村；整合公共行政资源，在每个中心村设立社区服务中心，中心设置一个办事大厅和若干服务站室，承接卫生、文体、警务、劳保、救助、计生等方面的公共服务和相关的政务服务。再比如兖州市按照“合村并点建设社区，集约用地发展经济”的思路发展农村新型社区，实现了“就地城市化”，根据村庄不同的特点建社区，探索出旧村入城、旧村入镇、旧村入区、村企合一、合村并点五种农村社区建设模式。目前，山东省98%的县、82.5%的镇、59%的村开展了新型农村社区建设；已建成农村社区服务中心1.3万个，服务功能覆盖1712万人，40个县（市、区）基本实现了农村社区全覆盖。

为进一步推进城乡一体化发展，山东省还将协调推进工业化、城镇化和农业现代化，加快城镇化进程，做大做强县域经济，拓展消费空间，在构建一体化发展新格局上取得重大进展。这些年，山东高度重视县域城镇化发展，将县域经济社会发展纳入领导干部年度考核。随着大中城市辐射带动作用的持续增强，县域城镇化步入快速发展期。预计到2020年，山东城镇化水平有望达到60%，届时将新增城镇人口1200万。

相关链接

韩国产业升级占先机

为应对1997年亚洲金融危机，韩国曾积极调整企业经营模式，推动产业结构调整和产业升级，并获成功。蔓延全球的国际金融危机爆发后，韩国再次推出新政，以求把握未来产业发展方向，赢得市场先机。

据《人民日报》报道：1997年亚洲金融危机促进韩国企业改善自身经营模式，并促进了整体产业的升级。在克服危机过程中，韩国企业调整结构，增加经营透明性，并引入国际标准等，从根本上改变经营模式。另外，韩国政府为了克服危机，积极扶植以网络技术为代表的IT产业，支持发展高新技术企业，使之成为韩国经济新的增长动力。

2000年后，LCD液晶面板产业为韩国经济增长做出了重大贡献。韩国企业1995年开始生产LCD液晶面板，到2005年韩国的相关产品已占据世界市场第一的位置。产业发展中，韩国企业迅速果断投资和政府大力扶植起到了很好作用，尤其是有一批企业领先于其他国家企业，优先开发并掌握了核心技术，持续赢得市场先机。

另外韩国政府为促进企业投资生产LCD，专门制定了《1993年后LCD液晶面板研发促进计划》，为企业提供各种优惠政策。2009年初，世界经济虽然还不是很景气，但韩国企业得益于技术研发的领先优势，进一步扩大与其他国家企业之间的差距，保持了LCD世界市场份额第一的位置。但韩国政府和企业并不安于现状，正在积极推进对下一代LCD以及LED面板的投资和研发，以求在产业升级过程中再次赢得先机。

眼下，国际金融危机影响继续显现。为寻求新的经济发展模式，韩国政府早在2008年8月就提出了“低碳素绿色增长国家发展”计划。根据该计划，韩国2020年将实现温室气体实际排放量比2005年减少约4%。为此，韩国还在今年1月份正式出台《绿色增长基本法》，并制定相关具体政策。绿色增长政策将促进韩国企业提高环境竞争力，绿色产业也将成为继IT产业之后，韩国经济新的增长点。

发挥战略性新兴产业的引擎作用

对于经济大省山东来说，调结构是它的又一次创业。2009年以来，山东将保增长与调结构有机结合，制订了10个重点产业调整振兴规划，40个特色产业调整振兴意见和13个新兴产业加快发展的指导意见，出台了扶持工业发展的22条政策措施，努力克服粗放型发展方式的弊端，推动产业由大变强。

发挥战略性新兴产业的引擎作用，是山东调整经济结构的重头戏。山东今年投资2730亿元，重点扶持新能源、新信息、新材料、新医药和空间海洋地球科学等5大战略性新兴产业。2009年，全省新材料产业产值达到6700多亿元，未来两年，新材料产业产值将超过13000亿元。

调结构、转方式，山东既向高端产业进发，也向产业高端迈进：实施6大类1000个项目的企业技术改造，将科技含量高、创新性元素足的大项目，成功嫁接到传统产业，实现“要素推动”向“创新驱动”转变。烟台市以来福士海洋工程、京鲁船业二期等新项目培植船舶配套产业链条，已吸引16个大型船舶制造企业。

山东把淘汰落后产能作为调结构的着力点。“十一五”期间，全省将淘汰钢铁落后产能1000万吨；关停水泥立窑527座，淘汰落后产能4700万吨。2010年，拟淘汰炼铁产能240万吨，关停小火电100万千瓦。

据《人民日报》报道，山东正在实施50项重大科技专项，在优势产业和战略性新兴产业构建50个技术创新战略联盟。加快建设100家具有国际或国内领先水平的工业设计中心，在新材料产业领域开发600项重点新产品、新技术，争取50个新药物、50种高技术医疗器械上市或进入临床研究，打造100个工业设计创新品牌，工业设计新产品投产率达到85%以上。

2009年，山东年生产总值超过3.3万亿元，人均生产总值超过5000美元。如何在新的起点上，实现山东经济又好又快发展，是山东在被称为形势“最为复杂”的一年里，必须开始面对的挑战。高消耗、高污染的路子越走越窄，转方式调结构的攻坚之战已经打响，山东经济在转型攻坚中再造赢取未来的竞争优势。山东经济在实施黄三角和海洋经济等重点带动战略中，正积极寻求一条有别于过去的低碳路径。

着眼产业优化升级打好“高端提升”攻坚战

相对丰富的煤炭、石油、黄金等矿产资源，促成了山东工业以资源原材料加工为主，结构偏重的经济特征。在120个重点工业产品中，多数属粗加工初级产品、生产类中间产品，能源消耗总量在全国各省市中居前。在山东工业百强中，采掘、电力、石化、冶金等行业占六成以上。

山东经济发展正处在一个重要的转型时期，经济总量虽然比较大，但还不是一个经济强省。山东省委书记姜异康在省委九届十次全体会议上说，加快转方式调结构，推动科学发展，实现由大到强新的历史跨越，是山东现阶段发展的重大战略任务。

资源有限，创意无限。对传统产业，山东运用高新技术和先进适用技术，加快实现产业向高端高质高效的提升改造，搞好原材料深加工，拉长产业链。聊城市依托祥光铜业和信发铝业两大企业，大力发展铜、铝深加工，规划了两个千亿元产业链；作为亚洲聚氨酯产能最大的企业，烟台万华集团以自主创新延伸产业链条。烟台万华集团董事长丁建生说："山东是化工大省，但整体销售利润率只有6%，万华却达到20%以上。所以，山东化工产业升级大有文章可做，而技术创新就是'牛鼻子'。"

山东决策者表示，将坚持走高端化的发展路子，发挥高端产业先导性强、科技含量高、成长性好的带动作用，抢占产业发展制高点，在构建现代产业体系上以求突破。目前，山东战略性新兴产业取得较快发展，济南的风电设备、青岛的新信息产业、潍坊的新能源汽车和光电子产业等，一批新兴产业初露端倪。据统计，新材料、新能源、电子信息和生物医药产业已占全省高新技术产业总产值的近80%。

服务业是山东省产业结构的"短板"，也是三次产业发展的潜力所在。目前，山东服务业增加值占GDP比重为34.1%，工业中传统产业占65%以上。为加速弥补这一"短板"，山东提出优先发展生产性服务业，改造提升生活性服务业，积极发展农村服务业，重点支持金融保险、现代物流、批零餐饮、科技信息、商务服务、家庭服务、房地产、文化旅游、社区服务、农村服务等十大领域的服务业发展。

山东省社会科学院院长张华说，过去人们形成一种思维定式，习惯于经济总量的增长，地方干部抓GDP、招商引资有很多办法；但对产业升级，发展服务业、文化产业，存在本领不足的恐慌。必须沉下心去，抓好自主创新，这才是转方式调结构的"牛鼻子"。

着眼培植特色优势打好"重点带动"攻坚战

面对日趋增大的资源制约和环境压力，山东经济在努力寻求一条新型路径，以逐步减轻对大量资源消耗和物质投入的依赖，在更高起点上拓展区域经济的发展空间。把区域发展与产业培植有机结合起来，集聚优质要素资源，促进优势产业迅速崛起，形成区域竞争力，是山东的新选择。

广袤的黄河三角洲，被山东建设者寄予厚望。黄河三角洲高效生态经济区发展规划已上升为国家战略。山东省社科院经济研究所所长张卫国说："黄河三角洲的最大后发优势在于，它既可以实现增值，又可以实现人与自然的和谐。它就像是一张白纸，可以描绘出最美的图景。"截至目前，这一经济区已集中开工重点建设项目142个，总投资1371亿元。

作为黄河三角洲的核心城市，东营市在整体规划上突出东营港及临港产业区，迅速拉开了高水平、大规模开发建设格局。作为黄河三角洲边缘城市，德州市重点做大太阳能产业和生物制药产业。德州市、县财政每年拿出8000万元配套资金，扶持可再生能源建筑应用示范项目。截至目前，德州市在太阳能项目建设上投入已达148亿多元，"中国太阳谷"建设初具规模。预计到2010年底，"中国太阳谷"产业产值将达500亿元。

山东经济在实施黄三角和海洋经济等重点带动战略中，正积极寻求一条有别于过去的低碳路径。以提高可持续发展水平为目标，大力发展绿色经济、低碳经济、循环经济，加快形成有利于资源节约、环境友好的产业结构、生产方式和消费模式，走生态文明发展道路，在率先绿色发展上寻求突破。

着眼促进统筹协调打好“一体发展”攻坚战

山东是工业大省、农业大省和人口大省，在当前区域竞争日趋激烈的形势下，如何实现地区间的平衡协调发展，是摆在山东决策者面前的一道重大课题。

从区位及东西部平衡发展来看，山东经济是中国经济的一个缩影。山东区域之间、城乡之间发展不平衡，全省城镇化率仅为48.3%，消费对经济增长的贡献率偏低，这已成为制约山东经济腾飞的主要羁绊。

县域经济是富民经济。据统计，目前全省规模以上县域工业企业户数占全省规模以上工业的90%以上，吸纳就业人员占全省的70%以上；完成工业增加值、实现销售收入、利税等主要经济指标均占全省规模以上工业的60%以上；上交税金占全省地方财政收入的40%以上。

北京大学地方政府研究院院长彭真怀认为，转方式是整个产业方式的转变，它包括工业、服务业和农业；调结构本质上是调整城乡二元结构，发展新型城镇化。当前，我国一家一户的小农经济生产方式亟须改变。服务业发展必须建立在工业和农业发展的基础上，否则就是无源之水、无本之木。

为实现城乡一体化发展，山东表示将协调推进工业化、城镇化和农业现代化，加快城镇化进程，做大做强县域经济，拓展消费空间，在构建一体化发展新格局上取得重大进展。山东高度重视县域城镇化发展，将县域经济社会发展纳入领导干部年度考核。随着大中城市辐射带动作用的持续增强，县域城镇化步入快速发展期。预计到2020年，山东城镇化水平有望达到60%，届时将新增城镇人口1200万。

今年以来，山东经济延续了去年下半年以来企稳回升的发展态势，主要指标持续向好，实现了良好开局。据初步统计，1月份－5月份，全省规模以上工业增加值增长20%，同比增高9.2个百分点；进出口总额增长42.3%，同比提高62个百分点。

转型路上，山东收获颇丰，经济继续保持较快回升势头。今年第一季度，全省实现生产总值7672.2亿元，按可比价格计算，同比增长15.2%。新材料、新医药、新信息产业技术水平与综合实力跃居全国前列。

地标之六：从转身到转向再转型的辽吉黑“三部曲”

东北三省是新中国的“工业摇篮”，尤其是老工业基地辽宁，素有“辽老大”之称。但随着我国向市场经济转轨，受原有计划经济体制束缚，辽宁出现了产业结构老化和经济相对衰退的现象。近年来，在国家振兴东北老工业基地战略下，辽宁大力推进沿海经济带、沈阳经济区和突破辽西北三大区域战略，使经济社会发展取得突破性进展。其中，辽宁沿海经济带已于2009年7月上升为国家战略，今年4月，沈阳经济区又正式获批国家新型工业化综合配套改革试验区，辽宁也因此成为全国唯一拥有两项国家战略的省份。

“内陆省”转身向海，沿海经济带成为开发开放发动机

长期以来，由于工业基地主要放在内陆腹地，辽宁省的发展一直延续着这样一种惯性思维。但实际上，辽宁沿海经济带2280公里，海岸线横跨黄海、渤海，是中国唯一没有完全开发、开放的海岸线。2005年，时任辽宁省委书记的李克强提出要“转身向海”，并提出了“五点一线”沿海经济带的构想。其中，“五点”是指大连长兴岛临港工业区、营口沿海产业基地、辽西锦州湾经济区、丹东产业园区和大连花园口工业园区5个重点发展区域；“一线”是指从丹东到葫芦岛1443公里的滨海公路。2006年9月，辽宁省编制了《辽宁沿海经济带发展规划》，2007年1月辽宁省人大常委会审议通过了《发展规划》；在沿海经济带上升为国家战略后，2009年9月，辽宁省人大首次审议《辽宁沿海经济带条例（草案）》，为加快辽宁沿海产业带开发开放提供法律保障。

辽宁沿海经济带发展的关键是产业布局，建设具有国际竞争力的临港产业带。按照《辽宁沿海经济带发展规划》，在装备制造业方面，要重点发展资金技术密集、关联度高、带动性强的交通运输设备、通用设备及成套设备制造业，在重点领域和关键技术实现突破；在石化产业方面，要重点发展原油加工、乙烯、合成材料和有机材料，培育形成若干技术含量高、附加值高的精细化工产业集群；在电子信息产业方面，大连、营口重点发展集成电路、电力电子器件、半导体照明、应用电子、移动通信等电子信息产品，建设具有国际竞争力的电子信息产业基地，葫芦岛培育电子信息产业化基地，承接京津冀地区电子信息产业转移；在现代服务业方面，要发展物流业，依托重要交通通道和运输网络，支持发展重点物流园区、现代物流企业集团和第三方物流，提高增值电信业务、软件服务、计算机信息系统集成和互联网产业发展水平，运用信息技术和现代经营方式，改造提升传统商贸业，支持做大做强一批现代大型商贸企业；在现代农业方面，全面推进农业结构调整，建设优质粮食生产基地，积极发展果品、花卉等特色农业，建设特色农产品生产基地，加快建设农产品加工基地，打造一批农业产业化国家重点龙头企业和农产品生产加工基地。

今年4月7日，辽宁省召开沿海经济带开发建设工作座谈会，辽宁省省长陈政高在这次座谈会上强调，要在辽宁沿海建设一条经济带、城市带、旅游带，形成全面开放的新格局，把沿海经济带划分成若干个经济区，组团开发，使其成为带动沿海开发开放的发动机。目前，在沿海产业带上，辽宁布局了39个工业园区，每个园区都有一个产业集群。今年头两个月，辽宁沿海经济带六市实际利用外资8.43亿美元，占全省51%，沿海重点区域内平均每天有超过3个项目落地，成为辽宁经济发展的发动机。

传统工业转向新型工业化，沈阳经济区要成为全国示范区

4月6日，沈阳经济区获批国家新型工业化综合配套改革试验区，这是国务院批准设立的第八个国家

综合配套改革试验区。按照国务院的批复，沈阳经济区将重点推进新型工业化综合配套改革试验，目标是使沈阳经济区在重点领域和环节的改革上，大胆探索、率先突破，走出一条有中国特色新型工业化、城镇化道路，带动东北等老工业基地全面振兴，为全国范围内建立新型工业化发展模式、加快发展方式转变，发挥示范和带动作用。早在2005年，时任辽宁省委书记的李克强提出，“要以沈阳为中心，辐射带动周边城市发展，形成在东北地区有较强影响力、在全国有特色的重要城市群经济隆起带，并且形成东北亚合作的关键区域，以支撑辽宁成为我国新的经济增长区域”。2008年6月，辽宁省成立沈阳经济区工作领导小组及办公室，正式启动了沈阳经济区申报全国综合配套改革试验区工作；2008年12月，《沈阳经济区发展总体规划纲要》、《沈阳经济区专项发展规划》、《沈阳经济区产业经济带发展规划》编制完成。

沈阳经济区是我国唯一以新型工业化为主要试验内容综改区，最突出的一项任务就是将沈阳铁西装备制造业聚集区打造具有国际竞争力的先进装备制造业基地、高加工度原材料工业基地。沈阳铁西装备制造业聚集区位于沈阳经济区核心，是我国重要的装备制造业聚集区和重大技术装备研制基地。2007年，铁西区被国家发改委和国务院振兴东北办授予“铁西老工业基地调整改造暨装备制造业发展示范区”；2009年，被工信部命名为国家新型工业化产业示范基地。2009年底，《铁西装备制造业聚集区产业发展规划》获得国家发改委批准，上升为国家战略。按照该《发展规划》，铁西装备制造业聚集区将加快推进产业结构升级和发展方式转变，加快推进信息化与工业化融合，加强资源节约和环境保护，不断提高自主创新能力、重大装备成套能力、基础产业配套能力和生产性服务业支撑能力，努力将铁西建设成为具有国际竞争力的我国先进装备制造业基地，为我国装备制造业实现由大到强转变发挥示范引领作用。

沈阳经济区的另一项试验重点是探索新型城镇化道路。4月12日，辽宁省召开“加快沈阳经济区新城、新市镇建设，全面推进新型工业化综合配套改革工作会议”，动员部署沈阳经济区建设。根据辽宁省的部署，沈阳经济区将发挥先行先试优势，以33个新城、新市镇作为先行区和试验田，用全新发展理念和工作方式，实现行政体制、用人机制、政府服务机制、投融资机制、土地管理机制等方面的创新，将沈阳经济区新城、新市镇建设成为综合配套改革的示范城和示范镇。当前，最重要的是开展三方面创新：一是建立全新的行政管理体制，新城、新市镇要积极探索实行“党政合一”的领导体制，管委会机构编制要实行总量控制和动态管理，实行灵活的选人用人机制和薪酬制度；二是建立全新的土地管理机制，向空间、管理、存量要土地，严把项目供地关，集约节约用地；三是建立全新的投融资体制，通过搭建融资平台和进行资本运作，深化经营类基础设施项目市场化运作、吸纳民营资本等方式，解决好建设资金问题，努力实现政府有限资金的效益最大化。

资源城市转型新兴产业之城，突破辽西北三年见成效五年大变样

辽西北地区是辽宁的短板，工业发展相对缓慢，城乡居民生活水平较低，社会保障和就业压力大。为了进一步促进区域协调发展，继沿海经济带和沈阳经济区战略之后，辽宁省于2008年又推出突破辽西

北战略，支持朝阳、阜新、铁岭三个资源性城市产业转型和生态环境设施等建设，实现三年见成效、五年大变样目标。

产业转型是突破辽西北的重头戏，其中“阜新转型模式”已成为我国资源型地区经济转型的一个范本。阜新是全国诸多资源枯竭型城市的一个缩影，进入20世纪90年代中后期，煤炭资源逐步枯竭，经济社会发展面临严重困难。2001年底，阜新被国务院正式确定为全国第一个资源型城市经济转型试点市。在突破辽西北战略中，“突破阜新”是重头戏。阜新市以经济结构调整为核心，转变单一的经济结构，发展多元化的新兴产业，提出建设“三大基地”和“五大产业集群”，加快培育接续替代产业，走多个主导产业协调发展之路。

“三大基地”建设是坚持以项目建设为核心，建设全国重要的食品及农产品加工、新型能源及煤化工基地，优化产业结构。对于煤化工基地建设，阜新要在20年内，实施稳煤强电，保持煤炭年产量在2000万吨左右，并从内蒙古东部地区运进5000万~1亿吨煤炭，打造东北地区最大的煤炭集散地。这个目标已经在2009年有进展——备受瞩目的大唐阜新煤制气项目前期工作基本完成，即将开工建设。2010年，要完成前期投资20亿元。国家已批准阜新建设煤化工重大项目，一期项目重点建设“煤制气”及其煤化工产业链条项目。

对于食品及农产品加工基地建设，阜新在已形成的80多个龙头企业和14个农业产业链条的基础上，将向“花生大市”进发，花生种植面积已达200万亩；积极发展优势特色产业，培育壮大冰葡萄树莓等基地。对于新型能源基地建设，阜新将建设1000万千瓦全国最大的“风电城”。2009年，新型能源基地建设实现重大突破，风电项目完成投资48.2亿元。2010年，阜新将加快风电项目建设进程，新开工项目20个、完成投资100亿元。

“五大产业集群”的建设情况是：一是皮革产业集群，阜新被列为全省唯一集中发展皮革产业地区、全国唯一的“承接转移·中国制革示范基地”，潜力巨大。二是液压产业集群，产品总量占全国1/3，建设不到两年，就有87个项目入驻，被列为国家特色产业基地、辽宁省装备制造业配套基地，实现跨越式发展。三是林产品加工产业集群，域内及周边地区木材资源蓄积量可观，已有包括一家世界500强企业在内的一大批林产品加工企业落户。四是铸造产业集群，2009年，7个项目投产，产值增长50%。还和中国铸造协会签署了战略合作协议，该市被确定为“中国特色铸造产业集群试点市”。五是氟化工产业集群，2009年实现产值增长75%，到2010年新开工和竣工项目各20个，将在拉长产业链、扩大基地规模上取得新进展。

与阜新一样，铁岭和朝阳两市也正在寻找城市新的产业定位。目前，产业集群中不乏规划产值超千亿的“巨无霸”，像铁岭的辽宁专用车生产基地，朝阳的新能源电器（超级电容器）产业基地、精品钢材基地等。铁岭的换热器产业基地还将发展目标锁定为全国第一。这些产业集群的定位都是依托城市原有的优势资源和产业基础，又充分考虑到近期及远期的市场前景，再加上专业完善的配套设施，拥有较强的生命力。目前，铁岭市正在打造全国最大的专用车生产基地，建设专用车产业集群，35个项目在建，50个项目签约。而朝阳市以打造千亿元产业园区为目标，全力建设新能源电器产业集群，对接项目29个，签订意向协议项目15格，正在接洽项目11个。

10年1000亿，吉林低碳的理想与现实

中央领导在吉林的调研足迹

吉林省是我国重要工业基地，加工制造业发达，已经形成汽车、石化等一批支柱产业。2010年4月12日至16日，中共中央政治局常委、全国人大常委会委员长吴邦国在吉林省调研时强调，要充分利用国际金融危机形成的倒逼机制，以产业、产品结构调整为重点，加快产业优化升级，壮大国内国际有影响、有竞争力的大公司、大集团，培育多种所有制的配套企业，活跃和繁荣吉林经济。要深入贯彻落实科学发展观，进一步解放思想、转变观念，深刻认识加快转变经济发展方式的重要性和紧迫性，真正把思想和行动统一到中央对形势的分析判断和决策部署上来，结合吉林实际创造性地开展工作，着力在加快转变经济发展方式上下工夫，不断提高经济发展质量和效益，走出一条符合吉林实际的科学发展之路。

一汽是中国汽车工业的发源地。在浓缩一汽发展历程的红旗轿车展馆，在一汽自主研发的汽车关键部件前，在新推出的新能源汽车样车旁，在生产自主品牌的汽车总装车间，吴邦国不时驻足停留，详细询问产品研发、性能指标和市场营销情况。他勉励一汽干部职工继承光荣传统，瞄准国际汽车产业发展新方向，加强自主创新，攻克技术难题，掌握关键技术，进一步加快新能源汽车产业化进程。

长春轨道客车股份有限公司是我国最大的铁路客车和城市轨道车辆研发、制造和出口基地。吴邦国先后来到公司不锈钢车体生产线、城铁客车装配线和动车组装配线调研。得知公司生产的铁路客车和城市轨道车辆国内市场占有率分别达到50%和70%，一些产品凭借科技含量和性价比优势成功销往10多个国家，并开始进入发达国家时，吴邦国十分高兴。他说，铁路是我国基础设施建设的重点领域，目前高速铁路和城市轨道交通建设正处在快速发展时期，希望抓住历史机遇，坚持科技创新，用优质产品和先进技术占领更多的国际国内市场。

吉林石化公司经过40年不懈努力，自主掌握了碳纤维产业化关键技术，新建成的碳纤维厂年产能达148吨，T300产品质量达到国际先进水平，并正在研发更高端的产品。吉林化纤集团有限责任公司是一家大型化纤综合企业，产品包括6大系列450多个品种。吴邦国先后来到两家公司生产车间，了解工艺流程，察看生产情况。他指出，石化是吉林省传统支柱产业，在新形势下要着力向产业链高端调整，发展精细化工，加强与汽车、轨道客车产业关联配套，培育产业集群，发展循环经济，使吉林石化行业焕发新春。

吉林省农业优势突出，是我国重要的商品粮基地，近年农产品加工业保持高速增长，2009年实现销售收入2150亿元，成为继汽车、石化之后的又一重要支柱产业。因此，吴邦国对吉林农业特别是农业产业化十分关心，专门来到长春大成实业集团有限公司调研。作为我国农业产业化重点龙头企业，这家企业依托吉林的玉米资源和其他生物质资源，生产6大类200余种产品，销往70多个国家和地区，2009年实现销售收入269亿元。在公司控制中心和“玉米产品树”前，吴邦国详细了解生产流程，询问主要产品的性能、价格和市场情况，对他们通过攻关自主掌握关键技术和工艺，把玉米及其秸秆“榨干吃尽”、注重发展循环经济表示赞赏，并与科研人员一起展望生物化工技术的发展前景。

吴邦国指出，要围绕农产品深加工，努力开发新技术、新工艺和新产品，提高农产品附加值，延伸农业产业链，提升农业经济效益，带动广大农民增收致富。同时要加快推进城镇化进程，继续加强基础设施建设，大力发展县域经济，进一步增强中等城市在发展产业、聚集资源、活跃市场等方面的辐射带动功能，促进城乡、区域统筹协调发展。

吉林科教实力雄厚，充分发挥科技与人才在转变经济发展方式中的作用，对吉林振兴与发展至关重要。中科院长春光学精密机械与物理研究所被誉为“中国光学的摇篮”。在产品展示台前，吴邦国逐一了解各项产品研发和市场情况；在产品加工中心，吴邦国不时询问产品性能指标和加工过程。研究所负责人告诉委员长，他们不仅获得了1700多项科研成果，还在促进科研成果转化、发展高科技产业方面取得成效，孵化出9家收入上千万元的企业，建成了光电子产业园区。吴邦国对此表示满意，强调光机产品具有广泛用途和巨大市场潜力，勉励他们在加强基础研究、增加技术储备的同时，通过市场机制和灵活用人机制推动孵化企业发展壮大，加快科技成果向现实生产力转化。

吉林大学学科门类齐全，在科学研究和人才培养两个方面开展了卓有成效的工作。吴邦国来到无机合成与制备化学国家重点实验室，详细了解实验室在开展基础研究、形成高水平研究团队等方面的有益经验。他还来到国家级生物实验教学示范中心，与正在实验的师生亲切交谈，勉励同学们打牢知识基础，培养创新精神，提高创新能力。吉林动画学院是我国重要的动画教学研究产业基地。吴邦国详细观看了动画制作过程，希望同学们加强实践、掌握专业技能，积极投身文化创意产业发展。

吉林明阳大通风电技术有限公司是我国北方重要的风电制造企业，吉林华微电子股份有限公司是国内最大的功率半导体器件制造基地。吴邦国先后来到这两家企业，问科研、看生产、谈发展，希望他们为国家新能源和微电子产业发展作出新贡献。

吴邦国指出，转变经济发展方式，推进产业优化升级，培育新的经济增长点，关键在科技、关键在人才。要在加强原始创新的同时，依托大企业大项目，坚持市场换技术，增强引进消化吸收再创新和集成创新能力，努力抢占技术制高点。要坚持科技为经济社会发展服务的方向，整合科技资源，引导和支持创新要素向企业集聚，促进科技支撑与产业振兴、企业创新的有机结合。要加快形成激励创新的体制机制，积极培养和引进创新人才，加强创新团队建设，充分调动科技人才的积极性、主动性、创造性，为科技人才创业与发展创造条件、提供舞台。

吉林市的低碳理想与现实

2009年8月份，国家发改委正式批准吉林市为第一个低碳经济示范区项目。该示范区项目涉及吉林市现有的各个行业，并计划在吉林市发展新能源行业。项目将推动吉林市全面发展低碳经济，使其能够从2020年开始减排，并计划帮助吉林市届时成为全国范围内发展低碳经济的领先地区。

早在2008年，吉林市低碳发展计划就已经启动。这里成为国内第一个被官方选为开展低碳经济方法学和低碳发展示范区研究的案例城市。作为全国首个“低碳城市标准适用案例”，对于吉林市来说，这既是一个荣誉，更是一种挑战。由中国社会科学院、国家发改委能源所、英国查塔姆研究所、吉林大学等机构联合完成的《低碳计划》，于公布为吉林市描绘了未来低碳情景下的发展目标。其实在2008年，吉林市低碳发展计划项目就已启动，成为国内第一个被官方选为开展低碳经济方法学和低碳发展示范区研究的案例城市。在《低碳计划》描绘的低碳情景中，到2030年，吉林市的碳排放将降至不采取气候变化对策的基准情景的60%。

根据《低碳计划》中的评估结果，吉林市还远未达到低碳经济的发展目标：吉林市目前碳生产力（单位CO_2排放所产出的GDP）大约是全国平均水平的一半，根据中国社科院的测算标准，超过平均水平20%可以认定为“低碳”；2007年人均碳排放是全国平均水平的2.5倍；可再生能源在能源总需求中的比例不到5%。

低碳经济的实施对吉林市的重工业部门而言并非意味着终结。在低碳情景中，某些工业部门的产值会有所下降，其中包括混凝土、制砖及煤炭等，但这些变化是循序渐进的，而且并不十分显著。据报告分析，到2030年，与按照目前发展模式相比，实施低碳经济后煤炭和混凝土的生产产量将降低33%。然而，2030年混凝土实际产量将是2005年的8倍，而煤炭产量则比2005年高出30%。

是的，作为吉林省第二大城市，吉林市所面临的问题和转型压力具有鲜明的代表性。吉林市是国家“一五”时期开始建设的老工业基地。其支柱产业是石化、汽车、冶金和电力，建筑、农业和电子产业也是当地经济的重要依托。因此，在走向低碳城市的道路中，吉林市面临严峻挑战。近年来，吉林市积极探索向低碳转型的路径，节能减排和低碳产业发展都取得了显著成效，现已形成了城市的低碳发展计划和低碳发展路线图。

吉林，“最具竞争力的低碳产业基地城市”

今年1月21日至22日举行的“低碳中国论坛”首届年会上，吉林市成为首批10个获得“最具竞争力的低碳产业基地城市”称号之一。获得该称号的理由是：重视国家产业发展政策，大力推进资源循环利用，发展低碳经济，为创建低碳生态城市作出了不懈的努力。

在2010年1月召开的由全国政协经济委员会、中国科学技术年会、中国报业协会指导，科技日报社等单位协办的低碳中国论坛首届年会上，吉林市副市长朱天舒向大会介绍了吉林市发展低碳经济的主要经验。朱天舒谈到，“十一五”以来，吉林市加大企业节能改造工程建设力度，全面组织推行清洁生产，从源头减少废物的产生；积极推进产业结构和生产力布局调整，积极构建一系列具有循环经济特点的循环型产业链，规划建设新型产业园区；推动水电、风电等新能源发展，大力开展废物资源化和再生资源回收利用，推进城市污水和垃圾处理产业化发展；制定新建建筑节能设计标准并加强现有建筑节能改造；大力倡导绿色交通，坚持不懈地抓好造林绿化工作。

朱天舒指出，未来吉林市将继续实现发展模式由“高碳”向“低碳”的转型，加大产业升级和技术改造力度，加快各项新兴低碳产业，探索具有吉林市特色的低碳经济发展道路。

今年1月，在吉林市的政府工作报告中，再次鲜明地提出“低碳经济”，并有着如此表述：牢牢抓住……大力倡导发展低碳经济的重大机遇，突出具有低消耗、低排放、低污染、可循环特征的产业项目……能源产业，重点推进江南热电厂新建、松花江热电厂扩建、吉林热电厂扩建、丰满大坝重建、油页岩综合开发、核电、中广核及龙源风电等项目开发和建设，达到年销售收入410亿元的产业规模。

吉林市发展“低碳经济”最急需解决的关键问题就是政策和钱，缺一不可。因为，要想“低碳”，就得淘汰产能，就得对现有设备进行改造，引进环保设备，这需要大量的资金和相关的优惠政策，仅靠吉林市完成不了。相关资料显示，吉林市的石化行业是最大的用能行业，拥有吉林石化、吉林化纤等200多家石化企业，生产1000多种化工产品，其能源需求占能源总需求的一半以上。一个明显问题是，吉林市使用的生产设备中，仅有不到10%可称得上“国际或国内先进水平”。而同样，在发改委能源研究所为吉林市所作的低碳经济路线图课题中，内容涉及电力、化工、钢铁、造纸、汽车、交通等，几乎囊括吉林市所有支柱产业。这些领域无一例外，均需先淘汰产能，其次需大规模的改造现有设备，引进环保装置。此后，吉林市政府对这一规划进行了补充修正，提出的低碳经济规划称，2010年~2030年期间，吉林市新增千万千瓦级清洁电力的总投资需求约1100亿元；新增乙烯生产能力的总投资需求约550亿元左右；新增钢铁生产能力的总投资需求约90亿元，这对于经济相对落后的吉林市而言，无疑是个天文数字的投资计划。但吉林市的决策者没有退缩，他们选择了直面。

吉林何以被选为低碳发展计划的样本

在我国，通过示范区建设总结政策经验再推广似乎已经成为一种模式。2008年初，世界自然基金会（WWF）在中国内地以上海和保定两市为试点推出“低碳城市”发展示范项目，希望从上海与保定这两个试点城市的建筑节能、可再生能源和节能产品制造与应用等领域中，总结出可行模式，然后陆续向全国推广。从世界范围来看，世界各地开展的低碳经济实践，都是自发的自下而上的方式先行动起来，但缺乏明确的概念界定、经济学方法论描述和综合评价体系。鉴于中国巨大的发展和减排潜力，国际社会迫切希望在中国开展低碳城市的研究和示范，以分享信息和积累经验。

在这一背景下，2008年3月，中国社会科学院城市发展与环境研究中心、国家发改委能源研究所和英国皇家国际事务研究所等全球一流的研究机构联合发布的研究报告，明确向中国和欧盟成员国政府建议：在中国经济繁荣的东部和欠发达的西部，探索建立特区性质的低碳经济示范省（区），使之成为中国低碳化工业进程的国际典范，从而显示低碳经济的勃勃生机，其意义不亚于当年的经济特区。在该项目研究基础上，根据中英两国政府关于气候变化的合作战略框架，决定由英国皇家事务研究所、第三代环境主义、中国社会科学院城市发展与环境研究中心以及国家发改委能源研究所联合开展“低碳经济方法学及低碳经济区发展案例研究”。根据项目中方指导委员会的建议，吉林市被列为低碳经济区案例研究试点城市。该委员会提出的要求是，希望吉林市的技术支撑单位，在吉林省发改委和吉林市政府的指导下，配合项目组完成各项任务；希望通过吉林市案例研究，为国家政策制定积累经验和提供实践支持；也希望通过研究，为吉林市的节能减排工作和发展低碳经济作出贡献。

首个低碳城市标准样本面对的挑战

由于我国至今还没有任何正式或官方的低碳经济评估标准，因此由中国社科院在吉林市搞的迄今首个最为完善的标准就显得异常珍贵。也引来了国内媒体的争相报道和解读。综合《21世纪经济报道》和《经济观察报》等的报道，我们可以大致勾勒出吉林市这个低碳评估标准的主要轮廓。该指标体系具体分为低碳生产力、低碳消费、低碳资源和低碳政策等四大类共12个相对指标。如果一个城市的低碳生产力指标超过全国平均水平的20%，即可被认定为“低碳”。根据研究报告测算，目前吉林市碳生产力约为全国平均水平的一半，还远未达到低碳经济的目标。而吉林市的温室气体排放在2020年左右达到峰值，到2030年，将降低至基准情景的60%。

低碳经济评估新标准的建模方式是IPAC-AIM技术模型。此模型已经经过全国能源及排放情景分析，以及包括北京、广东和香港在内的多个地区的情景分析的验证。建模不包括农、林相关的排放及碳封存。

建立评估新标准的基础工作是，社科院在三种排放情景下评估温室气体排放、能源消耗和工业产值：BAU情景、政策情景和低碳情景。其中，基准（BAU）情景是以当前经济发展模式为基础，并包括当前针对单位GDP能耗以及其他关键领域的政策承诺。但是除此之外，该模型假设没有引入其他新的政策。而在政策情景下，能够看到由增加的节能措施、可再生能源的推广以及污染的减少等所产生的效应；政策还包括高耗能行业工业附加值所占比例逐渐减少，节能技术的推广，新建建筑达到节能标准，重工业自身的提高。而低碳情景则包括上述所有政策情景方法。此外，它还进一步讨论能源体系摆脱碳依赖的问题。例如通过加快可再生能源及核能技术的渗透，针对碳捕获和碳封存（CCS）推广速度的乐观假设。

在这三种情景下，吉林市的能源消耗增长将会持续到2030年。这将有利于保证吉林的发展，并在经济结构调整的同时，为高能效重工业的中期发展创造空间。在工业产值影响方面，低碳情景对吉林市的重工业部门而言并非意味着终结：某些工业部门的产值有所下降（这与政策情景下相同），其中包括混凝土、制砖及煤炭等。但是这些变化并非一蹴而就，而且也并不显著。如果在政策情景或低碳情景下发展低碳经济，找到适当的衡量标准成为主要焦点。为此，报告指出，关键问题在于如何才能既反映不同的发展初始条件（即GDP），又能够体现不同资源条件及产业结构。

新标准的四大类之一是低碳生产力，包括单位经济产出的碳排放指标及能耗指标——其测量方法与中国现行的单位GDP能耗指标及可能的全国碳排放强度指标一致。这一大类包括碳生产力以及单位产值能耗等两个相对指标。第二类是低碳消费，包括人均能源消费和每户能源消费。可以通过消费指数考察对个人行为的影响。这一大类包括人均碳排放和家庭人均碳排放等两个指标。第三是低碳资源，包括低碳能源所占份额，单位能源生产排放量及森林覆盖率。此大类包括零碳能源在一次能源中所占比例、森林覆盖率和单位能源消耗的二氧化碳排放系数。第四类是低碳政策，考察低碳发展政策及规划的存在与否，相关规定实施所取得的成效及公众的认知水平。该大类囊括低碳经济发展规划，建立碳排放监测、统计和监管机制，公众对低碳经济的认知度，符合建筑物能效标准和非商业性能源的激励措施等。

需要注意的是，这些标准均为相对指标。也就是说，如果达到低碳水平就意味着其显著优于全国平均水平。而绝对指标同样重要，能够确保所取得的进展与气候变化相一致。这也将有助于中国在发展的同时设立一个长期目标。

以对吉林市电力行业的发展建议为例，"'十二五'时期的建设重点是火电和风电。火电新增电力装机达311万千瓦，建议选择30万千瓦的热电联产IGCC机组和1~2个100万千瓦的超临界机组，便于今后上碳捕获与封存（CCS）项目；大规模建设风电场，建议风电技术采用单机1.5－2.5MW的国产风电机组，规划建设3~5个10万~20万千瓦规模的风电场……"而照此路线实施，与不采取气候变化对策的情景（BAU）相比，2020年，电力行业将使吉林市的碳排放减少约20%。

除了技术，该计划对于当地重点行业的投资机遇、政策与制度、技术的重点领域、如何与国内外有关机构实行低碳合作等，都描绘出详尽的路线图。

但正如4月2日《经济观察报》在一篇报道中所发现的那样，全国首个"低碳城市标准适用案例"的荣誉，在吉林市内并没有引起太大的震动。相对于未来的低碳目标，在这个重工业城市，人们更关注的是为实现"低碳"转型所要付出的成本。资金难题是吉林市实施低碳项目中特别注意到的一个问题。这是因为，实现路线图描绘的目标，需要不菲的投入。《经济观察报》在报道中发现，到2020年，如果没有新的发电设施的投资，吉林市的用电缺口将会达到170TWh（TWh＝10亿千瓦时）。未来10年要想弥补这一差距，所需投资将达到564亿人民币。如果吉林市扩大低碳能源份额，所需投资还会更多。新建居住建筑严格执行节能65%的设计标准，将需额外投资264亿元人民币；此外，还需要对化工、钢铁、造纸、汽车、交通等领域进行低碳技术改造。据相关人士透露，未来10年吉林市的投入将超过1000亿。如果这些资金全靠企业融资，或者全靠政府扶持，都不太现实。对于资金投入，有关人士的看法是，一个企业要想提高它的竞争力，也要降低产品的能耗。通常来说，产品耗能部分，要占其成本的1/3。通过低碳技术，可以使企业的产品成本有所降低。但在目前没有碳排放强制标准的情况下，企业也会对相应的投入和产出进行分析，如果投入大，节能效果不是很明显，又没有相应的政策支持，肯定会影响企业的积极性。

除了资金之外，技术的获得是另外一个难点，尤其是国外的低碳技术的获得。《经济观察报》的这篇文章中指出，这需要各方——包括国家、地方政府、国外一些政府和机构都给予相应的支持。但现在的问题是，低碳技术转让问题，即便在国家层面也还没有建立相应的机制。在哥本哈根气候问题谈判中，对中国采取何种技术转让方式，尚无定论。所以，“如果路线图中涉及的相应的低碳技术是无偿转让，肯定能促进吉林的经济发展，如果是有偿转让，那就比较复杂，压力比较大。”何况，这些高耗能产业的转型对当地的经济发展也是很重要的。在未来10~20年里这些行业还必须存在。对老工业基地而言，这些行业吸收了当地大量的就业人口。

3月20日出版的《21世纪经济报道》在报道这个迄今首个最为完善的评估低碳城市的新标准体系时

相关链接

吉林设立能源发展专项资金促能源业转变发展方式

为推进能源产业转变发展方式，优化产业结构，吉林省将从今年起，设立能源发展专项资金，由吉林省能源局会同财政厅根据评审结果确定项目和资金安排意见。

吉林省是能源相对缺乏的省份，尤其是煤炭资源较少，但在水电、风电、太阳能等新能源和可再生能源领域具有一定优势，着力发展新能源是吉林省培育战略性新兴产业的重点内容。

据了解，该专项资金使用范围包括新能源和可再生能源项目、能源科技进步和科技创新项目、能源行业结构调整技术改造项目、能源行业资源综合利用和节能减排项目。资金支持对象包括能源生产企业、能源设备制造企业、能源利用企业及从事能源科学技术研究的科研设计单位和院校。

为切实发挥财政资金的激励、引导、放大效应，吉林省将采取贴息、补助两种资金扶持方式。贴息、补助金额原则上每个项目最高不超过100万元，最低不低于40万元。

也注意到《低碳计划》报告中的这样一句话：吉林市目前还不是低碳经济。以下有关吉林市低碳方面的相关数据：吉林人均碳排放是2007年全国平均水平的2.5倍。在低碳能源指标上，吉林尽管拥有得天独厚的条件，但低碳能源在能源供给中所占比例相对较小。2007年，此比例还不到5%。吉林市2007年单位能源碳排放为0.61吨碳当量，低于全国平均水平的6.5%。其原因是吉林市的煤炭消耗仅占能源总消耗的大约一半，而全国平均水平为80%。但是，从中国社科院研究所制定的这些指标看，尤其是碳生产力，吉林市都远远落后于全国平均水平，因此，可以清楚看到，吉林市还远未达到低碳经济的目标。

当然，作为老工业基地，吉林市在推行低碳技术方面也有一个优势。那就是目前吉林正在处于老工业基地转型过程中。转型就意味着需要选择方向，在考虑转型方向的时候，可以把低碳的因素考虑进去。而相对于其他处于正常生命周期内的企业，如果实施低碳技术改造，需要的成本会更大。

但无论如何，传统工业的转型的过程中，要考虑在下一个阶段对新兴技术，包括低碳技术的应用。而整个“十二五”期间，吉林市火力发电和钢铁行业将实施扩能改造，吉林铁合金公司、吉林碳素公司、冀东水泥吉林公司和晨鸣纸业吉林公司将从市区整体搬迁，按照新建企业能耗限额要求建设。

鉴于目前高耗能行业仍是吉林市增长最快的行业，2007年，工业企业占能源消费总量的84%。石油炼制及化学工业占了工业能源需求的一半，电力和供热占总能源的1/5。而根据目前的排放情景，吉林的碳排放将继续以极快的速度增长，直到2030年趋缓。所以，接下来要实现整个路线图的目标，主要还是降低碳排放强度。这将对能源供应和化石燃料价格上涨造成相当大的压力。所以，首先就要搞技术升级，目前吉林市运行的生产设备，达到国际先进水平的不到10%。因此，需要制订明确的计划，以加速技术改造和设备升级换代。目前，总装机容量为12.4万千瓦的三个水电站建设已经列入吉林市的建设计划；“十二五”期间，风力发电再增加0.5GW；生物质发电方面，吉林市规划在大型粮食加工区附近，建设单机2.5万千瓦的生物质直燃示范电站，探索以村为单位建设若干100或200千瓦的分布式小电厂。除此之外，一项装机容量达4000兆瓦的核电站项目也在草拟之中。其次是发展可再生能源和低碳能源。吉林市在可再生能源开发方面，有其丰富的资源和制造业能力。吉林市处于东北电网中心的地位是使其可利用再生能源发电上网的一大优势。另外建筑节能、交通运输、农业和林业也将是低碳领域的投资重点。在这方面，上述《低碳计划》报告认为，吉林市极具潜力的低碳规划将成为吸引资金和技术合作的良好条件。

黑龙江：首先要加快转变农业发展方式

加快推进农业发展方式转变，对建设现代化大农业，确保国家粮食安全至关重要。黑龙江省省长栗战书强调指出，作为国家重要粮食生产基地，深怀历史责任感和紧迫感，以前所未有的魄力勇于担当这一历史重任。

构建现代农业产业体系

加快转变农业发展方式，关键要构建现代农业产业体系，推进农业科技创新，把一切转变观念、意愿都落实在一个个切实可行的项目载体上。结合落实中央提出的“实施粮食战略工程，建设粮食核心产区”战略部署，黑龙江谋划了《黑龙江省千亿斤粮食生产能力建设规划》。规划通过实施水利、农机等“六项重点工程”和“三项保障工程”，计划用8年的时间，到2015年粮食单产由2007年的488斤提高到616斤，总产达到1000亿斤以上，可向国家年提供商品粮700亿斤以上。届时，黑龙江实至名归成为国家安全、丰饶的“大粮仓”。

中央对黑龙江省的粮食生产十分关注。去年6月，胡锦涛总书记到黑龙江视察工作，对黑龙江“三农”工作做出重要指示，明确要求黑龙江把肥沃的黑土地建成国家可靠的大粮仓。温家宝总理也多次对黑龙江省建设全国大粮仓提出期待和要求。

结合黑龙江省实际，加快推进转变农业发展方式，要努力实现粮食生产由粗放经营向集约经营转变，由依靠物质资源投入的外延扩张型向依靠资本科技投入的内涵挖潜型的现代农业转变。在谋划千亿斤粮食产能建设工程之初，就明确提出，要创新发展思路，确立了以保护生态不开荒、内涵挖潜靠科技、优化结构保需求、规模效应增效益的实施原则，力求在转变发展农业方式中推进千亿斤粮食产能建设，又通过粮食产能工程建设，促进农业发展方式转变，提高农业资源的利用率、土地产出率和劳动生产率，走出一条科学、集约、可持续的现代农业发展之路。

黑龙江省长栗战书强调，要在推进千亿斤粮食产能工程建设，重在“六化”建设上实现新突破。

——要在水利化建设上实现新突破。黑龙江的水资源十分丰富，农业却常年受干旱的困扰。主要原因是农田水利基础设施薄弱，对天然地表水的拦蓄和利用能力差。对此，黑龙江大兴水利，从东部到西部，从地方到农垦，谋划和开工建设85处大中型灌区续建配套和一批节水改造工程，全年新增旱涝保收面积580万亩。黑龙江将继续加大、加快水利基础设施建设，力争用3~5年时间，再建设一批大型水利控制性工程，使过境地表水拦蓄能力再翻一番，由12%提高到24%，全省建成4000万亩旱涝保收农田。

——要在农机化建设上实现新突破。黑龙江千里沃野、地广人稀，适宜大农机作业。近两年是全省农机化发展最快的时期，黑龙江累计投入资金58.57亿元。相当于全省开始实行家庭联产承包制的1983~2007年25年投资的总和。到2009年底，全省农村农机总动力比2007年增长22.2%，80马力以上大型拖拉机增长35.6%。田间综合机械化程度达到86%，居全国首位。我们将重点发展深松整地、精量点播、玉米收获、水稻插秧等农机，采取乡村主办、村联办、大户领办、龙头企业承办等形式，加快组建现代农机作业合作，今年将新增农机作业合作330个，在2015年之前，实现全省农机作业合作全覆盖，主要粮食作物实现全程机械化。

——要在科技化建设上实现新突破。黑龙江特别重视科技对推进粮食产能建设的支撑和引领作用。全省实施科技强农战略，推广五大作物十大高产技术栽培模式面积达1.4亿亩，农业生产科技贡献率达

58.5%，高于全国平均水平近10个百分点。黑龙江将按照转变发展方式的要求，着力做好依靠科技内涵挖潜的文章，突出抓好农业科技创新工程，深入实施科技合作共建，重点搞好种子、栽培技术、农机装备研发和成果转化推广，到2015年全省农业科技贡献率达到67%，成果转化率达到80%，处于全国领先水平。

——要在产业化建设上实现新突破。转变农业发展方式，重在加快构建现代农业产业体系。黑龙江重点抓了产、加、销一体化的“龙”型经济。2009年，全省农产品精深加工比重达到30%，比2007年提高10个百分点；规模以上农业产业化龙头企业实现销售收入1050亿元。农业产业化发展在产业增值、吸纳就业、农增收、价格托市、拉动地方经济发展等方面发挥积极推动作用。黑龙江将加大龙头企业扶持力度，强化基地建设，力争到2015年，农产品精深加工比重达到50%以上，比2009年提高20个百分点，实现农产品生产大省向农产品深加工大省跨越。

——要在规模化建设上实现新突破。一家一户小规模、分散经营建设不成现代化大农业。近年来，黑龙江创新生产经营组织方式，依法推进土地使用权流转，到2009年底，全省土地规模经营面积达到5000万亩，占耕地面积的25%。黑龙江将继续抓好农村土地承包经营权流转和发展适度规模经营试点，积极培育土地承包经营权流转市场，引导土地承包经营权有序流转。今年全省土地规模经营面积力争发展到6000万亩以上，占耕地面积的31%以上，提高规模效益。

——要在信息化建设上实现新突破。农业信息化是现代农业的重要内涵，同时也为推进农业发展方式转变提供重要渠道。现在互联网已经进入农村百姓家庭，在获取的惠农策、市场供求信息、科技服务等方面发挥了重要作用。黑龙江将继续完善农村综合信息服务体系，实施“金农工程”，推进“三电合一”农业信息服务平台建设，推动数字农业、智能农业，加快提高粮食产能工程建设水平。

两大园区五大集团让黑龙江农机装备业重振雄风

近年来，在中央持续利好的“三农”政策指引下，我国农业装备产业实现了快速发展，已成为世界农业装备生产大国。从2004年至2010年，中央财政的农机具补贴资金迅速增加，由原来的0.7亿元增加到145亿元。特别是2009年5月国家出台《装备制造业调整和振兴规划》，明确提出以国家新增500亿公斤粮食工程为依托，大力发展大型农业装备，并拟定了调整税收优惠政策、落实节能产品补贴和农机具购置补贴政策等10项政策措施。

作为我国重要的粮食生产基地，黑龙江省是农机应用和农机装备制造业发展最早、基础最好的省份之一。20世纪80年代，该省农机企业销售收入达到20亿元，位居全国之首。但近年来该省农机装备产业发展基本上处于停滞状态。据统计，2009年黑龙江省本地制造农机装备占省内市场份额不足20%，位居全国第12位。当前，黑龙江省正在大力发展现代化大农业，实施千亿斤粮食产能工程，这为新型农机装备制造产业的发展提供了新的机遇。5月27日，黑龙江省召开新型农机装备制造产业发展大会，对全省农机装备制造业的发展进行全面动员和部署。据悉，黑龙江省工信委准备将新型农机装备制造列入该省装备工业“十二五”规划的发展重点，并争取列入国家工信部新型工业化示范基地。

5月23日，黑龙江省发布《加快发展新型农机装备制造产业实施方案》，提出通过启动期（2010年）、加速发展期（2011年至2012年）、初见成效期（2013年）三个阶段重点推进该省农机装备制造业发展，到2013年该省规模以上新型农机装备企业实现主营业务收入超过100亿元，形成以哈尔滨市、佳木斯市为重点的新型农机装备产业集群，力争进入全国农机装备制造大省行列。为此，《实施方案》制定了九大工作任务，包括加快园区的基础设施建设，探索建立具有黑龙江省特点的园区管理运作模式；通过连锁经营、物流配送、电子商务等现代流通业态，建立社会化农机综合服务体系等。

“17+5”构建农机装备制造业发展政策体系。为给新型农机装备制造产业发展创造条件，根据《实施方案》，该省在引导企业用好、用足、用活国家优惠政策的同时，还制订了“含金量”很高的17条扶持政策以及以哈尔滨市农机产业园、佳木斯市农机产业园、农垦（松花江农场）现代农机科技产业园三园区独享的5条特殊政策。“17+5”政策体系将助推黑龙江农机装备产业大步向前。

“两大园区+五大集团”打造新型农机装备制造产业体系。按照《实施方案》，该省将从产业布局重点、产业发展重点、企业结构调整重点等三方面，提出重点建设两个产业园区、组建五大企业集团的新型农机装备制造产业的发展重点。

当前，我国正处于从传统农业向现代农业转变的关键时期，加快农业机械化和农机工业发展具有重要意义。但目前我国农业装备产业仍存在着布局不合理、企业综合实力差、产业竞争无序等不利因素与问题，急需出台农机装备产业政策。今年4月，国务院常务会议通过了《关于促进农业机械化和农机工业又好又快发展的意见》，提出要抓紧研究制定农机工业产业政策。早在去年，国家就启动了《农业装备产业发展政策》的研究制定工作，并于今年3月初完成初稿，工信部3月底又召开座谈会专门听取修改意见，该政策有望在6、7月出台。目前，吉林、江苏、辽宁等地已先后出台了相应的意见。与这些地方相比，黑龙江省提出了新型农机装备制造产业的概念，一是机制新，实施市场换产业战略，通过政府采购、购置补贴和投资补助等方式，加强引进和合作；二是方式新，通过招商引资、合资合作、同业兼并重组等方式，整合技术研发、生产制造和营销服务资源；三是政策新，专门推出扶持农机产业园区特殊政策，搭建园区融资、质检、信息共享、物流等公共服务平台。

从哈洽会新材料展看转变经济发展方式

经历了地方性展会——国家级展会——国际性盛会的嬗变，中国哈尔滨国际经济贸易洽谈会已经成为黑龙江的“金名片”。回望二十年的发展历程，哈洽会始终应和黑龙江经济社会发展律动，见证并追踪黑龙江大开放的步伐，展示与打磨着黑龙江的多重魅力。

6月15日，第21届哈洽会隆重开幕。此次，哈洽会吸引了来自世界范围内的近百个国家和地区参与。国内各大企业也踊跃参与，以各自的企业特色期望与黑龙江经济相融合。其中世博企业伊利的表现尤为抢眼。

哈洽会上，伊利与当地政府签署了5.52亿元的投资项目，该资金将用于在黑龙江杜尔伯特地区建立年产4.5万吨的奶粉项目。这是伊利继本世纪初在黑龙江地区建厂投资后，最大的一笔“加码”投资。这也是继今年3月投资辽宁阜新以来，伊利再次在东北地区投建大规模项目。而在伊利的带领下，杜尔伯特、肇东等区域在农牧业方面的品牌优势也从东北走向全国，成为全国妇孺皆知、最优质的核心奶源带之一。伊利在这里的大型牧场等奶源发展模式不仅有效带动了奶农致富、增加了就业率和促进了地方政府经济发展，而且赢得了东北乃至全国消费者的深深信赖和良好的口碑。

在该次哈洽会上，人们还发现一个新迹象，那就是围绕新材料的研发、生产和应用。新材料和信息、生命科学被世界公认为是21世纪三大支柱性高技术产业，已经渗透到国民经济、社会生活和国防建设的各个领域，是现代工业共性关键技术，是高技术产业发展的物质基础和先导。目前发达国家都在为抢占“后危机时代”新的发展先机而调整产业结构，发展战略性新兴产业。

毫无疑问，黑龙江省石化、能源、装备、食品等传统产业仍是经济发展的重要基础，占有非常大的比重，通过改造升级做大做强传统优势产业仍是黑龙江省当前重要的工作任务。但要抢占未来经济发展的制高点，实现可持续发展，抓紧培育战略性新兴产业刻不容缓。黑龙江省提出要大力发展战略性新兴产业，并把其作为转变经济发展方式、加快推进经济结构战略性调整的重要支撑。

新材料产业已经阔步行走在加快发展的道路上，黑龙江省正在组织实施的新兴产业三年倍增行动计划，将从项目建设、资金支持、促进科技成果产业化等诸多方面，目前，黑龙江省围绕新材料的研发、生产和应用，正在着力推进非金属材料、复合材料、金属材料和化工材料等新材料产业的发展。今年新材料产业主营业务收入将实现300亿元。新材料、新能源、新型环保、生物、信息、现代装备制造等六大新兴战略性产业，正在呈现出百舸争流千帆竞、你追我赶勇争先的发展局面，新兴产业培育将成黑龙江省经济领域里一颗璀璨的明珠。

地标之七：先行先试转移提升的广东“一号工程”推进策

广东是中国改革开放的排头兵，以“杀开一条血路”的气魄，实现了跨越式发展，成为全国经济第一大省。但30多年传统发展模式已形成一种惯性，导致广东出现土地告急、资源短缺、人口超负、环境透支、区域失衡等诸多问题。2008年，广东被卷入国际金融危机“风暴眼”中，受危机影响最直接、受害最重。在此背景下，广东以贯彻落实《珠江三角洲地区改革发展规划纲要》为重心，大力推进“双转移”、“双提升”、“三促进一保持”等一系列强有力措施，2009年全省经济实现了“V形反转”。2010年，广东将加快经济发展方式转变确定为经济工作的“头号工程”，集中力量打好这场“硬仗”。

从珠三角一体到粤港一体，先行先试成转方式最大动力

改革开放以来，珠江三角洲地区充分发挥改革“试验田”的作用，在全国较早地建立起社会主义市场经济体制框架，成为全国市场化程度最高、市场体系最完备的地区，经济总量逐一超过亚洲“四小龙”，成为我国经济发展的当之无愧的“领头羊”。但随着经济全球化和区域经济一体化的深入发展，尤其是国际金融危机影响下，珠三角的发展受到严重冲击，诸如产业层次总体偏低、产品附加值不高、贸易结构不够合理、创新能力不足、整体竞争力不强等深层次矛盾和问题进一步显现。

率先探索经济发展模式转变

2009年1月，国务院正式批复珠三角《规划纲要》，支持广东率先探索经济发展模式转变，为全国科学发展提供示范。《规划纲要》要求广东继续承担全国改革“试验田”的历史使命，大胆探索，先行先试，在重要领域和关键环节率先取得突破，为发展中国特色社会主义创造新经验。而就在《规划纲要》发布前，广东于2008年12月出台了《关于经济特区和沿海开放城市继续深化改革开放率先实现科学发展的决定》，提出要继续当好改革开放的排头兵，保证成为科学发展的排头兵。《规划纲要》发布后，广东在分两阶段召开珠三角各市现场会后，于2009年4月11日召开了全省贯彻实施《珠江三角洲地区改革发展规划纲要》动员会，出台了关于贯彻实施《规划纲要》的《决定》，正式吹响贯彻落实《规划纲要》的号角。

一个《纲要》和两个《决定》，为新时期珠三角改革开放勾勒出新的路线图：在行政领域推进大部制改革、推进事业单位分类改革、探索公务员聘用制和分类管理办法、率先推行审批管理“零收费”制等；在经济领域探索自主创新立法试点、统筹城乡发展配套改革试点、环境容量有偿使用制度、开展城镇建设用地增加与农村建设用地减少挂钩试点、建立和完善“积分制”有序吸收农民转为城市居民、支持深圳开展资本市场改革创新试验、建立实名制信用信息体系、支持广州和深圳开展保险综合改革试点等；在社会领域探索职业技术教育管理体制、率先建立城乡平等就业制度、率先实现城镇人员平等享有基本社保等。

2009年以来，以广州、深圳、珠海为中心的珠三角城市开始在不同领域探索改革新路径，以体制改革为动力加快经济发展方式转变。广州以建设“首善之区”为目标，积极探索“民主法制建设试点市”；深圳则以行政三分、大部制和公务员分类改革为先导，探索“一级政府三级管理”的新型基层管理体制和行政运行模式；珠海市着重探索社会治理新模式，2009年出台《关于推行社会管理体制改革先行先试的意见后》，在多个方面启动了改革探索，如借鉴香港成立了多个决策咨询委员会及社区自治新体制。

加强粤港合作也是珠三角《规划纲要》的重要内容之一。经过双方多年的努力，今年4月7日，广东与香港在北京签署了《粤港合作框架协议》，提出两地携手打造亚太地区最具活力和国际竞争力的城市群，率先形成最具发展空间和增长潜力的世界级新经济区域。《框架协议》确定了两地在跨界基础设施、现代服务业、制造业及科技创新、营商环境、优质生活圈、教育与人才、重点合作区、区域合作规划、机制安排等九大领域的合作内容，是推进粤港区域经济一体化的里程碑式的文件，对于推动广东产业结构转型升级和发展方式转变将产生深远影响。

4月18日，广东省与国家实施《珠江三角洲地区改革发展规划纲要》督促检查组举行情况交流会。督促组认为广东省贯彻落实《规划纲要》取得了八个方面的积极变化。广东省委书记汪洋表示，督促检查让广东有了“紧箍咒”。要在贯彻落实《规划纲要》、转变经济发展方式的过程中探索出一条有广东特点的路子。下一步将进一步分解存在的突出问题，结合制定“四年大发展”的具体目标，明确各市各部门的任务，制定切实可行的举措，推动《规划纲要》贯彻落实向纵深发展，争取在“四年大发展”上打一个漂亮仗。近期，广东省委省政府召开珠三角地区贯彻实施《规划纲要》工作会，对实施《规划纲要》作进一步具体全面部署。

汪洋纵论转变经济发展方式

时间	场合	主要言论
2010年1月7日	广东省委十届六次全会	要在国际赛场上与别人抗衡，就要求我们要练“肌肉”、练“力量”，这样才能在国际市场上成为真正强有力的竞争者。而这个练“肌肉”、练“力量”的艰苦过程，就是增强自主创新能力、提高核心竞争力的过程。在自主创新这场大戏中，政府应该成为“导演”，因为自主创新是有风险的，企业这个创新的“主角”是否愿意参加演出，表演的水平如何，与政府这个“导演”关系极大
2010年3月6日	全国两会广东代表团分组审议讨论	要保持清醒认识，把更多精力放到转变发展方式上来，切实防止在经济形势回暖向好的时候，传统发展模式复归。一要更新观念加快转变。继续促进提高自主创新能力、促进传统产业转型升级、促进建设现代产业体系、保持经济平稳较快增长。二要机制倒逼促进转变。今年将对各级党委、政府落实科学发展观实行新的指标评价，实施新的财政激励机制。三是制定政策引导转变。利用政策杠杆充分调动全省各地、各行各业加快结构调整。四是加大培训学会转变。推动各级领导干部以及企业人员的知识结构转型升级
2010年4月12日	全省加快转方式专题研讨班	我们必须清醒地认识到，经济发展方式不转固然不行，慢转也不行，必须以“等不起”的紧迫感、“慢不得”的危机感和“坐不住”的责任感，在“加快”上下工夫，扎实高效地推进经济发展方式转变，才是赢得科学发展新优势的根本出路
2010年4月12日	全省加快转方式专题研讨班	要注重知识转型，为加快转变提供智力支撑。各级党委、政府必须重视解决干部加快转变的知识和本领匮乏问题，把大规模培训干部和培养人才作为加快经济发展方式转变的战略任务。突出重点，缺什么补什么，干什么学什么

加快经济发展方式转变40条

在初始于2008年底的国际金融危机背景下，有这样两个数字，一时令广东人内心纠结。一是外贸依存度最高时达160%，是全国平均水平的2.7倍；一是贴牌生产的加工型企业达3.9万家，占全国40%。

依靠毗邻港澳、先行一步的优势和成本低廉的优势，广东创造了“两头在外、大进大出”的珠三角模式，这些数字曾经代表着发达和荣光。然而，当国际金融危机袭来时，它们却代表着没打上“补丁”的漏洞：高外贸依存度带来与国际市场“同此凉热”的高风险度，不确定不稳定因素更多；而在巨浪滔天的金融海啸里，那些没有自己“头脑”和“心脏”的贴牌企业更容易“沉没”。长处成了短板，广东的经济增长率一度坠落到改革开放以来的最低点5.8%。

进入5月，广东省委、省政府出台《关于加快经济发展方式转变的若干意见》，为岭南大地加快转变发展方式，当好科学发展排头兵吹响了新的进军号。中共中央政治局委员、广东省委书记汪洋说，转变经济发展方式是今年全省经济工作的核心和“头号工程”。

国际金融危机爆发以来，广东通过建立“倒逼机制”，实施“三促进一保持”（促进建立现代产业体系，促进提高自主创新能力，促进传统产业转型升级，保持经济平稳较快发展）和产业、劳动力“双转移”的总体工作思路，珠三角劳动密集型产业向欠发达地区转移，腾出土地和资源，发展先进制造业、高科技和现代服务业等高附加值产业，欠发达地区劳动力向当地二、三产业和珠三角发达地区转移。“双转移”战略当时被称为“腾笼换鸟”策略，也是广东思想大解放学习讨论活动催生的重大决策，是破解广东科学发展系列难题的突破口，加快转变经济发展方式的步伐。

在实施过程中，广东以产业转移园为抓手，大力推进产业集群转移，通过在产业转移园建立技术支持中心和设立“双转移产业技术提升项目”，推动了产业集群在转移过程中进行升级和重构，并衍生出新兴产业，提高了东西北地区的产业发展水平，实现了珠三角和东西北地区的梯次发展。同时，广东省建立了“省推进珠江三角洲产业向山区及东西两翼转移联席会议”制度，先后制定了《广东省产业转移工业园认定办法》、《关于支持产业转移工业园用地的若干意见（试行）》、《广东省产业转移区域布局总体规划》和《关于做好优秀农民工入户城镇工作的意见》等配套文件。特别是省政府以竞争方式择优扶持欠发达地区15个省示范性产业转移园建设，每个园获得5亿元扶持资金，取得了明显的成效。

2009年，广东已在33个省级产业转移园中投入开发资金约400亿元，相对欠发达的广东东翼与山区工业呈现良好增长势头。同时，农村劳动力技能培训转移就业步伐加快，共培训82.4万人，新增转移就业128.5万人。

由于遭受全球金融危机冲击，广东“双转移”战略曾被不少人士质疑。但广东主政者顶住重重压力，宁可暂时牺牲发展速度，“坚决不保护落后生产力”。实践证明，“双转移”战略是正确的。在实施“双转移”的过程中，广东还加快了构建现代产业体系的步伐。2008年7月，该省出台了《关于加快建设现代产业体系的决定》，提出重点发展生产性服务业、先进制造业、以电子信息技术为主导的高新技术产业等六大重点产业。2009年7月，广东省委书记汪洋在省委十届五次全会上又提出了“双提升”战略，即珠三角要以“双提升”（提升产业竞争力、提升自主创新能力）为重点，加强高新区和经济技术开发区建设，把引导产业异地转移与构建现代产业体系有机结合起来，把政府引导与市场机制有机结合起来，努力取得更大突破。

按照广东省随后出台的《关于加快高新技术产业开发区发展的意见》，“双提升”战略首先要高标准建设高科技园区，建设广州、深圳两个世界一流高科技园区；创建珠海、中山、佛山、惠州等一批国家创新型园区；建设一批省级特色产业园区，促进形成全省高新区均衡发展的格局。其次，要发展高端创新集群，积极培育新兴战略产业，紧跟世界科技创新和产业发展前沿，积极培育新一代通信、下一代互联网、新型电子元器件、特种功能材料、可再生清洁能源、海洋装备、航空航天等新兴战略产业，加快形成新的经济增长点。今年3月26日，广东省政府常务会议审议了新型电子信息、半导体照明（LED）、电动汽车三个新兴产业规划。而根据广东省经信委近日发布会透露，包括这三个新兴产业在内，“十二五”广东将选择11个产业作为重点发展的战略性新兴产业，支持资金将达到100亿元。目前，广东正在编制《广东省战略性新兴产业发展“十二五”规划》和关于加快促进战略性新兴产业发展的决定与意见。

洗礼后的自信和淡定

国际金融危机对我国经济的冲击，表面上是对经济增长速度的冲击，实质上是对经济发展方式的冲击。金融风暴，浮华吹尽，袒露的，正是广东外贸依存度高、产业层次低、自主创新能力不强等传统经济发展方式上存在的问题。通过“双转移”、“双提升”等一系列转变发展方式。去年全省外贸依存度从最高年份的160.7%降至133%，服务业成为经济增长的首要推动力，金融业整体规模首次超过香港，先进制造业增加值占工业增加值的1/3，专利授权量连续15年居全国首位……因此，一年过后人们发现，位于“风暴眼中心”的广东并没有出现外界担心的狼狈与窘迫，相反，却多了一份洗礼后的自信和淡定。

广东的实践表明，加快转变经济发展方式，是一个不断探索的过程。一个小池塘换一次水，可能只要几小时；一个大水库换一次水，可能就要十天半个月。广东是经济大省和人口大省，不亚于一个巨型“水库”，并且处于全国这个特大“水库群”的重要位置，牵一发而动全身，实现经济发展方式全面转变，需要一个长期过程。而在这个过程中，人们看到了广东加速转变的优势。这个优势就是，思想解放，敢想敢干，改革的底蕴深厚，人民群众对新鲜事物接受快；市场经济体制发育得比较好，市场主体的适应性较强；物质基础比较雄厚，政府支撑经济发展方式转变的能力比较强，在加快转变经济发展方式上“既有心又有力”。

人们也发现了广东加速转变的特色。这些特色包括，发挥外向型产品的优势，克服外需市场受限的劣势，推动经济发展由外向带动为主向内外需协调拉动转变；发挥传统产业基础好的优势，克服附加值低的劣势，推动传统产业转型升级，由价值链低端向高端延伸转变；发挥软硬环境以及区位比较好的优势，克服传统产业比重较大的劣势，大力发展先进制造业、现代服务业和高技术产业，用增量稀释存量；发挥市场经济体制相对完善、财力相对雄厚的优势，用市场配置科技和人才资源，克服人才和科技资源相对短缺的劣势，推动经济发展由要素驱动向创新驱动转变；发挥区域间竞争活力强的优势，克服区域间互动合作相对不足的劣势，推动跨行政区域资源配置，实现经济发展由单极拉动向城乡区域协调拉动转变。

广东“珠三角带动区域协调发展”战略布局

现场会	时间	文件	发展战略
珠三角	2009年3月29日至4月10日	《关于贯彻实施〈珠江三角洲地区改革发展规划纲要(2008--2020年)〉的决定》	以广佛同城化为引领，推动产业转型、环境再造，建设广佛肇、深莞惠、珠中江三大经济圈。推进珠三角城际轨道、公路、水电油气管网等一体化建设，加快年票互通、公共交通一卡通。提升自主创新能力和产业竞争力，打造优质产业集聚地、裂变发展地，建立现代产业示范区
粤东	2009年6月13日至16日	《关于促进粤东地区实现“五年大变化”的指导意见》	粤东各市打破行政区划藩篱，在基础实施、产业布局等方面进行统一规划，其中汕头将率先建设粤台经贸合作试验区，带动粤东地区融入海西，揭阳将通过石化和潮汕机场等大项目，成为粤东制造业中心，潮州则利用东南亚众多侨商，拓展粤东对东盟贸易，汕尾将利用深汕产业转移园，主动对接珠三角
粤西	2009年9月24日至28日	《关于促进粤西地区振兴发展的指导意见》	把粤西建设成为广东重化工业基地、现代物流基地、循环经济示范和现代农业示范区、统筹城乡发展示范区，广东参与环北部湾地区、大西南地区以及东盟合作发展的门户和桥头堡，支撑广东区域协调发展的重要城镇群、沿海经济带和新的经济增长极
粤北	2010年1月11日至15日	《关于促进粤北山区加快发展的指导意见》	以“双转移”和招商引资为重要抓手，全面振兴韶关工业基地。推进传统产业调整振兴，打造粤北汽车及零部件生产基地、钢铁生产基地、粤北世界锌都、装备基础零部件制造基地。培育发展战略性新兴产业，广泛开展以提高资源利用效率为核心的清洁生产活动，大力发展循环经济、低碳经济

从朝南坐北到朝北坐南，加工贸易转型与“广货北上”并举

以“三来一补”加工贸易和出口为主的外向型经济是广东经济发展的成功模式，但国际金融危机让广东发现这种“两头在外”的模式潜藏着巨大风险，因为话语权都掌握在别人手里。最困难的时候，广东毅然转身：一方面，积极争取“加工贸易转内销”的试点；另一方面，实施了“广货全国行”，第一次从原来的朝南坐北变成了朝北坐南。

在加工贸易转型方面，2009年11月27日，广东省省长黄华华在全省加工贸易转型升级工作现场会上提出，要推动销售市场、生产方式、产地和发展方向“四个转型”，实现发展阶段、产业结构、产品结构和集聚配套“四个升级”，实现全省内外需联动的战略转型。在这方面，东莞经验得到广东省的青睐，被确定为加工贸易转型升级试点。按照最近制定的《东莞市推进加工贸易转型升级工作方案》，东

莞将在推动来料加工企业不停产转型、建设“电子口岸”、建设保税物流服务平台等方面有所突破。

广货北上的声势最大，2009年3月底4月初的落实珠三角纲要现场会期间，广东省委书记汪洋鼓励广东产品进一步开拓内需市场，并承诺“我和省长给你们站台”！广东省经贸委还出台了《广东产品全国行系列活动方案》，广货“西北行”、“中部行”、“西南行”随即启动。2009年，132场广货展销会遍及西安、合肥、重庆、南宁、长沙、上海、南京等30多个重点城市，广东企业一年来共签下内销订单达5800多亿元。

今年1月15日，广东省在全国率先出台了《关于实施扩大内需战略的决定》，推出37条扩大内需的政策措施，其中推动“广货全国行”仍是一个重要方面，广东省将采取的措施包括深度开拓广货市场，制作、投放“广东制造”广告，提高广货知名度；继续办好“广东省外商投资企业产品(内销)博览会”；实施“广东名品进名店”行动和振兴广东老字号工程；支持企业在省外组建“广东名牌名标产品贸易(展示)中心”，在广货销售集中地建设“广东商贸城”和“广货批发街”等。4月18日，广东省党政代表团赴江西学习考察，省委书记汪洋和省长黄华华继续为广货内销“站台”，出席粤赣经贸合作项目签约仪式。

率先破题简政强镇事权改革

为贯彻落实《中共中央办公厅、国务院办公厅转发〈中央机构编制委员会办公室关于深化乡镇机构改革的指导意见〉的通知》(中办发〔2009〕4号)、《关于开展经济发达镇行政管理体制改革试点工作的通知》(中央编办发〔2010〕50号)和《中共广东省委办公厅、广东省人民政府办公厅关于富县强镇事权改革的指导意见》(粤办发〔2009〕33号)精神，今年6月，广东省就推进简政强镇(含乡和街道，下同)事权改革提出全新指导意见，目标就是转变职能，下放权限，理顺关系，优化机构设置和编制配备，创新体制机制，深化人事制度改革，增强基层活力，建立适应城乡统筹协调发展需要和服务型政府建设要求的镇级行政管理体制和运行机制。其基本原则有三条：

(一)突出重点，简政扩权。加快政府职能转变，减少上级管理事项，扩大镇级经济社会管理权限，强化财力保障，做到权责一致，财力与事权相匹配。

(二)坚持创新，分类指导。创新管理和服务体制机制，健全行政运行机制；根据不同区域的特点和经济社会发展情况，对镇改革进行科学分类指导。

(三)统筹配套，稳妥推进。衔接上级政府机构改革，统筹兼顾各项体制改革，积极探索，稳步实施，处理好改革、发展和稳定的关系。

简政强镇事权改革主要任务

在广东，GDP和人口相差几倍甚至10倍的镇，管理职能权限将不再一样。因此，当广东省《关于简政强镇事权改革的指导意见》甫一提出，就引起媒体的广泛关注。

按照一定指标对镇进行重新分类，通过权力下放，扩大镇级管理权限，实现“量体裁衣”。是这次出台的《意见》的核心思想。《意见》提出，要按照镇辖区常住人口、土地面积、财政一般预算收入三项指标，由地级以上市机构编制部门对镇重新进行分类。综合指数在150以下的，为一般镇；综合指数在150~300之间的，为较大镇；综合指数在300以上的，为特大镇。不同类型的镇，在办事机构设置、行政编制配备上都有很大差别。比如，一般镇行政编制不超过35名。特大镇最多的可达到150名。

简政放权是《意见》的关键词。《意见》提出，下放给镇与其经济社会发展水平相适应的行政许可、行政执法以及其他行政管理权。对常住人口多、经济总量大的中心镇或特大镇，重点在产业发展、规划建设、项目投资等方面全面扩大管理权限。

一个亮点是，明确“除中央和省委、省政府有明确规定外，上级主管部门不得自行向镇派出（驻）行政机构，未按规定自行派出（驻）的予以撤销或调整由镇管理。”

推进行政体制创新，拓展经济发达镇试点

《意见》提出，结合中央有关精神，积极推进经济发达镇行政管理体制改革试点，创新镇级行政管理体制。在继续推进佛山市顺德区容桂街道、南海区狮山镇和东莞市塘厦镇、石龙镇开展简政强镇事权改革试点的基础上，按照中央编办发〔2010〕50号文要求，确定上述四镇和增城市新塘镇、东莞市长安镇为经济发达镇行政管理体制改革试点。

增城市要结合试点镇经济社会发展的实际，在加快政府职能转变，盘活行政资源存量，建设服务型政府，通过行政管理体制改革探索加快经济发展方式转变的新路子、创造推动科学发展的新模式等方面取得突破性进展。佛山和东莞市要在继续贯彻落实简政强镇事权改革试点政策的基础上，根据中央关于推进经济发达镇行政管理体制改革试点的精神，进一步完善有关改革措施，深化行政管理体制改革，加大简政放权力度，在转变政府职能、深化镇级行政审批、行政许可和行政执法体制机制改革、建设村(含社区，下同)综合公共服务平台、创新公务员管理制度等方面迈出更大步伐。同时，有关市要把改革与行政区划调整、建制调整、行政层次扁平化改革有机结合起来，在经济发达镇行政管理体制综合配套改革方面走在全省乃至全国前列。

其他地区要积极借鉴试点经验，结合本地实际加快推进简政强镇事权改革，创新行政管理体制。

理顺纵向权责关系，加强镇级财力保障

《意见》明确指出，法律法规和政策规定由上级党委、政府及其部门承担的责任，不得转移给镇承担。确需镇配合做好有关工作或承办有关事务，要赋予相应的办事权限并提供必要的经费保障。严格控制对镇党政领导干部的“一票否决”事项，凡是不属中央和省委、省政府规定的“一票否决”事项一律

取消。进一步清理和规范各种评比达标表彰活动。建立健全与镇职能相适应的考核评价指标体系，不得将不属于镇职能的事项或不应由镇承担的责任列入考核范围。

除中央和省委、省政府有明确规定外，上级主管部门不得自行向镇派出(驻)行政机构，未按规定自行派出(驻)的予以撤销或调整由镇管理。上级主管部门按规定派出(驻)镇的行政机构，改为双重管理体制，主要领导的人事任免等重大事项要按规定程序征求镇党委意见，其党群工作实行属地管理，业务接受镇的协调，因承担中心工作或重大临时性任务的需要，应服从镇的统一领导。鼓励市或县(市、区)按规定权限，根据本地实际，积极探索完善对上级主管部门派出(驻)镇机构的管理方式，建立既有利于加强管理，又有利于增强镇党委、政府统筹协调能力的新机制。

珠江三角洲地区各市可率先建立市、县、镇三级政府职责关系调整方面的制度，实现纵向政府间行政权责关系处理的规范化和程序化。市、县政府及其部门在实施管理过程中，要更加注重绩效监督，建立与镇权扩大相适应的规范化、精细化的绩效监督评估体系，切实推行依法监督、宏观管理、间接管理和“结果管理”。

上级党委、政府要为镇履行职能创造条件，调整优化市、县、镇三级政府财政收支结构，理顺县、镇财政分配关系，尤其对经济欠发达的镇，财政分配要向镇级倾斜，进一步增加镇级财力，加快化解历史债务，使镇级财力与其承担的责任相匹配。上级政府和有关部门不得违反规定硬性下达不合理的税收上缴指标。有条件的地方，可将所属各镇区域内的行政事业性收费、现属上级部分全额返还镇财政。镇财力要从竞争性行业和领域退出，重点保障民生和满足公共需求，不得参与经营性投资活动。

完善公共管理和服务体系，创新运行机制和方式

《意见》提出，理顺镇、村关系，整合镇、村公共服务和行政资源，做强镇、村综合公共服务机构和综治信访维稳平台，构建综合服务和大综治、大调解工作格局。村公共服务机构和综治信访维稳平台由镇、村联合组建，其主要负责人原则上由所在村党支部书记兼任。镇可对村相关机构实行经费项目计划和委托办理制度。鼓励镇深化农村管理体制改革，理顺农村基层组织关系，加强农村干部队伍建设和管理。

按照从救济型服务和保障向普惠型服务和保障转变的发展方向，完善公共服务体系，扩大服务范围，加强统筹城乡一体化的基础设施建设，积极推动建立政府投资的公共基础设施免收费制度。珠江三角洲地区要加快扩大免收费制度覆盖的领域和范围。结合当地经济社会发展和财力状况，逐步提高职工最低工资标准，在住房、卫生、教育、社会保障等民生方面确定符合当地实际的最低保障、补贴标准，并逐步提高，率先达到中等发达国家和地区的保障水平。

要切实提高直接面向基层和群众的“窗口”机构的服务质量和效率，通过推行“一站式”服务、办理代理制、首问责任制、办理时限制等，减少办事程序和环节，完善服务制度。加快电子政务建设，

建立和完善网上行政审批和许可、并联行政审批和许可。加大政务公开力度，落实公众的知情权、表达权、参与权和监督权。探索通过政府采购、项目招标、合同外包、特许经营、社区治理、志愿者服务、委托代理、公众参与等社会化方式，建立多元化的公共服务投入体系和运行机制。尤其是珠江三角洲地区的镇，要适应人口规模大、城市化水平高、管理任务重等特点，在管理和服务体制机制优化等方面加大改革创新力度，迈出更大步伐。

促进、支持和规范社会组织健康有序发展，充分发挥社会组织在社会管理和公共服务领域的重要作用。对社会无力兴办、又确有必要兴办的公共事业，如救助站、慈善机构等，可由政府投资并通过公开招标等公正透明的方式发包到两个以上的企业或社会组织经营管理，有关财政预算及受托企业或社会组织的财务账目全面实行网上公开。企业可通过资助设立社会组织等方式积极参与公共事业建设。探索建立“项目参与式”社会工作模式，构建多元互动合作的综合治理机制。

研究制定政府购买社会组织和村服务的绩效评估机制和失信惩罚制度，不断创新社会组织和村民(居民)自治组织的管理体制机制。

经济发达镇要加大体制机制创新力度，理顺政府与社会的关系，加快推进政社分开，建立依法管理、关系清晰、充满活力、管理和服务更加到位的政社共同治理和服务体制机制。经济发展水平一般和欠发达的镇，要重点围绕为“三农”服务和稳定农村社会秩序等职责，加快培育农村社会组织，建立健全市场化的合作机制，不断拓宽政府与社会合作内容和渠道，推进农村经济社会又好又快发展。

规范机构设置，优化编制配备

《意见》要求，重新制定镇分类标准，在对镇进行科学分类的基础上，按照精简、统一、效能的原则，综合设置党委、人大和政府机构，优化编制配备。

科学进行镇分类。按照镇辖区常住人口、土地面积、财政一般预算收入三项指标，由地级以上市机构编制部门对镇重新进行分类(镇分类标准)，并报省机构编制部门备案。综合指数在150以下的，为一般镇；综合指数在150—300之间的，为较大镇；综合指数在300以上的，为特大镇。建立镇分类动态管理机制。

合理设置综合性办事机构。限额为：一般镇，按不超过5个设置。较大镇，按不超过7个设置。特大镇，综合指数在300~400的，按8~10个设置；综合指数在400以上的，按不超过12个设置。具体设置形式由镇的上一级党委、政府根据本地实际在限额内确定。

镇党的纪律检查委员会机关、人民武装部按有关规定设置，工会、共青团、妇联等群团组织按有关章程设置。具体工作由有关综合性办公室或配备专(兼)职人员承担，相关人员的待遇按照国家和省的规定执行。

优化机关行政编制配备。根据本地实际，在上级核定的镇行政编制规模内，镇行政编制可参照以下标准配备：一般镇，不超过35名。较大镇，不超过55名。特大镇，综合指数在300~400的，不超过85名；综合指数在400~500的，不超过120名；综合指数在500以上、常住人口特别多、经济规模特别大的镇，可适当增加编制，但最多不超过150名。

辖区面积在300平方公里以上的镇，在按其类别所确定的编制数基础上，可适当增加编制，但原则上增加的编制不得超过15名。

街道原则上按一般镇设置机构和配备编制。其中，规模相对较大的街道，其机构编制可适当增加；2001年乡镇机构改革后，由镇成建制或合并镇改设的街道，可比照镇分类办法确定机构设置和编制配备。

不再按比例核定镇机关后勤服务人员编制，可改为按行政编制的一定比例核定后勤服务人员数，原在编在职后勤服务人员占用后勤服务人员数并按原制度管理。

镇领导班子的职数配备，严格按照有关规定执行。

改革事业站所，创新管理服务体制机制

理顺管理体制。除中央和省委、省政府及省编委有明确规定外，设在镇的事业站所原则上实行以镇管理为主、上级主管部门进行业务指导的管理体制。今后确需实行以上级主管部门管理为主的管理体制，须报经省机构编制部门批准。

推进分类改革。将事业站所承担的行政管理职责划归镇政府，行政执法职责依法交由行政机关承担。对公益性站所加强财政保障，将经营性站所转制为经济实体或中介服务组织。对站所归类整合，按领域综合设置公益类事业站所或服务中心。加强农业公共服务能力建设，组建镇或区域性农业技术推广服务机构。镇不再设置经费自理的事业单位。

探索编制核定和人员管理制度。根据公益类事业单位承担的职责任务，合理核定人员编制或聘用人员数。探索按公益类事业单位职责任务实行财政经费预算包干。在包干经费内由事业单位依法依规进行岗位设置和人员聘用。

创新服务机制。积极探索建立社会力量参与的社会事业举办机制，建立以事定费、以费养事、养事不养人的财政投入机制、以理事会管理为核心的事业单位法人治理结构、以聘用制和岗位管理制度为核心的用人机制、与人员绩效直接挂钩的收入分配机制，鼓励发展多元化的农村社会化服务组织和农民专业合作组织。

强化绩效评估。对公益性和准公益性事业单位的运行状况、服务质量、产出效益和人员结构等定期评估，依据评估结果相应调整政府公益性服务经费投入和机构编制。

创新用人制度，完善激励机制

《意见》提出，深化镇干部人事制度改革，加大选调优秀大学生到乡镇培养锻炼的工作力度，提高

从优秀村(居)党组织、村(居)委会主任、选聘到农村或社区以及社会组织和事业单位任职或锻炼两年以上的高校毕业生、服务期满考核合格的“三支一扶”大学生等基层和生产一线人员中招录公务员的比例。逐步建立乡镇公务员遴选到上级机关的工作机制。对长期在基层和边远艰苦地区工作的干部、长期担任乡镇党政领导职务的干部，探索实行有关待遇倾斜政策。欠发达地区要探索建立更加灵活的乡镇用人制度，引导优秀人才到乡镇工作，完善引得进、留得住、干得好的长效机制。

综合指数在350以上的特大镇机关，可探索解决行政编制不足问题的有效办法，建立严格规范的镇机关聘员管理制度。聘员限额按照行政编制与聘员总额之比确定，镇综合指数在350—400(不含400)之间的，行政编制与聘员总额的比例在1：1以内掌握；在400~500(不含500)之间的，在1：2以内掌握；在500以上的，在1：3以内掌握。具体由镇的上一级机构编制部门核定，并报省、市机构编制部门备案。

支持珠江三角洲地区各市在严格控制行政编制总额前提下，根据需要，经省级以上公务员主管部门批准，对专业性较强的公务员职位和辅助性公务员职位实行聘任制。建立体现公平原则的公职人员保障制度，在机关聘员队伍中引进薪酬竞争激励机制，建立固定工资和机动工资福利待遇相结合的灵活工资制度。

先行先试扩大人才引进对外开放，允许综合指数在400以上的镇机关、经济开发区管理机构、事业单位、有政府财政投入的社会管理和公共服务组织、社区公共服务机构、政府独资或与社会合资的慈善组织等符合条件的组织机构在人才招聘制度方面大胆探索，积极引进港澳台或海外优秀管理或技术人才。

建立镇公务员和机关聘员绩效评估机制，健全公职人员绩效评估制度，并将评估结果与干部的职业荣誉、选拔使用和工作奖惩等结合起来。

完善决策和监督机制，实现民主决策和有效监督

《意见》特别要求，在扩大镇级政府管理权限的同时，要相应明确镇级承担与其权力对等的责任。建立与扩大镇权相适应的民主决策和权力监管体制。扩大公众对党政决策的参与，建立专家论证、决策听证与咨询机制和民意征集吸纳机制。

建立健全以党政正职为重点的镇党政领导监督制度。探索建立具有广泛代表性和独立性的行政行为和绩效监督评估机制，重点对党政重大决策、项目建设、行政许可、行政执法、财政预决算、政府采购等行为进行监督和评估。加快建立健全财政监督制度，推进镇党政机关及所属机构预决算在网络等新闻媒体公开。

建立健全对环境保护、城乡规划、节能减排、公共交通、土地节约集约利用等重点监管事项的监督标准，配套建立系统严密、设计科学、操作性强的奖惩制度。充分发挥基层社会组织、新闻媒体等社会力量的监督作用，建立内外结合的有效考核监督制度。

地标之八：区域创新转移示范的安徽崛起快动作

安徽是中国改革开放的发源地，但长期以来处在长三角、珠三角两大板块之间，这种特殊优越的地理位置反而让安徽左右摇摆，错失了很多机遇。但事实上，无论是融入长三角还是对接珠三角，产业转移始终是安徽决策的一个核心战略。经过多年坚持不懈的努力，国家相继批准安徽为国家技术创新工程试点省和皖江城市带承接产业转移示范区，使安徽从政策的“洼地”和投资的“盲区”转变成为国家战略高地和产业转移的聚集地，走上了科学发展的快车道。2009年，安徽成为全国第14个步入“万亿俱乐部”的省份，标志着安徽开始进入加速崛起新阶段。

合芜蚌试验区成为安徽崛起新引擎

第一台VCD、第一台国产空调、第一台国产微型电脑、第一辆微型汽车，这N个“第一”都是在安徽诞生的。2004年，合肥启动国家唯一科技创新型试点市建设；2008年，安徽省设立合肥芜湖蚌埠自主创新综合试验区；2009年，安徽成为国家技术创新工程试点省。中央及省内主流新闻媒体多次对安徽自主创新给予了高度关注，被誉为“安徽现象”。

选择合肥、芜湖、蚌埠作为自主创新综合配套改革试验区，安徽省筹谋已久。该区域高等院校占全省的77.5%，科研院所为全省一半以上，国家级工程技术中心占全省3/4。2008年10月17日，安徽省召开全省推进自主创新暨建设合芜蚌自主创新综合配套改革试验区动员大会，出台了《关于合芜蚌自主创新综合配套改革试验区的实施意见（试行）》，正式启动合芜蚌自主创新综合配套改革试验区建设。此举标志着安徽省力图通过体制机制的突破，探索依靠自主创新引领区域经济发展的新路径，建立比较完善的区域创新体系，成为中西部乃至全国创新型人才、企业和产业高地。

2009年全国两会期间，安徽向全国人大会议提交了将安徽省合芜蚌自主创新综合配套改革试验区升格为国家级的自主创新试验区议案。国家发改委对安徽省申请成立试验区提出了明确的指导意见，指出可以在省级先行开展相关体制机制的探索和实践。按照合芜蚌自主创新试验区《实施意见》，试验区将实施创新产业升级等六大创新工程和深化科技管理体制等六项体制改革。为推动试验区的建设，安徽省密集出台了可操作性强、含金量高的配套文件，形成了推动合芜蚌新区发展的政策支撑体系。最集中的体现就是2008年10月安徽发布的《关于推进合芜蚌自主创新综合配套改革试验区工作的若干政策措施（试行）》，推出了26条合芜蚌新区建设优惠政策。

今年合芜蚌试验区主要的工作部署，是培育提升一批创新型企业，建设一批产学研战略联盟，同时加快构建产业研发、要素交易、成果转化、中介服务、资源共享等服务平台，加速创新要素向企业聚集，增强企业自主创新能力和核心竞争力。此外，要支持合肥高新区申报国家创新型科技园区，加快合肥示范核心区等建设，推进芜湖、蚌埠高新区升级；探索开展投融资体制、股权激励等改革，扎实做好合肥公共安全、芜湖汽车电子及关键零部件创业投资基金试点工作，加快风险投资基金的招募与运作，推进股权、专利权、商标权质押贷款试点工作，探索发展创新创业信用担保和贷款。

在合芜蚌自主创新试验区加快建设之际，2009年11月，科技部等正式将安徽列为国家技术创新工程试点示范省。今年1月23日，安徽省召开试点工作动员大会，同时出台了实施方案，明确提出将依托重点企业、高等院校和科研机构，攻克一批关键共性技术，建立一批产业技术创新战略联盟，促进七大新兴产业发展。同时，将依托奇瑞汽车公司、江淮汽车公司、合肥工业大学等，开发电动汽车动力系统综合技术和装备、混合动力客车轿车、燃料电池汽车、驱动电机、动力电池及其控制系统等关键零部件，建设新能源汽车产业基地和产业技术创新战略联盟。

安徽推进合芜蚌自主创新试验区建设的政策措施（要点）

类别	要点
提高产业核心竞争力	对试验区创新型产业相关核心技术、重大装备研发项目，或重大引进技术、装备的消化吸收再创新项目，给予最高1000万元资助；获得国家拨款的，给予国家拨款额50%、最高1000万元资助。对新认定的国家级工程（技术）研究中心、企业技术中心、工程实验室、重点实验室、检测中心、创新咨询中心、军转民研发机构等，给予一次性50万至500万元奖励。主持制定国际标准、国家标准和行业标准的企业，给予最高50万元奖励。被认定为国家知识产权示范企业的，给予20万元奖励
推进科技成果产业化	在试验区建设的高新技术产业化项目，国家批准的，给予国家拨款额50%、最高1000万元资助；省级批准的，给予项目总投资10%、最高1000万元资助。在试验区新建公共技术研发平台、检测实验平台、信息情报平台等，给予最高500万元资助。高校、科研院所科技成果，由企业购买或成果单位自行在试验区内首次实施转化并实现产业化的，给予20万至200万元的资助。省政府设立合芜蚌自主创新综合配套改革试验区专项资金，用于落实本政策措施各类项目资金、资助、奖励等支出。从2008年起，省级财政每年安排专项资金5亿元
科技创新投入和金融支持	落户试验区的各类创业风险投资机构，因投资未上市科技型中小企业、在执行国家相关税收优惠政策后仍有风险亏损的，给予风险亏损额30%、最高1000万元资助。支持金融机构和担保机构联合开展知识产权质押、股权质押、动产质押等新型质押贷款。鼓励试验区各市设立担保公司、小额贷款公司。高校、科研院所等单位的科技人员携带科技成果在试验区创办企业的，给予公司注册资金50%、最高200万元资助
创新创业人才建设	试验区内高新技术企业、创新型企业和创业风险投资机构的高层技术、管理人员，年薪10万元以上的，实际缴纳的个人所得税省、市留成部分，全额奖励个人创新创业。对企业聘请国外知名科学家、高端技术专家、创新咨询专家来试验区工作的，一次性给予聘用费50%、最高50万元资助

皖江城市带全方位对接长三角

“泛长三角”作为一种趋势，早在数年前就引起舆论的广泛关注。2005年年中，一篇题为《明天的太阳从安徽江西升起》的文章，在皖赣两省引发一场热烈的讨论。文章作者是时任摩根士丹利亚太区首席经济学家的谢国忠。他在文章中预言，安徽和江西是首先接受产业转移的中部地区，按照梯度发展的理论，下一步崛起的就是安徽和江西。五年后的今天，皖江城市带承接产业转移示范区正式获批国家战略，这是首个获批的国家级承接产业转移示范区，对于探索中西部地区承接产业转移新途径和新模式、深入实施促进中部地区崛起战略具有重要意义。

皖江城市带包括合肥、芜湖、马鞍山、铜陵等九市和59个县（市、区）。由于紧邻我国最具活力的长三角地区，主要城市都在长三角经济区的辐射半径内，皖江城市带又被称为承接长三角产业转移的“桥头堡”。其获批承接转移示范区，也预示着安徽省多年来实施的“东向发展，融入长三角”战略取得了实质性进展。2006年，国家部署中部地区崛起战略时，皖江城市带就被确定为重点发展领域之一。2008年年初，胡锦涛总书记视察安徽时指出，安徽要充分发挥区位优势、自然资源优势、劳动力资源优势，积极参与泛长三角区域发展分工，主动承接沿海地区产业转移。2008年10月7日，安徽省政府《关于设立皖江城市带承接产业转移示范区积极推进泛长三角区域合作的请示》上报国务院。今年1月，《皖江城市带承接产业转移示范区规划》正式获批。2月2日，安徽省召开推进皖江城市带承接产业转移示范区建设动员大会，提出了“一年打基础、三年见成效，五年大发展”的时间表，并出台了《关于皖江城市带承接产业转移示范区规划的实施方案》，提出要重点抓好八项工作：

一是打造优势产业基地，围绕装备制造业、原材料产业、轻纺产业、高技术产业、现代服务业、现代农业等六大产业实施一批重大项目，推进产业集聚、打造一批产业集群和产业基地。二是加强开发园区建设，编制实施皖江城市带产业开发园区总体发展规划、示范区土地利用总体规划、承接产业转移集中区建设总体规划和起步区详细规划及相关专项规划。三是大力推进自主创新，支持骨干企业建设国家和省级工程（技术）研究中心、工程实验室、企业技术中心，建立健全面向产业园区的公共技术服务平台。四是构建现代城镇体系，实现产业与城镇互动发展，为承接产业转移提供支撑，编制实施示范区城镇体系规划。五是强化基础设施支撑，大力构建与长三角地区一体化的综合交通运输体系，优化能源供应结构，完善人水和谐的水利保障体系，加快推进区域信息一体化，编制实施皖江城市带基础设施专项规划。六是加强资源节约集约，编制实施示范区环境保护专项规划、长江岸线资源开发利用规划，严格执行转移项目节能评估审查、环境影响评价制度和环保“三同时”制度。七是促进区域联动发展，开展全方位、多层次、宽领域区域合作，深化与长三角区域发展分工，扩大与珠三角、环渤海、海峡西岸、港澳台等地区的交流与合作，密切与中西部地区的联系。八是积极创新体制机制，设立示范区建设专项资金和产业发展基金，制定支持示范区发展的财税、金融和人才政策。制定促进职业教育和培训、加强人才开发和就业的政策措施，建设与承接产业相配套的人才培训基地和公共实训基地，建立国家级引智基地。

为保障《规划》的顺利实施，今年4月安徽省正式出台《关于加快推进皖江城市带承接产业转移示范区建设的若干政策意见》，推出支持示范区建设的40条政策措施，从承接载体建设、产业升级、用地、税费价格、金融、人才智力等十个方面全方位支持皖江城市带建设。如从2010年起连续6年，省财政每年安排不少于10亿元的专项资金用于集中区建设；鼓励企业发行股票、企业债券、短期融资券、中期票据，支持符合条件的企业设立财务公司。今年一季度，安徽省到位省外资金1363.9亿元，其中来自皖江城市带承接产业转移示范区的实际引资比重高达75.5%。

围绕产业结构调整升级打响央企争夺战

为应对国际金融危机，中央政府从2009年起实施一揽子刺激经济政策，推出4万亿投资计划。面对4万亿“蛋糕”，地方政府全力争夺，安徽是行动最快、力度最大的省份，并率先打响了“央企争夺战”。2009年下半年至今年上半年，安徽先后召开三次高规格对接央企的会议。2009年8月26日，安徽省与中央企业合作发展座谈会在北京举行，推出了887个招商引资项目，总投资额超过1万亿元，107家央企参加了会议。2009年12月21日，安徽省与中央企业调整结构合作发展会议在合肥举行，105户中央企业出席会议。安徽方面本次与央企签约368个项目，其中合同项目66个，总投资额1720亿元，签署协议项目162个、意向性项目131个，涉及能源、先进制造业、高新技术产业、现代服务业、基础设施等众多领域。今年4月6日，安徽省又在合肥召开了安徽省推进与中央企业合作发展工作会议。省委书记王金山在会上强调，安徽与央企洽谈签订了很多项目，一批项目已经开工建设，现在最重要的就是把这些在手项目，抓得紧而又紧，逐项梳理，填平补齐，确保尽快落地生根。尤其要重点解决好资金、土地等突出问题，真正让安徽成为央企投资的热土和福地。自去年12月份到今年3月份，安徽省与中央企业合作发

相关链接

加快转变经济发展方式必须创新三项制度

4月6日，华南农业大学教授、长江学者罗必良在《南方日报》上以“增长方式转型本质上是个制度问题”为题撰文指出，“资本扩张型”和“出口导向型”是我国经济增长的显著特征，这是由一系列不合理的制度安排作用的结果，主要包括六项制度，即财政包干与分税制、税制本身的制度、政绩的考核及干部的任期制度、招商引资制度、不合理的“优惠条件”和征地制度。因此，加快经济发展方式转变，必须从制度创新上着手，目前的重点是要完善三项制度（见下表）。

类别	要点
财权与事权相匹配的分税制度	新的分税制度必须具备这样的特点：一是公平性，保证制度安排的起点公平、调整过程公平以及结果公平；二是对称性，保证财权与事权的对称；三是激励相容性，既要激励地方政府关心当地经济发展和财力壮大，同时也有利于整个国民经济的协调、可持续发展，实现中央政府、地方政府、企业和民众的共赢。
税收征收制度	生产型增值税的弊端是不利于促进产业结构调整和技术升级，抑制了企业技术改造和设备更新的积极性，特别不利于基础产业和资本、技术密集型产业的发展。新的“消费型增值税”已于2009年1月1日起实施。尽管还存在进一步完善的必要性，但其制度效应必将推进自主创新、技术进步与产业升级。
土地制度	一方面必须实行最严格的节约用地制度，按照建设资源节约型社会的要求，立足保障和促进科学发展，努力转变现行用地方式；另一方面必须建立城乡统一的建设用地市场，以公开规范的方式转让土地使用权，通过土地价格的市场生成，在保障农民土地权益的同时提升用地成本，从而避免对土地资源的过度占用。

展项目开工已达72个，投资总额达1676亿元。预计今年上半年将开工33个，总投资额达到445.02亿元。

按照安徽省部署，当前和今后一段时期，安徽省与央企着力围绕转变发展方式，推进结构调整这一主线，重点有六个方面：一是加强新能源、电子信息、节能环保、文化创意等一批战略性新兴产业合作；二是加强能源资源开发、装备制造产业、高技术产业等主导产业的合作；三是加强皖江城市带承接产业转移示范区、合芜蚌自主创新综合试验区等产业园区开发建设的合作；四是加强服务外包、物流园区、金融服务、旅游等现代服务业发展的合作；五是采取增资扩股、新上项目、新设合资公司等方式，加强企业重大改革重组的合作；六是加强高速公路、铁路、机场、港口、市政建设、环境治理和旅游等基础设施项目建设的合作。

在央企纷纷进入安徽之时，安徽本地国资国企大规模的战略性重组步伐也进一步加快。下一步，安徽将在推动优势资源向优势企业主业集中方面，计划在未来3~5年，把90%的国有资本集中到基础设施、先进制造业、生产性服务业以及公益性产业等领域，培育和壮大一批具有较强竞争力、在国内具有重要影响力的大公司大集团。操作层面，安徽已排出进度表，加快推进江淮新能源汽车、淮南煤矿瓦斯治理和综合利用、海螺水泥余热发电和新能源电池等重大项目。

据7月2日《安徽日报》的最新报道，今年以来，安徽省把与中央企业合作发展已签约项目开工建设作为重大任务，摆上重要议事日程，项目开工建设取得了积极进展。截至目前，开工项目达114个，投资规模达3434亿元。到今年底，还有52个已签约项目有望开工。而在省委、省政府精心部署下，省推进与央企合作发展工作领导小组在总结去年工作经验的基础上，进一步完善各项工作制度，细化各项工作措施，有力地促进我省与央企合作发展工作。特别是在推进项目开工建设中，建立项目开工建设工作责任制，全面落实项目服务提前介入制度和分级协调机制，积极创造条件，简化审批程序，提高服务效率，全力以赴地推进签约项目的开工建设步伐。

上述已开工建设项目，工业及信息化项目68个，投资规模1830.52亿元，占总投资规模的53.31%；电力6个，投资规模226.80亿元，占6.68%；基础设施8个，投资规模735.95亿元，占21.43%；城市建设12个，投资规模233.80亿元，占6.81%；房地产9个，投资规模343.75亿元，占10.01%；服务11个，投资规模63.18亿元，占1.84%。据悉，到今年底，还有52个已签约项目有望开工。

地标之九：万亿宏图循环示范黄河金岸的陕甘宁老区新起点

我国西部大开发战略已走过10周年，作为这一决策的发源地，陕甘宁三省区正在迎来新的重大发展契机。今年4月份，国家发改委西部开发司已对三省区十市进行了实地考察，完成了首部革命老区振兴规划——《陕甘宁革命老区振兴规划》的调研，这是继《关中—天水经济区发展规划》和《甘肃循环经济区规划》之后针对三省区的又一个国家战略。在国家不断加大政策扶持的基础上，陕甘宁三省区围绕转变经济发展方式主线谋划具有特色的区域经济发展战略，为今后的跨越式发展奠定了坚实的基础。

陕西：西安大都市圈支撑“万亿俱乐部”宏图

最近3年，陕西经济连续保持13.5%以上的增速，2009年经济总量达到8186.65亿元，人均GDP已经超过3000美元，进入全国中游行列。按照这样的发展速度，陕西正在谋划一个更宏大目标，那就是进入“万亿俱乐部”。陕西省区域经济研究会专家透露，陕西省正谋划到“十二五”的2015年，生产总值力争达到1.8万亿元，到2020年“十三五”末达到3万亿元，人均1万美元，进入全国发达省份行列。

实现如此宏大的目标，陕西有优势、有基础，关键在实现经济转型。2009年，陕西省提出通过培育新兴产业、发展循环经济、壮大县域经济，实现经济结构、增长方式和城乡发展路径的“大转型”，抢占发展先机，掌握今后新一轮经济增长的主动权。经济“大转型”战略中，陕西将工业产业升级和结构调整摆在首要位置。按照“大集团引领、大项目支撑、集群化推进、园区化承载”的工业发展思路，一手抓现有主导产业的巩固与提升，一手抓新兴产业的培育与壮大。作为能源化工大省，陕西省确定把循环经济作为经济发展模式的主要形态，以建设陕北循环工业园区和陕南循环经济聚集区为重点，带动全省循环经济起步，实现清洁、安全和可持续发展。这就进一步明确了陕北、陕南地区的发展思路。而在“大转型”战略中起引领作用的，则是西安国际大都市建设。

2009年6月，国家正式批准了《关中—天水经济区发展规划》，这一规划的两大亮点，一是对西安作出“形成国际现代化大都市”的定位，二是提出基本建成以西安为中心的统筹科技资源改革示范基地，支持西安在统筹科技资源、提高自主创新能力方面开展综合配套改革试验。把西安尽快建设成为中

关中—天水经济区空间战略布局

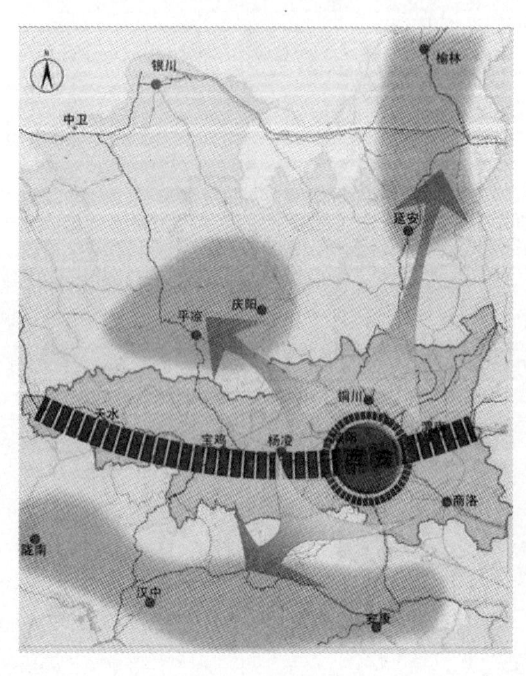

“一核”：西安（咸阳）大都市，是经济区的核心，对西部和北方内陆地区具有引领和辐射带动作用。

“一轴”：宝鸡、铜川、渭南、商洛、杨凌、天水等次核心城市作为节点，依托陇海铁路和连霍高速公路，形成西部发达的城市群和产业集聚带。

“三辐射”：以包茂高速公路、西包铁路为轴线，向北辐射带动陕北延安、榆林等地区发展；以福银高速公路、宝鸡至平凉、天水至平凉等高速公路和西安至银川铁路为轴线，向西北辐射带动陇东平凉、庆阳等地区发展；以沪陕、西康、西汉等高速公路和宝成、西康、宁西铁路为依托，向南辐射带动陕南汉中、安康和甘肃陇南等地区发展。

至于建成以西安为中心的统筹科技资源改革示范基地，用国家发改委相关官员的话来说，这是中央支持关中—天水经济区发展一项最大的政策。它意味着西安取得类似于上海浦东、天津滨海等综改试验区的同等地位，并拥有了改革的先行先试权。为充分用好这一政策，西安市计划用3至5年时间，通过综合配套改革，突破科技资源条块分割、配置不当的体制性障碍，率先建立高效整合利用科技资源的体制机制，为统筹科技资源、拉动经济发展提供制度支持，成为国家重大政策的试验基地，创新型城市的示范窗口。

国西部的国际大都市，体现了国家希望通过西安的国际大都市的建设，来辐射带动西北地区、黄河中上游地区，包括丝绸之路沿线地区，从而提升整个西部地区的发展水平。

2009年11月，陕西省政府第26次常务会议专题研究审议了西安国际化大都市城市发展战略规划、西咸新区规划建设方案等事项。会议强调，要结合西安国际化大都市建设，突出抓好泾渭新区、沣渭新区两大板块建设，优化空间结构和产业布局，完善基础设施，强化生态保护。不久，《西咸新区规划建设方案》正式出台，确定了涉及2市7县（区）西咸新区范围，提出建设泾渭新区、沣渭新区（两个开发区）和渭河生态景观带，总体上形成“两区一带”的开发建设格局，使西咸新区成为西安大都市圈之中渭河百里生态景观长廊横贯东西、秦汉历史文化景区一脉相承、现代制造和生物产业集群化发展、人居环境适宜优美的城市特色功能区，形成在全国具有重要影响力、在西部具有强大积聚和辐射带动功能的一体化开发示范区。

建设西咸新区是陕西省落实《关中—天水经济区发展规划》，着力打造西安国际化大都市的重大举措，对于建设大西安、带动大关中、引领大西北具有重要的战略意义。陕西省已成立了西咸新区建设领导小组，由省长任组长。今年2月21日，陕西省推进西咸新区建设工作委员会办公室暨沣渭新区、泾渭新区管委会正式挂牌成立，标志着“西咸一体化”进入了大规模实质性建设阶段。陕西省还将设立西咸新区建设专项资金，用于西咸新区重大或标志性基础设施、渭河生态景观打造和公共服务项目建设。另外，陕西省政府正在研究制定《西咸新区建设条例》，将于今年内出台。

相关链接

陕西首拍排污权探出治污新路径

6月5日上午，在陕西省排污权交易中心，陕西省委常委、副省长洪峰敲响铜锣，一场没有举牌竞价，只需通过电脑输入、鼠标点击、大屏幕实时显示的排污权交易拍卖会如期举行。

这是陕西省首笔排污权交易。“2900元／吨”“3300元／吨”“3500元／吨”“3900元／吨”……电子显示屏上排污权交易的价格不断被刷新，12家企业展开激烈的竞价。最终，经过半个小时角逐，2500元／吨的底价被升到了4200元／吨，5家企业抢购到2300吨二氧化硫排放权，总成交额944.9万元。

排污权交易，指在满足环境容量条件下，确立合法的排污权利，并允许其像商品一样买卖，以达到控制污染物总量的目的。

此次拍卖的2300吨二氧化硫的排放权主要来源于四个方面。一是在完成国家年度减排任务后富余的二氧化硫排放量。按照国家要求，陕西省每年向空气中排放的二氧化硫量应该削减12%，经过努力，年底削减任务超额完成，达到了12.75%，全省就有这超额完成的0.75%可以拿出来交易。二是陕西省产业结构调整的钢铁、水泥、焦化、有色、电石、铁合金等行业的工业企业关闭或生产线淘汰后二氧化硫的减排量。三是已实施关闭小火电的企业，没有“关小上大”新建燃煤机组使用的二氧化硫减排量。四是通过治理工程削减的二氧化硫减排量。

神木大柳塔水井渠煤矿以4100元／吨竞得首笔14吨二氧化硫排放权，高于基价64%。该矿代表邢晓晶在接受《经济日报》记者采访时说，即使再高一些，他们也势在必得，“国家批复的环境评价报告预审意见下来了，煤矿燃煤二氧化硫排放量为13.89吨／年，拿到排污权后才可以安心投产。虽然企业通过加强环保投入，可能用不到此次竞得的排污权，但还可以通过交易所出售给其他企业获取市场收益。”邢晓晶说，环境资源十分稀缺，排污权的价值定会水涨船高。今后无论是新建企业或者老企业要上新项目，只要排放二氧化硫就要先购买排放量。这一排污权交易制度，就是要为企业增加一项环境成本，这意味着越不环保的项目所付出的代价就越多。

据环保专家测算，“十二五”期间，陕西预计新增COD排放量12万吨、二氧化硫排放量50万吨以上，如果不采取有力措施，渭河COD排放量将增加约14万吨，超环境容量的倍数由2.5倍升至4.3倍。专家分析，陕西的一次性能源消费主要以煤炭为主，天然气在全省一次性能源消费中只占8%左右，远远低于23.8%的世界平均水平，能源结构不合理带来的是高耗能、高污染。

面对越来越严峻的现实，陕西环保部门开始谋划排污权交易，通过控制排放总量，把富余出来的排污量拿出来交易。“简单地说，就是用市场这个‘无形之手’，调动企业减少污染物排放的积极性。”陕西省环保厅厅长何发理说。

此次交易中，二氧化硫排放权起步基价为2500元／吨，这个基价是对陕西省重点行业、企业的治污成本进行评估后确定的。清华长三角研究院高级工程师陈亚林说，与沿海城市每吨上万元相比，陕西目前的排污权交易价格还很低。

排污权交易价格过低是否会导致排污大户可以花钱肆意排污？有关专家解释，这一制度有一个前提，就是在生态环境质量达标的前提下，进行全省总量控制。而对于企业来说，允许购买的量也是在确保达标排放的情况下仔细核算出来的，“并不代表着付钱就能随便排污，企业最高能买多少排放指标要经严格审核，且总排污量建立在对环境容量科学评估的基础上。”

为了规范排污权交易，陕西省环保厅排污权储备管理中心于5月10日成立。“今后二氧化硫污染物的排放权利转让与受让将在该中心的指导下以市场行为进行交易。”何发理认为，这种用经济手段打破原来的污染控制模式，让企业从被动减排化为主动减排，从而达到控制污染总量的目的，“随着经济发展，排污权交易价格将不断提高，为降低成本，企业必然会通过更新设备等多种方式减排。”

甘肃："47条"扶持政策下建设循环经济国家示范区

作为西部老工业基地，甘肃既是资源大省，又是经济小省。为了支持甘肃实现跨越式发展，继去年12月批准《甘肃省循环经济总体规划》之后，今年5月6日国务院又发布了《关于进一步支持甘肃经济社会发展的若干意见》，推出"47条"政策措施，这是国家第一次以高层次、全方位、多角度、成系统、成规范地下发支持甘肃发展的文件，不仅是制定目标、增加项目，更是为加快体制机制创新以及加快经济发展方式的转变。

大力发展循环经济，是国务院《意见》的一个重点。早在2007年12月，国家就将甘肃省列为循环经济试点省，2009年12月批准的《甘肃省循环经济总体规划》，提出将甘肃建设为国家循环经济示范区。今年1月15日，甘肃省召开推进循环经济发展电视电话会议，对全面启动循环经济示范区建设进行动员和部署，紧接着推出五大配套优惠政策，全力推进国家级循环经济示范区建设：加快推进居民生活用水阶梯式水价制度，严格执行差别电价；设立促进循环经济发展专项资金；对循环经济重大项目和技术开发、产业化示范项目给予直接投资、贷款贴息等支持；对未经加工的废弃物，不得向利用单位收取任何费用。下一步，甘肃省将打造企业小循环、产业中循环、区域大循环，打造有色等16条循环经济主导产业链；以推进清洁生产为重点，培育100户循环经济示范企业；以改造提升省级以上开发区为重点，形成36个环境友好型开发区；实施72个循环经济重点支撑项目，形成覆盖全省的七大循环经济专业基地；推进省级43个节水型社会试点建设，加强重点行业和160户企业的节能减排工作。按照计划，72个循环经济重点支撑项目总投资将达到2133亿元，可实现年销售收入1634亿元；对万元生产总值能耗、水耗降低的贡献率可分别达58%和85%，对提高工业废弃物综合利用的贡献率可达80%，对二氧化硫、化学需氧量减排的贡献率可分别达50%和75%。

同时，国务院《意见》提出促进区域协调发展，主要是两个经济区建设。一是大力支持兰（州）白（银）核心经济区率先发展，建设兰（州）白（银）都市经济圈，推进兰州新区、白银工业集中区发展，做大做强石油化工、有色冶金、装备制造、生物制药等主导产业，把兰白经济区建设成为西陇海兰新经济带重要支点，西北交通枢纽和物流中心，在全省乃至西北地区发挥"率先、带动、辐射、示范"的中心作用。二是着力推动平（凉）庆（阳）、酒（泉）嘉（峪关）经济区加快发展，加快陇东煤炭、油气资源开发步伐，积极推进煤电化一体化发展，构建以平凉、庆阳为中心，辐射天水、陇南的传统能源综合利用示范区。加快酒泉、嘉峪关一体化进程，积极发展风能、太阳能等新能源及装备制造产业，构建新能源开发利用示范区，形成甘肃东西两翼齐飞的经济增长新格局。

5月17日，甘肃省政府第56次常务会议，专题研究了贯彻落实国务院办公厅《关于进一步支持甘肃经济社会发展的若干意见》的主要任务。省长徐守盛强调，各级各部门要把贯彻落实《意见》与编制"十二五"规划紧密结合起来，将《意见》提出的战略定位、总体目标、发展布局和战略重点落实到"十二五"规划和各专项规划中。

甘肃"47条"和宁夏"31条"政策要点比较

方面	甘肃"47条"要点	宁夏"31条"要点
基础设施建设	进一步加快城镇道路、供水、供气、供热、垃圾和污水处理、再生水回用、园林绿化等基础设施建设	支持银川市经济技术开发区陆港物流中心和宁夏空港物流项目建设；中央财政加大对小型农田水利和中小河流治理的支持力度
生态建设	加大祁连山冰川和生态系统保护力度；加快石羊河、黑河、疏勒河流域综合治理；实施甘南水源补给区生态恢复	支持将宁夏建设成全国防沙治沙综合示范区，构筑西部重要的生态安全屏障；支持大六盘生态经济圈建设
农业发展	大力发展旱作节水农业；突出发展特色优势农业；支持以定西为主的马铃薯贸工农一体化示范区建设	大力发展现代农业，加快建设北部引黄灌区现代农业示范区、中部干旱带旱作节水农业示范区、南部黄土丘陵区生态农业示范区
工业发展	加快陇东煤电化建设；大力发展河西新能源；提升油气资源开发利用能力；全面提升有色冶金产业；做大做强装备制造业；支持老工业基地转型升级；积极发展战略性新兴产业	将宁东基地列为国家重点开发区，抓紧按程序批复实施《宁东能源化工基地开发总体规划》和相关项目；积极发展装备制造业和高新技术产业，做优做强数控机床、自动化仪表、煤矿综采设备、大型铸件、精密轴承等先进装备制造业
发展社会事业	重点建设农村卫生服务体系和城市社区卫生服务体系，加强地市级医院建设；开展城乡劳动力技能培训，落实针对就业困难人员的各项就业援助政策，帮扶零就业家庭人员实现就业	完善新型农村合作医疗制度，逐步提高补助标准，加快推进城镇居民基本医疗保险试点，进一步扩大城镇职工基本医疗保险覆盖面。支持解决关闭、破产国有企业历史遗留的社会保障问题

宁夏："六个一体化"构建黄河金岸与全国同步实现小康

宁夏是我国少数民族自治区之一，也是革命老区和集中连片贫困地区。为了促进宁夏经济社会发展，国务院于2008年9月出台《关于进一步促进宁夏经济社会发展的若干意见》（"31条"），提出着力转变经济发展方式和开发优势资源，着力深化改革和发展内陆开放型经济，走出一条符合宁夏实际、有特色的兴区富民发展道路。宁夏自治区党委书记陈建国在2010年全国两会上提出，西部大开发第一个十年是宁夏打基础的十年，第二个十年的目标就是要缩小和发达地区的差距，与全国同步实现小康。

宁夏南部为山区，地广人稀、经济落后；中部为干旱区，大部分地区由于自然条件恶劣，各种经济活动的开展较为困难；北部地区基本上集中了宁夏绝大部分的平原且有黄河自西南向东北穿流而过，农业生产和其他各种建设条件较好，经济、社会活动相对较为活跃。因此，平原地区成为宁夏经济和城市发展的绝对高地。早在2002年9月宁夏就提出采取中心城市带动战略，壮大中心城市银川市的城市规模，大力推进城市化进程。2005年，宁夏党委九届十四次全会再次提出要以银川等中心城市带动区域经济发展的思想，并首提以银川为中心，建设沿黄城市带（群），带动整个宁夏区域经济的健康发展。2007年宁夏党委十届一次全会进一步提出了打造黄河金岸的宏大目标，赋予沿黄城市带更深的内涵。

2009年2月2日，宁夏党委常委会正式通过了《沿黄城市带发展规划》，同年4月9日，在吴忠市召开“沿黄城市带建设启动大会”，沿黄城市带发展战略进入正式实施阶段。

沿黄城市带包括银川、石嘴山、吴忠、中卫4个地级市，以及平罗、青铜峡、灵武、贺兰、永宁、中宁10个城市。按照规划，沿黄城市带内将通过规划编制、基础设施、产业发展、区域市场、生态建设和市政服务“六个一体化”，通过打造标准化堤防和生命保障线、便民交通线、经济命脉线、特色城市线、生态景观线、黄河文化线等“一堤六线”，实现转变经济发展方式和产业结构优化升级。2009年9月1日，全区住房公积金异地购房贷款正式启动，银川市实施了城市公交一卡通，自治区通信局完成了沿黄城市带电信同网、同号、同费一体化的初步方案。沿黄城市带同城化取得了实质性进展。对于今年的工作，自治区主席王正伟在政府工作报告中提出，要加快建设沿河绿色景观长廊，规划建设园艺产业园、文化旅游园、科技创业园等特色园区。同时，开展城际公交、医保“一卡通”等试点，打造以银川为中心的“1小时经济圈”和4个地级市为次中心的“半小时通勤圈”；大力推进沿黄县城和“10个特色示范镇”建设，促进小城镇建设上水平，改革户籍管理制度，引导农民向城镇有序转移，力争全区城市化率达到47.5%。

2010年4月13日，宁夏黄河金岸项目建设大会战动员会在平罗县启动。今年宁夏沿黄城市带建设确定重点建设项目300多项，总投资约280亿。自治区主席王正伟在启动仪式上要求，把黄河金岸作为新一轮西部大开发的重要引擎，争取尽快上升为国家重点开发区层面，不断提升宁夏工业化、信息化、城镇化、市场化和国际化水平。

今年3月21日至23日，在西部大开发战略实施10周年之际，胡锦涛来到宁夏回族自治区考察工作。加快转变经济发展方式，做大做强特色优势产业，对西部地区在新起点上实现更大发展具有重要意义，也是胡锦涛这次考察的一个重点。在银川、吴忠、石嘴山等地，总书记一路风尘仆仆，就深入推进西部大开发、加快转变经济发展方式、保障和改善民生进行实地调查研究，激励宁夏610多万各族干部群众抢抓发展新机遇、描绘发展新宏图。

考察结束时，胡锦涛听取了宁夏回族自治区党委和政府的工作汇报，充分肯定了宁夏经济社会发展取得的显著成绩。胡锦涛指出，今年是实施西部大开发战略10周年。经过10年不懈努力，西部大开发取得了举世瞩目的巨大成就。过去的10年是西部地区经济发展最快、城乡面貌变化最大、人民群众得到实惠最多的10年，也是西部地区对国家贡献最突出的10年。这充分证明，党中央关于实施西部大开发战略的重大决策是非常正确的，采取的一系列政策措施是卓有成效的。胡锦涛强调，西部大开发第一个10年取得了良好开局、打下了坚实基础，第二个10年将成为承前启后、深入推进的关键时期。中央将把深入实施西部大开发战略作为具有全局意义的重大方针、作为“十二五”时期经济社会发展的重大任务，进一步完善扶持政策，进一步加大资金投入，进一步体现项目倾斜，以更大的决心、更强的力度、更有效的举措，推动西部地区经济社会又好又快发展，为我国发展开拓新的广阔空间。

地标之十：资源整合兼并重组的晋冀豫蒙转型发展大手笔

资源型地区是转变经济发展方式的难点。他们的定位正从过去仅仅满足于为国家经济建设做贡献转向现在的资源整合、转型发展，确实是一次脱胎换骨、浴火重生的改造。用吴邦国委员长今年两会期间在山西团参加政府工作报告审议时所说的，资源整合重组方向是正确的，是结构调整的重大举措，为全国带了个好头，意义重大。

山西：争做国家资源型经济转型发展试验区

煤炭资源整合，山西堪称一个标本。2008年山西提出转型发展、安全发展、和谐发展“三个发展”的战略，转型发展放在了第一位。2009年，山西省以“壮士断腕”的气魄推行了煤炭行业大规模的兼并重组，虽然成为全国唯一没有“保八”的省份，但煤矿企业兼并重组取得全面实质性进展，对转型发展具有深远的影响。时任山西省委书记张宝顺在今年全国两会上坦承，如果说转变发展方式是一次深刻的革命，那么对于山西这样的资源型地区来讲，确实是一次脱胎换骨，浴火重生的改造。他表示，实践使我们体会到，过度依赖资源的发展路子不能再走了，必须转变，越早越主动，只有在转型中发展，才能为发展赢得空间。关于下一步转型发展的思路，张宝顺提出重点要实现三个目标：一是建设低碳绿色新型能源基地，探索高碳产业低碳发展的路子。二是建设文化旅游强省，有效开发丰富的文化旅游资源，实现文化大省向文化强省的跨越。三是建设新型材料和装备制造业基地，使山西的重工业优势和原材料优势得到发挥。

目前，山西煤炭资源整合重组基本完成，但这只是其转型发展的第一步，接下来还有更重要的工作等待完成。今年5月上旬，山西省向国家发改委提交了一份关于山西建立“国家资源型经济转型发展综合配套改革试验区”报告，要求将山西列为新经济“特区”，给予更多的自由裁量权。早在2003年，山西省就提出构建煤炭开采资源与环境补偿机制的建议。2006年6月15日，山西获准成为全国唯一的煤炭可持续发展试点省份。如果试验区获批，山西将获得部分土地的审批权。在此次申报的试验区方案中，明确提出了山西将拥有对采煤沉陷区、废弃工矿地、劣质土地的使用和审批权，而且在保证山西省现在耕地总量不变的情况下，还将拥有“土地置换”的建设、用地指标，山西省由此实现耕地总量的动态平衡以及灵活利用土地的空间。另外还有一个重点，就是困扰山西煤层气开发的气权问题。山西煤炭企业将在首先获得煤炭资源开采权的前提下，拥有优先开采煤层气的权利。山西提出的方案是“气随煤走、两权合一”，即采气权与采矿权均为一家企业所有。按照山西省政府的规划，到2015年山西的煤层气、天然气、焦炉煤气、煤制天然气供气总量将达到120亿立方米。如果发展好“四气”产业，就相当于再建一个中国的“大庆”。近日，经国土资源部批准，晋煤集团成功获得成庄和寺河(东区)区块煤层气采矿许可证，这在全国煤炭企业尚属首例，对于山西省建设中西部能源特区来说意义非凡。

山西：绿色“转身”谋发展

我国是煤炭生产和消费大国，原煤产量占一次能源的比重超过70%，对煤的依赖性远大于世界其他国家。作为为现代工业和经济生活提供血液，同时承担着温室气体减排重任的煤炭工业，能否走出一条可持续发展之路，对于未来中国煤炭产业的发展至关重要。

统计数据显示：今年一季度山西经济增速达到19.4%，高出全国增速7.5个百分点，位列全国第三。

而去年同期，山西经济增速却以负8.1%的增幅，落了个全国倒数第一。依靠坚定不移推进经济转型，山西实现漂亮的“转身”。

2009年以来，遭受国际金融危机冲击“重创”的山西，咬紧牙关、全力推进经济转型。煤炭行业成为转型发展的“排头兵”。去年至今，山西顺利完成了煤炭资源整合及煤矿兼并重组，全部淘汰年产量30万吨以下小煤矿，减少办矿主体，提高集中度，单井平均规模达到100万吨，大幅提高了煤炭业机械化、资源回收率、安全保障能力，实现了煤炭产业水平的整体提升。

事实上，以国际金融危机倒逼为契机，自2009年起，一场由地方政府强力推进、疾风骤雨式的煤炭资源整合重组在山西展开，力度之大、程度之深为历年罕见，引发社会广泛关注。“这是一条不得不走的路。”对于一年前启动的山西煤炭资源整合重组，山西省煤炭工业厅厅长王守祯在接受《人民日报》采访时坚定地说，“早走比晚走好！”

30万吨以下小煤矿占70%以上，回收率平均仅为大矿的18%，全省煤矿采空区面积5000平方公里，煤矸石堆放量超过11亿吨，近1700多个村庄，约80多万民众饮水困难，频发的安全事故和屡屡曝光的官煤腐败一次次将山西推向舆论中心……煤炭产业，支撑了山西经济的发展，也使当地付出了沉重代价。

痛定思痛。山西毅然做出了“黑”转“绿”的抉择：启动煤炭资源重组，加快推进经济发展方式转变，摈弃“污染的GDP”。

截至2009年底，山西煤炭重组整合正式协议签订率达98.6%，兼并重组主体到位率96%；全省矿井数由2600座减少到1053座，年产30万吨以下煤矿全部淘汰；形成4个年生产能力亿吨级的特大型煤炭集团，3个年生产能力5000万吨以上的大型煤炭集团。

以山西焦煤集团为例，截至6月1日，山西焦煤集团共整合172座矿井，整合后为70座。整合后这些矿井预计储量可达64.47亿吨，总产能预计可达年7146万吨，与整合前相比，山西焦煤产能几乎翻了一番。

重组虽启，但前行之路依然艰辛。“现在进行的重组整合，就是力争从根本上解决特定时期的遗留问题。但存量调整一定会付出成本，比如保留矿井和主体企业要承担落后退出的补偿成本，被整合关闭的落后矿井要承担预期收益受损成本等。”王守祯说。

谈及“重组后”阶段，山西焦煤集团董事长白培中直言面临许多不确定因素。“被整合矿井情况千差万别，人员参差不齐，一些被整合矿井前期私挖乱采严重，基础地质资料缺失，周边情况不清，系统不完善等问题将安全风险扩大了几倍。此外，整合预计总投入260亿元，经营管理、投融资风险不可低估。”

山西煤炭其实也是全国煤炭业的一个缩影。今年，煤炭资源整合和煤矿企业兼并重组将在河南、贵州等煤炭资源省份推开。重组整合后的产业升级和技术改进，对煤炭业来说，既是机遇，也是挑战。

伴随着煤炭业内部的重组整合，产业外部市场化改革也在加快推进。今年起，传统的年度煤炭订货会、衔接会、汇总会将全部取消，长达16年的煤炭价格双轨制结束，完全由企业自主衔接、协商定价。山西煤炭企业今年签订合同价格在2009年每吨上调80元的基础上，再上调40元左右。

煤炭价格的上涨，牵动着整个产业链下游行业的神经。以煤炭产业最大的下游用户火电发电企业为例，“市场煤”和“计划电”的双轨体制下，“煤电顶牛”成为近年造成电力供应紧张的一个体制性因素。在煤炭价格进一步市场化的基础上，“煤电联营”或“煤电一体化”的思路被市场接受。煤炭产业链延伸裂变，新的产业趋势开始出现。

距离山西省会太原市60公里的古交矿区，西山煤电集团古交配煤厂亚洲最大的桥式刮板混匀取料机正以每小时1500吨的效率，将按比例水平分层堆放的不同品质煤种全断面取料，源源不断地输送给国内最大的燃用洗中煤坑口电厂——古交发电厂燃用。

山西兴能发电有限责任公司（古交发电厂）是由西山煤电和华电集团按60:40股权成立的发电企业。董事长荣国林说，通过洗选，西山煤电古交矿井每年产生的洗中煤、煤泥、煤矸石等“能源垃圾”经配比加工，成为发电厂的燃料，发电产生的全部粉煤灰将用于生产建材，节省的运力则用于销售精煤。

“煤—电—建材”、“煤—焦炭—化工”、“煤—油品—化工”、“煤—天然气—化工”、“瓦斯抽取—发电供热”……以循环经济为模式的煤炭生产利用路径，正最大化地延伸着这一产业的价值链条。

电力企业投资煤矿、煤炭企业参股电厂、石油企业试水煤层气开发，煤炭产业链条上各行业通过股权投资横向合作的模式初现规模。

在塔山循环经济园区，同煤集团和大唐发电合资的塔山煤矿每年1500万吨原煤全部供大唐所属企业，筛选煤直接供两家合资的坑口电厂。华能集团在新疆启动煤制天然气项目。中石油投资的国内首个整装煤层气田去年底投入商业化运行。

从煤电顶牛到煤电联营，再到煤电气并举及酝酿中的煤电路港一体化，煤炭产业市场化过程中催生的产业链裂变，代表着这一产业发展的趋势。

山西着力推进煤炭工业循环经济，加速14个循环经济园区的建设，破解单一煤炭产业发展模式。目前，同煤塔山、焦煤古交、潞安屯留等煤炭循环经济园区已开始运作。山西国有重点煤炭企业已建成利用煤矸石、中煤和煤层气（瓦斯）发电电厂24座，总装机容量3696兆瓦；延伸煤—电—铝、煤—焦—化、煤化工等产业链，实现资源综合利用。2009年，山西煤炭行业实现非煤销售收入同比增长27%，省属五大煤炭集团非煤收入比重近半。

黑色煤炭、绿色开采，高碳产业、低碳开采

这是一座看不到煤的“煤矿”。当《人民日报》的转变发展方式调研行的报道组走进塔山循环经济园区时就发现，成规模的产业园、洁净的厂区、封闭的生产线，挑战着传统思维中的煤矿概念。煤炭

在井下被采掘后，通过密闭皮带输送至储煤仓，再经过洗选后分类利用……在同煤集团塔山煤矿，地下“黑金”煤炭，就是这样通过全封闭式的开采处理过程而转换成经济发展和人民生活所需要的能源或原材料。是的，这是一条全新的煤炭循环经济产业链：

——巨大的采煤机呼啸着剥离黑黑的煤壁。滚滚乌金通过密闭的胶带运输机直接运送到洗煤厂入洗。洗出的精煤通过铁路专用线装车外销，筛分煤进入坑口电厂，洗中煤供综合利用电厂发电供热以及煤化工甲醇项目，分选出来的煤矸石输送到煤矸石砖厂制砖。

——塔山煤矿伴生大量高岭岩。曾经废弃污染环境的高岭岩被输送到高岭岩加工厂，磨细、干燥、煅烧、改性，用于造纸、化妆品、陶瓷、医药行业。

——坑口电厂排出的粉煤灰，作为水泥厂的原料；水泥厂排出的废渣，进入砌体材料厂生产新型砌体；矿井排出的工业废水及生活污水，全部进入污水处理厂，净化处理后再进入电厂复用；选煤生产过程中产生的煤泥水经浓缩机沉淀处理后重复使用，一部分废水经深度处理用于矿区生活、消防及井下洒水。

各个项目首尾相接，环环相扣，上一个单位生产的废料是下一个单位的原料，逐层减量利用，物料闭路循环：原煤开采后入洗，精煤售价远高于原煤；进入煤制甲醇生产链条，甲醇及生产过程衍生的化工产品会使煤炭价值呈几何级增长；洗中煤过去以极低的价格处理或废弃，如今进入电厂发电供热，身价大增；坑口电厂的燃料由塔山煤矿通过不足1.5公里的输煤皮带直接运达电厂，每吨至少降低运输成本200元以上，还缓解了公路、铁路运力紧张的矛盾，减少了运输过程中的环境污染，同时避免了部分燃煤电厂因特殊气候及其他原因导致的“缺煤”情况发生。“煤炭产业的低碳化发展，首先要从源头抓起，就是要用‘绿色’的理念开采‘黑色煤炭’。要从广义资源的角度，对煤炭、伴生矿产、地下水、瓦斯等进行综合开发，核心内容是精采细采、适度开发、最大回收、最少排放。”企业负责人这样强调。而在其背后，是这样一组数据：塔山循环经济园区总投资204亿元，包括1500万吨塔山煤矿、1000万吨同忻煤矿、选煤厂、坑口电厂、资源综合利用电厂、甲醇厂、煤矸石砖厂、高岭土加工厂、水泥厂、污水处理厂和铁路专用线等13个项目，构建起“煤—电—建材”和“煤—化工”两条完整的产业链条，被认为代表着未来中国煤炭产业发展的方向。

数据显示，2009年，塔山循环经济园区实现利税26亿元。在塔山循环经济园区，煤炭资源产生的经济效益，让它在真正意义上成了“黑金”。

另据介绍，塔山电厂采用石膏脱硫技术，脱硫效率达95.1%，比国家要求高出5个百分点，相当于年减少二氧化硫排放量1903万吨；塔山煤矿采用自主研发的特厚煤层综放开采工艺，18米厚的煤层一次就可采完，回采率达80%以上；资源综合利用电厂通过热电联供，替代了矿区240多台分散燃煤锅炉，解决550万平方米集中供热，年减少二氧化硫排放4000吨，烟尘排放量6900吨……塔山园区累计完成100多项科技创新项目，园区工业固体废弃物综合利用率达100%，生活和工业废水经污水处理厂处理后复用，基本上做到废水“零排放”。

“像挖煤炭资源那样挖文化资源”，已成为山西上下的共识。山西出台了文化产业调整振兴规划，到2015年增加值要达到GDP的5%以上。今年起，山西省、市、县三级联动组织实施“一策一业一品一节一剧”文化产业发展工程。黄河、太行山、五台山、平遥、晋商、关公、云冈、西口、雁门关、娘子关等饮誉海内外的文化资源，将形成政府主导、市场运作、社会资本参与等多种模式运营的文化产业发展形态。省、市、县三级预算安排了文化产业发展专项资金，今年，11个市的总投资将超过40亿元。

与此同时，山西加快了淘汰落后产能的步伐。连续3年，山西对列入淘汰名单的项目坚定地执行停贷、停电、停运、停水、停业“五停”措施。到2009年底，节能减排“三大指标”中，山西已提前一年超额完成二氧化硫“十一五”减排总目标；万元GDP能耗累计下降18.28%，化学需氧量累计下降11%，其中，电力和水泥行业已提前完成了国家下达的“十一五”期间淘汰落后产能任务。今年，山西综合运用法律、经济、技术和必要的行政手段，加大淘汰力度，确保年内完成淘汰钢铁、焦化、水泥、电石铁合金、电解铝等六大产业落后产能总量2300万吨。

盛夏期间，山西省委书记袁纯清、省长王君又马不停蹄投入了新一轮的转型发展调研中，他们对山西的未来信心十足，“认准的路就要坚定不移地走下去，在发展问题上，要变小步快跑为大步奔跑。”

相关链接

资源枯竭城市之转型

2009年3月，山西孝义被确定为全国第二批资源枯竭城市之一。孝义的发展遭遇了瓶颈：环境污染严重，经年累积的煤矸石高达上亿吨，产业结构失调，一、二、三产业的结构比例为2.5：74：23.5，支柱产业中传统资源型煤焦化、煤电铝、煤钢铁的比重过大，且产品初级、工艺粗放。挖完煤后怎么办？孝义市市长张旭光说：“如果不解决、不突破这些瓶颈问题，可持续发展就是一句空话。”

吕梁"煤老板"摇身变成"鸭司令"

在山西吕梁山下的孝义市，饲养着一种从国外引进的新鸭种，这种鸭生长速度快，饲料的转化率和瘦肉率高，抗病力强，区域适应性强，在我国南北方均可饲养，这是由山西铭信禽业有限公司引进的。

几年前，铭信禽业有限公司董事长薛宇铭还是个搞煤化工的“煤老板”，如今摇身一变却成了“鸭司令”。山西铭信禽业有限公司的生态肉鸭养殖及深加工项目，是孝义市经济转型的一个典型例子。项目总投资2.1亿元，可生产30大类130多种规格的鸭类制品，是华北最大的生态肉鸭养殖加工基地，已直接带动养鸭农户1000余户，间接带动种植、运输、加工等就业人员1.5

万余人，可带动相关农民增加纯收入3000余万元。目前，孝义市已发展规模养鸭小区35个，饲养量达到1000万只。

类似薛宇铭这样的“煤老板”，从最初的煤焦企业，转而从事其他非资源型企业，在孝义目前已有七八十家。

孝义的转型发展概括起来有两个方面：一是加速传统产业改造升级；二是启动并大力扶持发展非资源型、环保型、高科技型的新兴产业。着力构建了“四大体系”：产业支撑体系、环境支撑体系、民生保障体系和体制机制保障体系。由此形成主导产业实力雄厚、新兴产业多元驱动的五大基地，即具有世界先进水平的焦化工业基地，全省一流的现代化煤炭生产基地，全国一流的铝材、铝合金基地，辐射周边区域的现代服务业基地，全省一流的现代农业基地。

凝聚转型合力

高阳农业科技示范园区是孝义市新发展的一个现代农业基地。该园区实施核心带动、开发延伸、辐射周边的梯级发展模式，已完成投资5.1亿元，入驻企业12户，产品达60余种，其中有16项产品填补了国内空白，带动农户1500余户。据介绍，目前孝义市已发展各类现代农业示范园区74个，农副产品加工企业达到30余户，直接带动农民就业7.5万人，以农业产业化发展推进转型。

孝义市把发展现代服务业作为发展新兴产业的突破口来带动转型，提出以现代商贸、餐饮、物流、旅游、金融服务、文化产业等为重点，建设辐射周边区域的现代服务业基地。孝义市制定实施一系列扶助政策，从2008年起市财政每年筹措3000万元用于现代服务业重点示范项目补助。目前，全市确定的19个现代服务业重点项目，已有18个开工建设，完成投资11.89亿元。现代服务业项目已成为孝义众多煤老板转型的主战场，在这个全新的行业和领域中，他们逐渐找到了自己的坐标。

孝义市市长张旭光说：“资源枯竭城市的经济转型是一个长期而艰巨的过程，只有从政策、资金、体制、机制等层面把全市干部群众的积极性、创造性、资金和人才、经验和智慧挖掘出来、调动起来，才能形成经济转型的合力。”孝义市委、市政府出台了转型项目建设考核奖惩办法，严格目标责任考核，制定并实施了《关于鼓励投资和加快经济转型的优惠政策》等一系列调控政策。积极开展生态环境整治，着力推进节能减排，积极解决民生问题，从各个层面来加快转型步伐。

孝义在转型发展中已经焕发出勃勃生机，各项主要经济指标持续健康增长，2009年1至10月份财政总收入完成36140万元；2009年1至9月份，地区生产总值完成144亿元，同比增长7.2%；规模以上工业总产值173亿元，同比增长5%；城镇居民人均可支配收入10906元，同比增长4.83%。孝义正步入一个人文的、生态的、可持续发展的新天地。

河北：城镇面貌大变样和京津冀一体化成为区域发展双引擎

地处京津冀都市圈的河北，改革开放以来侧重于工业化的推进，特别是作为资源型产业的钢铁业在全国也是“一枝独秀”，目前产能居全国各省区之首，产值和工业增加值均占全省工业产值和增加值的1/3以上。虽然以钢铁为龙头的经济总量不小，但竞争力不强，一个重要原因就是城镇化进程滞后、城市竞争力不强，既不能吸纳和聚集高端产业，也不能吸纳和聚集高等级要素，造成产业发展低端化，也造成城乡差距过大。2008年，河北省的城镇化率只有43%左右，低于全国将近5个百分点。与工业化率相比，河北省城镇化率滞后10个百分点以上。2007年10月，河北省委七届三次会议首次正式提出了“力争每年一大步、三年大变样，使全省城镇面貌明显改观”的思路。2008年初，河北省委下发《关于在全省开展城镇面貌三年大变样活动的通知》，提出从2008年起，全省11个设区市、所有县城和镇城区开展城镇面貌“三年大变样”活动，目标是城市环境质量明显改善、承载能力显著提高、居住条件大为改观、现代魅力初步显现、管理水平大幅提升。这是河北省打造新的经济增长极、增强区域竞争力、实现经济社会又好又快发展的重大战略举措。

河北项目建设助推平稳较快增长

《人民日报》今年3月29日一期曾报道了河北投资增幅全国第一，节能减排力度空前的消息。数据显示，随着总投资达366亿元的美的邯郸工业园、新兴铸管特种管材生产基地等121个重点项目开工、建设，邯郸市在推动产业结构调整、加快发展方式转变方面迈出坚实步伐。在过去的一年里，河北省变压力为动力、化危机为机遇，将项目建设作为调整结构、促进发展方式转变的重大战略举措，实现了经济平稳较快增长。2009年，河北固定资产投资增幅达38.4%，位居全国第一，全省生产总值同比增长10%，全部财政收入增长10.6%。

报道显示，河北省抓住国家扩大内需的政策机遇，把项目建设作为保增长的重大战略举措，提出了交通、能源等重大基础设施建设以及民生领域等9个方面23条具体措施，全力谋划和实施项目建设，加大投资拉动经济增长。去年，全省新开工项目2.49万个，其中亿元以上项目1451个，全社会固定资产投资1.23万亿元，增长38.4%，增幅居全国第一。

河北的项目建设努力向民生倾斜，去年全省用于教育、医疗、社保与就业以及安居工程等民生方面的支出921亿元，占一般预算支出的39.8%。全年实施棚户区“危改工程”，累计为21.95万户城市低收入家庭提供了住房保障，完成了棚户区改建498.8万平方米，解决了3.6万户低收入家庭住房困难。

河北省注重提高投资质量，大力推进节能减排，大力促进产业优化升级，力戒低水平重复建设，严禁新上高耗能、高污染项目，坚决淘汰落后产能。去年，全省淘汰落后炼钢炼铁1300万吨、水泥1700万吨，关停小火电机组169万千瓦，单位生产总值能耗下降5%以上，二氧化硫排放量和化学需氧量分别削减6.81%和5.74%。

另据今年4月27日河北省召开的全省城镇面貌三年大变样重点工作调度会披露，到目前，该省城镇面貌三年大变样工作五项基本目标均完成60%以上。五项基本目标共分19类80项，全省设区市自查项目共计880项（次）。截至3月底，各市已有697项（次）达到指标要求，占总数的79%。初步统计，全省“三年大变样、推进城镇化”期间，计划启动的城建大项目有1000多个，总投资将达到8000亿元。2010年三年大变样进入收官之年。省委书记张云川在2月24日至25日举行的河北省委常委集体学习会议上强调，加快经济发展方式转变，必须重视解决城乡结构不合理的矛盾，着力提高河北城镇化水平，构建区域经济高地、拓展持续发展空间。

实际上，在推进城镇化、城市化方面，河北拥有十分有利的条件，那就是环京津的区域优势，但之前这一优势并未充分凸显出来。5月19日，国家发改委官员透露，《京津冀都市圈区域规划》已经上报国务院，有望今年出台。《京津冀都市圈区域规划》是国家“十一五”规划中的一个重要的区域规划，其区域范围包括北京、天津两个直辖市和河北省的石家庄、秦皇岛、唐山、廊坊、保定、沧州、张家口、承德8地市。根据规划，京津冀三地各有明确的产业发展定位，河北8市定位在原材料重化工基地、现代化农业基地和重要的旅游休闲度假区域，也是京津高技术产业和先进制造业研发转化及加工配套基地。

为抓住这一重大发展机遇，河北目前正在从更高层次和平台上布局全省城镇化战略，即加快区域融合，大力推进京津冀一体化，积极构筑以京津为核心的“双核多级”区域城镇规模等级结构，形成功能合理、组合有序的网络型城镇体系，力争到2020年，使环京津市、县（市、区）达到中等城市规模。在今年4月27日召开的全省城镇面貌三年大变样重点工作调度暨环京津城市集群发展座谈会上，省长陈全国进一步提出，全方位深化与京津的合作，实现京津发展我发展、京津繁荣我繁荣，真正形成以文化联系为纽带、以交通体系为平台、以资源要素流动为基础、以产业转移为支撑、以金融体系为连接、以共同发展为特征的环京津城市群。

河北今年试行强制污染责任险

6月1日，河北省第四届“环保与金融——绿色保险”论坛在石家庄召开，来自河北省环保、金融等部门的专家以及20多家保险行业的负责人齐聚一堂，就环境污染责任保险的设立、投保标准、责任范围，如何建立适应河北经济、社会发展的“绿色保险”制度，如何进一步完善环境经济政策体系，促进环境保护长效机制的建设，以及如何应对突发污染事故等问题进行了探讨。据《中国环境报》从河北省第四届“环保金融——绿色保险”论坛会上获悉，今年，河北省将启动环境污染责任险(以下简称“绿色保险”)试点工作，在全省重污染排污企业依法实行强制绿色保险，实现绿色保险覆盖范围广、投保规模大、实际效果好的年度目标，力争到2011年基本建立覆盖全省各行各业的绿色保险制度。

探讨绿色保险，推广知易行难

“到目前，石家庄市还没有一家企业投保这种环境污染责任险。”中国太平洋保险财产股份公司石家庄中心支公司业管部经理谢战海说，由于种种因素制约，不仅在石家庄市，在河北省乃至全国，这一险种的发展都较为缓慢。

“绿色保险是继绿色信贷后我国推出的又一项环境经济政策。但这一各方均看好的新险种，在实践中却遭冷遇。”河北省经贸大学教授、河北环保金融专业委员会秘书长王小江说，目前在河北省推出环境污染责任保险的有华泰财产保险公司、中国人民财产保险公司等企业，但却没有一家企业投保。

“究其原因，除了制度方面的因素，企业和保险公司双方也都有责任。”河北省环保厅污染防治处处长孙学军分析说，不少企业都过于重视利润，缺乏环境保护和保险意识，并存在一定侥幸心理，以免占用本来就紧张的流动资金，影响企业的经营效益。而对保险公司来说，环境风险不易有效分散，且在承保、防损、理赔上难度高，因此开展此类业务成本较高。特别是目前，企业对绿色保险还没有普遍认可，采取的是自愿保险的投保模式，导致投保基数少、经营风险难以控制、效益难以保证，推广热情被抑制。

说到制度和经营模式的原因，河北省原政协副主席、河北环保联合会会长陈慧认为，绿色保险是一种责任保险，纯商业保险模式不利于市场的发展，这也是绿色保险试点工作未能实现重大突破的最主要原因之一。

民安保险(中国)有限公司河北省分公司总经理助理尉立朴说，目前，环境污染保险的推行还缺乏法律保障，对企业是否参保没有制度约束，加之目前缺乏有效的环境污染事故责任追究制度，企业自身缺少参保动力，难以深入推进。

挂钩绿色信贷，依法强制实行

“绿色保险带有一定的公益性质，离不开政府的有力推动，而政府推动的最有效方式就是强制实行。”孙学军说，河北省将按照突出重点、先易后难的思路，要求重污染排污单位全部购买绿色保险，一般性污染单位参照执行，污染风险较小的企业可以自愿选择。

河北省将把环境污染责任险作为试点企业核发换发排污许可证和危险废物经营许可证、危险废物转移联单管理、开展行业准入审查、上市环保核查、申报环保专项资金、建设项目竣工环保验收、环保评优评先等工作的重要审查内容和先决条件，并依法强制实行。

“河北省环保厅正在制定相关政策法规，建设绿色保险数据库，为绿色保险的实施提供法律依据和积累可靠的数据资料依据。”河北省环保厅政策法规处处长张桂生介绍说，河北省在确定试点范围时，将力争避免参保面窄和小的问题。

河北省还将企业购买绿色保险情况作为衡量其环保信用的基本要素，纳入企业信用信息系统，并与绿色信贷挂钩。对购买绿色保险的企业，在年度环境行为信息公开化等级评定时作为加分条件，予以加分，提高其授信额度。对未购买绿色保险的高风险企业，将降低或停止授信。

河南：把产业集聚区打造成现代产业、现代城镇和自主创新的新载体

河南2009年经济总量达到近2万亿元，但即使如此，河南人口多、底子薄、基础弱、发展不平衡的省情和阶段性未根本改变。2008年下半年，河南省提出了培育“三个体系”、构建“一个载体”的跨越式发展思路。其中，构建“一个载体”就是要加快产业集聚区建设，将按照产城融合发展的要求，建设产业生态良好、吸纳就业充分、人居环境优美的现代化城市新区。“三个体系”，用省长郭庚茂的话说就是“产业集聚区建设的内涵就是促进企业集中布局、产业集群发展、资源集约利用、功能集合构建、人口向城镇转移。产业集聚区是河南加快构建现代产业体系、现代城镇体系和自主创新体系的有效载体。”

2008年底，河南将全省原有的312个产业集聚区规范整合为175个，2009年4月又出台《关于推进产业集聚区科学规划科学发展的指导意见》，对产业集聚区建设作出了全面部署。随后又出台了《关于加快产业集聚区科学发展若干政策(试行)》，推出了包括财税、金融、土地和人才等多个方面的政策措施。今年3月，河南省又出台《关于进一步促进产业集聚区发展的指导意见》，将建立完善产业集聚发展机制、基础设施投资建设机制、土地保障机制、投融资机制、人才培育引进机制、区域环评机制、自主创新机制、高效管理机制、社会化服务机制、自我积累机制10项机制。目前，河南省已确定了180个产业集聚区，已入驻企业1.4万多个，营业收入、税收占全省二、三产业总产出、总收入的四分之一，吸纳的就业人员占全省近5%。今年4月，河南省出台了《产业集聚区发展考核办法》，分别从总量、效益、质量、进度和科技创新等方面综合评价产业集聚区发展水平。同时，下发了《关于完善财政激励政策促进产业集聚区加快发展的通知》，不仅对集聚区实行“核定基数、超收全返、一定三年”的财政激励政策，而且对新区实行“核定基数、增收全返、一定三年”的财政激励政策。

除了着力产业集聚区建设，河南从今年开始全面启动了煤炭资源整合大幕。3月2日，河南省政府正式公布《河南省煤炭企业兼并重组实施意见》，按照部署，河南将于年底建成3个年产5000万吨特大煤炭企业，大企业控制的煤炭资源量占全省占用煤炭资源量的85%以上，产量占总产量的75%以上。

另外值得一提的是，河南省委书记卢展工早在福建的时候，就创造性地提出“四个重在”、“四求先行”，履新河南后，又提出学习、求实、创新、运作四大要求，其中特别强调要多在运作上下工夫，在求实求效上下工夫，坚持“三具两基一抓手”，在全省各级干部中引起强烈反响。这段时间，该省上上下下都在认真学习“三具两基一抓手”的要求，结合工作实际，普遍认为这是一种科学的工作方法，体现了科学发展观的要求，学习好、掌握好、运用好“三具两基一抓手”，把本地本部门工作落到实处。

发展工业不以牺牲农业和粮食为代价

中国是世界上人口最多的国家，河南是中国人口最多的省份。河南是中国的缩影。这些年来，河南农业稳定发展、农民持续增收。2009年，农民人均纯收入4806.95元，增长7.5%，连续六年保持较快增长；粮食产量连续四年稳定在1000亿斤以上。河南用占全国6%的耕地生产了全国1/10以上的粮食，小麦总产占全国小麦总产的1/4。粮食连年丰收，不仅满足了河南近1亿人口的粮食需求和加工企业的原料需求，而且每年调出近300亿斤的商品粮和粮食制成品，为保障国家粮食安全作出了重要贡献。

《人民日报》在河南省转变发展方式的调研行的报道中透露，在连续六年粮食总产创历史新高的喜人局面下，河南夏粮今年有望再获丰收，全省夏粮播种面积7960万亩，比上年增加25万亩，预计收购量将达480亿斤。河南省委要求，继续总结探索河南这些年来一直在走的不以牺牲农业和粮食为代价发展工业的路子，以思路的持续确保加快经济发展方式转变的持续推进。

“粮食怎么保”是河南省委重点思考和破解的难题之一。然而，种粮比较效益低，2009年农民种植小麦的亩均收益是232元，种植玉米的亩均收益是279元。保粮之路该怎么走？经过深入调研，河南省委提出以确保粮食安全、增加农民收入、实现可持续发展为目标，加快转变农业发展方式。制定了国家粮食战略工程河南核心区建设规划，以推进中低产田改造为重点，以巩固提升高产田为支撑，以打造吨粮田为方向，强化抗灾减灾，通过稳定面积、主攻单产、改善品质、增加总产，计划到2020年粮食综合生产能力达到1300亿斤。同时，推进农业结构调整和农业科技创新、经营体制机制创新，全面提高农业现代化水平。

从国人粮仓变国人食堂，从国人食堂变国人餐桌。围绕农业，围绕粮食，河南在增加投入、科教兴农、调整结构的同时，做起了产业文章。三全食品、思念食品、双汇集团等企业，将河南的粮食优势转化成了产业优势。今年，河南实施食品工业调整和振兴规划，设立食品工业升级专项资金、农业产业化专项资金和农业开发产业投资基金。

危机下河南有“何难”

对于河南来说，国际金融危机影响“来得晚、影响深、走得迟”，长期积累形成的结构性矛盾突出。说到底，是发展的质量和效益比较低，大多数产业居于产业链的前端、价值链的低端，很多产品附加值低，尽管卖了很多，挣的却不多。

国际金融危机中，受波及最大的就是资源型工业。能源原材料等资源型产业占规模以上工业的70%左右，科技研发投入比较低，投入强度不够。按照目前的速度，河南的铝矾土和煤炭资源只剩几十年的开采时间。

增长的质量效益不高，财力壮大的能力有限，收入增加的渠道有限，吸纳的就业有限，保障民生的底子就难免薄弱，保证国家粮食安全也就面临更大压力。危机下凸显的“河南之难”，说明依靠传统的发展方式，不可能完成现代化的“后半程”。不加快转变发展方式，资源难以为继，环境难以承载，社会难以承受，发展难以持续。破解“四难”，根本上还是要加快转型，保持较快发展速度、做大经济“蛋糕”，提高发展的质量和效益，做到在发展中加快转变、在转变中谋求发展。加快转变，河南绕不开两样东西：一个是矿产资源，一个是粮食安全。

加快转变，河南敢啃“硬骨头”。今年3月起，新一轮煤炭企业兼并重组拉开帷幕。重组完成后，单个矿井规模不低于每年15万吨，河南煤炭企业个数将减少到50家左右，骨干企业控制的资源总量将占全省总量的85%、产量占75%以上，5月底，河南对污染减排再戴“紧箍”：暂停受理和审批高耗能、高排放行业建设项目的环评。全面取消各地擅自出台的电解铝行业和多晶硅行业优惠电价。淘汰落后产能企业名单即将公布，确保在第三季度前全部关停。河南省国资委5月28日提供的统计数据显示：截至2009年底，省管企业单位生产总值能耗和主要污染物排放双双实现大幅下降，提前一年完成“十一五”节能减排目标。

拉长产业链，资源型企业也在毅然转身。河南煤业化工集团是河南唯一一家营业收入和资产双双突破千亿、利税过百亿的大型企业集团。2008年企业重组时，有人提出在新公司的名字中加上个“电”字，理由是煤矿旁边办电厂来钱快。这是许多资源型企业简单而直接的选择。可董事长陈雪枫坚决反对，在他眼中，名称背后是企业战略。“尽管这是过去很多煤炭企业的当然选择，但相比来说，煤炭向煤化工产业发展的产业链更长，经济转型的领域更宽。”

为培育代表未来发展方向的新型化工产业链，河南煤业化工集团放弃眼前利益，相继投资建设千吨级碳纤维、4万吨聚甲醛项目和全球最大的煤制乙二醇生产基地。2009年，煤化工板块占全公司产值不到15%，而在2010年新项目的投资额中却占了60%。

目前，河南正组织实施“转型升级双千工程”，选择1000个技术含量高、创新能力强的重大产业升级项目和1000个重大基础产业、基础设施项目，全年完成投资5000亿元，带动城镇固定资产投资1.3万亿元以上。

河南工业发展要求着力壮大战略支撑产业；积极培育战略性新兴产业。今年河南强力实施十大产业调整振兴规划，以装备制造、汽车、有色冶金、钢铁、食品等为重点，大力发展优势产业集群。河南以电子信息、生物及新医药、新材料和新能源为重点，加大产业链前端产品研发和后端推广应用支持力度，力争在节能环保、新型电池、创新药物、非金属功能材料等产业化上实现突破。

从城镇化切入统筹“三化”改善民生

一个现象令人深思：按照世界银行标准，人均生产总值达到3000美元就进入中等发达国家水平，城镇化率应该在50%以上。目前，河南人均生产总值接近3000美元，但老百姓并没有体验到中等发达国家的生活水平，而城镇化率只有37.7%，远低于全国平均水平。河南省委清醒地认识到，不加快工业化、城镇化，就难以从根本上解决“三农”问题，就难以实现中原崛起、河南振兴。根据人多地少、城镇化率低的现实，河南将“一个载体、三个体系”作为加快经济发展方式转变的基本途径，着力推进产业集聚区建设，加快构建现代产业体系、现代城镇体系和自主创新体系。目前，全省确定的180个产业集聚区，营业收入、固定资产投资、税收收入、从业人员四项指标，分别占河南二、三产业总产出、城镇固定资产投资、税收收入、从业人员的26.7%、33.9%、25.2%和4.6%，成为各地招商引资的新平台和新的经济增长点。

推进城镇化，前提是发展产业。根据人多地少、城镇化率低的现实，河南将“一个载体、三个体系”作为加快转变的战略突破口，提出以产业集聚区为载体，构建现代产业体系、现代城镇体系和自主创新体系。目前，河南全省范围内已经建立起180个产业聚集区。入驻企业达1.4万多个，营业收入、税收占全省二、三产业总产出、税收收入的1/4强，吸纳的就业人员占全省二、三产业从业人员的近5%。一种产业带动就业、就业促进人口转移、转移推动城镇化的态势已见端倪。

民生是发展的目的，也是评价发展的标准。一组数据令人惊讶：经济总量全国第五的河南，人均财政支出全国倒数第一，人均文化事业费全国倒数第二，农村小学生均预算内教育事业费全国倒数第三……河南社会事业欠账多。

如何在加快转变中统筹经济与社会发展，河南亟待破解。卢展工说：“我们经常讲开门七件事，柴米油盐酱醋茶，还有衣食住行教业保，这些与群众切身利益有关的问题，正是我们转变经济发展方式过程中需要认真研究和加以解决的问题。”

就业是民生之本。当前河南面临着新成长劳动力就业、经济转轨失业人员再就业和农村富余劳动力转移就业“三峰叠加”的就业压力。据测算，今后一个时期，每年城镇需要再就业人数都在220万以上，农村还有将近1000万富余劳动力需要转移就业。

省长郭庚茂的答案是：通过大力发展服务业、劳动密集型产业，支持中小企业、微型企业和非公有制经济发展，广开就业渠道，创造更多的就业岗位。鼓励劳动者自主创业和自谋职业，以创业带动就业。

今年年初，河南省委、省政府宣布，将筹集600亿元以上资金推进实施“十项民生工程”。这份“民生大单”堪称河南历年之最，是今年经济社会发展的核心举措之一，目的是解决就业、社保、上学、就医等民生问题。同时，河南今年在与民生相关的社会事业领域集中推出一批项目，面向民间资本公开招标，以调动各方积极性，加快社会事业发展。

加快构建自主创新体系

2009年河南全社会研发费用占生产总值的比重为0.8%，不足全国平均水平的一半，居全国第20位。每万名从业人员中从事科技活动人数仅为20人，不到全国平均水平的一半。面对这种情况，河南加

相关链接

河南省委书记卢展工：领导方式转变加快发展方式转变

破解经济社会发展中的矛盾和问题，根本途径在于加快经济发展方式转变。

加快转变讲起来很简单，做起来不容易。讲转变，首先要从党委、政府和领导干部转变开始，思考自己怎么转、怎么做。

发展目的必须明确。发展为了什么？以人为本、为民惠民。为民不是一句空话，需要我们在具体的发展实践中体现对人民负责。比如，领导干部比较关注GDP，但老百姓不太关心；领导干部比较关心产值，甚至少数人认为环境、资源问题可以放一下，但老百姓却不赞成。个别干部比较喜欢拍脑袋、大呼隆、一风吹、一刀切，一会儿一个思路、一会儿一个战略，但基层干部怎么想？老百姓怎么想？有多少东西老百姓能够记得住？所以，人民群众反映强烈的问题，与人民群众切身利益有关的问题，正是加快经济发展方式转变中需要认真研究和加以解决的问题。

头脑清醒至关重要。一方面，要清醒认识经济社会发展中存在的矛盾和问题。群众可以多看成绩、多看好的一面，领导干部则要更多地看问题、看不足，更多地研究问题、解决问题。现在个别地方好像颠倒过来了，一些领导干部经常看到成绩，自己说自己做得很好；而群众经常看到存在问题，对所谓的政绩不一定认可。另一方面，要清醒地认识加快经济发展方式转变的长期性、艰巨性、复杂性，按照中央部署结合河南实际有序、持续地推动经济发展方式加快转变，始终持续加快转变的力度和韧劲，做到不动摇、不懈怠、不刮风、不呼隆、不折腾。

正确思路应当持续。河南这些年来一直在走不以牺牲农业和粮食为代价，“三化”协调推进科学发展、中原崛起的新路子。实践证明这条路子是正确的，正确的思路就要坚定地往前推进。思路太多是不成熟的表现，思路多变是急功近利的表现，思路不持续会使基层无所适从，难以统一思想、形成合力。要坚持重基础、重集思广益、重科学决策，始终围绕中原崛起、河南振兴、“三化”协调发展、推进“两大跨越”等战略方针来研究，以思路的持续确保加快经济发展方式转变的持续推进。

方式方法亟待改进。我国已经初步建立了社会主义市场经济体制，现在的关键是宏观调控、中微观管理以及具体运行机制要跟上，切实体现尊重市场主体，体现尊重规律，体现尊重知识、尊重人才、尊重劳动、尊重创造。从领导层面来讲，要讲究有所为有所不为。现在有些事情，“为”就是“不为”，做了很多事情，没有起作用甚至起了副作用，做了等于没做；“不为”就是“为”，很多事情尊重规律、不去干预不去做，反而会收到很好的效果。要多在运作上下工夫，坚持“三具两基一抓手”，使中央转变经济发展方式的决策部署得到落实、见到实效。“三具”，就是做任何事情一具体就突破、一具体就深入、一具体就落实；“两基”，就是切实抓好基层、打好基础，这项工作很重要，是最难的，也是最需要持续、最需要韧劲的；“一抓手”，就是把实施项目带动作为抓手，围绕项目建设形成加快经济发展方式转变的合力。

总之，领导干部要跟上中央决策的步伐、适应加快转变的要求，认真研究转变政府职能、转变领导方式、转变工作方法的问题，做到谋划多一点、服务多一点、创造条件多一点、依法依规多一点、求实求效多一点，真正肩负起加快转变的领导责任，在创新中提高领导水平。

快构建自主创新体系，提出到2015年全社会研究开发投入占生产总值的比重达到1.5%以上，科技进步贡献率达到50%以上，高新技术产业增加值占工业增加值比重达到25%以上。

改变正在发生。通过自主创新、集成创新，河南确立的电子信息、新能源、生物医药、新材料等战略性新兴产业初具规模。其中，超硬材料、半导体材料等方面走在全国前列。厚重的历史文化与现代科技联姻，活力迸发。今年第一季度，河南实现文化产业增加值195.3亿元，同比增长19%。

经济发展方式转变滞后是多方面因素造成的，但最大症结在于体制机制不合理，没有体制上的突破，就难以实现根本性转变。

在体制机制创新中，完善政绩考核评价体系至关重要。加快转变经济发展方式，当务之急是摆正政绩考核指挥棒，根治当前某些干部中存在的不利于经济发展方式转变的三种症状：资源依赖症、扩张强迫症、政绩饥渴症。为此，河南出台《地方党政领导班子和领导干部综合考核评价实施办法》、《党政工作部门领导班子和领导干部综合考核评价实施办法》、《党政领导班子和领导干部年度考核实施办法》，在干部考核中全面体现科学发展、加快经济发展方式转变的要求。

每年1亿元专项资金进行引进外资奖励

在中部崛起的战略背景下，河南十分重视利用外资推动大发展战略。在2009年应对金融危机中，河南全力开展大招商活动，举办了河南“欧洲经贸活动”和“东南亚经贸招商活动”，取得显著成效。截至2009年底，已有67家世界500强企业入驻河南，全省利用外资和实际利用外资均创新高。2010年，河南“大招商”活动将继续走向深入。1月14日，河南省大招商暨商务工作会议提出，今年全省将重点抓好投资额在10亿元以上的100个省重大招商项目和49个大招商活动签约项目，争取实现全省利用省外资金和实际利用外资增长15%。据悉，今年河南省将重点组织筹备3项活动，包括世界华商高峰论坛、第六届中国河南国际投资贸易洽谈会和河南—东盟投资贸易洽谈会。今年1～4月，该省新批外商投资企业96家，同比增长45%；合同利用外资12.55亿美元，同比增长12.3%；实际利用外资17.5亿美元。6月1日，河南省政府出台《关于进一步做好利用外资工作的实施意见》提出，在资金、土地、税收等多方面出台优惠政策，鼓励外商在豫投资兴业。

河南省支持引进外资的优惠政策

类别	内容
平衡待遇	在项目建设用地、环保、财税、金融、用工、审批、核准(备案)、规划等方面，认真落实该省已出台的加快开放型经济和产业集聚区发展的一系列政策措施。国家和该省出台的促进产业结构调整政策、产业振兴规划中的政策以及加快产业集聚区发展的财政支持政策，同等适用于符合条件的外商投资企业
支持A股上市企业	支持A股(人民币普通股票)上市公司引入境内外战略投资者，实现优势互补、强强联合。采取有效措施，切实解决上市后备企业在改制中遇到的项目环评、产权确认、土地征用、行政收费等问题，并在工业结构调整资金、现代物流专项资金、国债项目财政贴息资金等各类政策性资金安排上及申报国家高新技术产业化项目等方面向符合条件的省定重点上市后备企业倾斜
财政奖励	省财政每年安排1亿元专项资金，用于开展投资促进及产业集聚区承接产业转移和重大招商引资项目的奖励
增资扩股	外商投资企业增资扩股在1000万美元以上的，由当地财政按实际到位金额的一定比例奖励企业经营者
利用境外资本	利用境外资本市场，积极支持符合条件的企业到境外上市。各级、各有关部门要加强对重点境外上市后备企业的培育，形成上下联动、齐抓共管的工作机制，切实做好企业境外上市的协调推进工作。对2010至2012年成功实现境外上市的企业，省财政按募集资金数额的1%给予奖励
发行股票	支持符合条件的外商投资企业境内公开发行股票、企业债券和中期票据，拓宽融资渠道。提高上市外商投资企业再融资能力，支持符合条件的已上市外商投资企业采取定向增发、发行可转换债券等进行再融资，扩大企业融资规模。引导金融机构继续加大对外商投资企业的信贷支持力度
开办金融机构	鼓励外资银行到我省设立分支机构和开办业务，当地政府可给予适当补助或补贴。加快推进利用外资设立中小企业担保公司试点工作。支持外商投资设立融资租赁公司、经营租赁公司。鼓励外商投资设立创业投资企业，积极利用私募股权投资基金，完善退出机制
参与企业改组改造	鼓励外资参与国有企业改组改造，促进体制和机制创新。进一步完善促进外商投资企业发展的社会保障环境，外商并购国有企业后设立的外商投资企业，在劳动关系处理、经济性减员和社会保障等方面按照国民待遇执行国家现行法律规定和制度。完善产权交易机制，为外商以并购、参股等方式投资提供便利、规范的服务和环境

其中，为鼓励多种形式利用外资，《意见》明确在财政、金融等方面给予支持，省财政每年拿出1亿元用于开展投资促进及产业集聚区承接产业转移和重大招商引资项目的奖励。

同时，为进一步扩大开放领域，《意见》还提出鼓励外资投向高端制造业、高新技术产业、新能源和节能环保产业、现代农业及物流、商业、旅游、医疗、金融、保险、教育、咨询服务、文化产业等现代服务业。为此，该省将完善建设用地指标配置方式，对列入省优势产业的外商投资项目，优先安排和保障建设用地，在确定土地出让底价时可按不低于所在地土地等别相对应《全国工业用地出让最低价标准》的70%执行。此外，鼓励跨国公司在豫设立地区总部、研发中心、采购中心、财务管理中心、结算中心以及成本和利润核算中心等功能性机构，对经过认定的国家级和省级研发机构分别给予一次性100万元、200万元的项目资助；鼓励外商投资服务外包产业，省财政设立服务外包发展专项资金，主要用于与中央扶持资金配套、服务外包业国际市场开拓、专业人才培训等。

内蒙古：改变“一煤独大”建设“八条产业链”

内蒙古经济增长速度连续9年全国第一，被经济界称为“内蒙古现象”。但2009年11月新任的区党委书记胡春华却显得十分冷静：虽然内蒙古经济增长连年稳居国内之首，但内蒙古还处在从传统农牧业为主的经济发展到现代工业经济的转变时期，城镇居民、农牧民平均收入明显低于国内平均水平。胡春华强调，富民与强区并重，要像抓强区一样抓富民，民生问题与经济发展同等重要。同时，胡春华对爆发式增长的GDP有着理性的认识：“内蒙古是在低起点上的高速增长，产业结构单一，对能源、冶金依赖度高，除煤化工、农畜产品加工外，工业处于产业链的中低端，多元发展、多极支撑的产业体系尚未建立起来。”在今年全国两会上胡春华进一步表示，内蒙古不再追求GDP增幅全国第一，要把更多精力放在提高质量和效益上来。为了调整经济结构，2010年内蒙古适当降低了GDP发展速度，今年目标13%比去年的16.9%降低了3.9个百分点，目的就是为结构调整留下空间。胡春华提出，要在继续做足煤炭及其相关产业优化升级文章的同时，大力发展非煤产业特别是装备制造业和战略性新兴产业，保持好在农畜产品加工等传统产业上的优势，尽快改变“一煤独大”局面，形成多元发展、多极支撑的现代产业体系。

今年以来，内蒙古自治区围绕建设中国能源及新能源基地、重化工产业基地和绿色农畜产品生产加工基地，加快推进“八条产业链”建设，分别为“煤炭—发电—电网”产业链，煤的气化、液化等煤化工产业链，PVC及其深加工的氯碱化工产业链，多晶硅—单晶硅—光伏电池组件—光伏发电及风机制造—风电场新能源产业链，有色金属采选—冶炼—加工一体化产业链，乳、肉、绒、薯、玉米等农畜产品深加工产业链，稀土及其稀土新材料应用产业链，煤炭机械、化工机械、运输机械以及工程机械等装备制造产业链。按照计划，今年该区将计划在新兴产业领域完成投资1000亿元以上，占全部工业投资的近四分之一。为充分利用内蒙古自治区得天独厚的太阳能资源，内蒙古编制了《2009年–2011年金太阳示范工程实施方案》，积极争取中央资金，同时正在建设国家级“生物质能源基地”。此外，该区还鼓励开展可再生能源的开发利用，积极推进能源结构调整，安排部分专项资金支持自治区可再生能源中长期开发利用规划的编制，加强资源特别是风资源的调查评价。

“八连冠”后谋富民

2002年以来，内蒙古自治区经济增速连续8年位居全国第一，特别是“十一五”以来，年均增长18%，到2009年人均生产总值达到5888美元，居全国第七位。值得一提的是，内蒙古一改过去边疆农牧区的形象，工业对经济增长的贡献率达到54.4%，城市化率达53.4%。

但进入2010年，内蒙古的发展似乎来了个急刹车。自治区统计局的数据显示，今年1至3月份，内蒙古完成生产总值1962亿元，同比增长16%左右，增速位列全国第九。对于连续8年保持经济增速全国第一的骄人成绩，从“第一”落到“第九”确是个不小落差。但内蒙古自治区全区上下却是特别的低调和冷静。自治区党委、政府已明确表示：从今年开始，内蒙古不再追求GDP增速的全国第一，而是要集中精力加快转变经济发展方式。不争第一，不是说抓发展的劲头有所松懈，而是把抓发展的着力点从追求速度转到追求质量效益上来，使经济增长真正建立在结构优化、效益增加、使老百姓得实惠。因此，自治区部署全年工作时提出要像抓“强区”一样抓“富民”，围绕保障和改善民生来谋划发展，通过保障和改善民生促进经济结构优化、增强经济发展动力。

扬弃“八年连冠”

“‘卖煤卖出个八连冠！’虽然这话有失偏颇，但也从一个侧面反映了目前内蒙古自治区发展方式的问题。”尤其是透过这次金融危机，逐渐暴露了内蒙古发展中的种种问题。内蒙古自治区党委书记胡春华说：“这使我们保持头脑清醒，必须下大力调整经济结构，下大力推动经济发展方式转变。”自治区经济和信息化委员会副主任崔臣认为，单纯靠卖煤，今后不可能再卖出“八连冠”，对内蒙古来说，转变经济发展方式，最关键、最紧迫的就是调整产业结构。调整的首要任务，就是如何加快发展优势特色产业和战略性新兴产业，尽快构建起多元发展、多极支撑的现代产业体系。

不再追求GDP增速的全国第一，而是集中精力加快转变经济发展方式，内蒙古面临的问题主要表现在这样几个方面：首先，城乡居民收入增长与GDP的高增长不协调，没有做到“水涨船高”，社会和谐稳定面临新的问题；其次，经济增长的资源环境代价过高，节能减排压力较大；此外，产业结构调整步伐滞后，现代农牧业和第三产业发展不够，经济主要依靠能源、冶金等资源性工业拉动；加之基础设施瓶颈制约明显，转变发展方式的体制机制不完善，改革攻坚难度增加。

据介绍，在内蒙古，能源、冶金、农畜产品加工业三大产业占到规模以上工业的78%，仅能源一个产业就占37%，“原字号”产品和初级产品比重高，区域发展很不平衡，而化学工业、装备制造业和高新技术三个产业之和才占15%左右。这种单一的、不平衡的产业结构，一是生态脆弱的局面难有根本改变，二是一旦受到外部市场变化影响，对整个经济的冲击将会非常剧烈。发展中的这些问题困扰着经济高速增长的内蒙古。

内蒙古是矿产资源的富集区，资源型产业发展有基础、有条件、有优势，今后依然是经济发展的重要支撑。所谓转变发展方式，就是不能满足于、停留在简单的卖资源、卖原料或初级加工上。

作为内蒙古工业基础最好、产业部门最全的城市，包头市同样面临着转变的压力。由于计划经济时代的产业布局等历史原因，包头经济发展对资源的依存度高，形成了采选等初加工多、精深加工少，传统生产方式多、科技创新少，资源消耗多、环境污染大的发展模式。“对于包头市来说，加快发展方式转变的重要任务，就是如何依靠技术进步和引进资金改造提升冶金等传统产业，大力发展应用型产业。”包头市副市长冀学斌说。近年来，包头市在结构调整中逐步培育形成了钢铁、铝业、装备制造、电力、稀土等一批优势产业，而且围绕这些产业发展配套产业，形成了规模集聚效应。

包头铝业产业园区给“点石成金”做了最好的注脚。从2003年起，凭借紧邻包铝集团的区位优势，园区引进相关企业，对包铝年产的40万吨电解铝做下游精细加工，如今形成了以化成箔、铝轮毂、铝合金、铝型材等为主导的产业链。据介绍，仅化成箔生产线就达104条、年产中高压化成箔2500万平方米，铝轮毂等汽车铝合金零配件项目近10个、年产铝轮毂500多万只。

为什么说是“点石成金”？据介绍，现价1.6万元/吨的电解铝，在园区加工成为化成箔后的市场价格是32万元/吨，且包铝或者深加工企业都节省了不菲的物流、仓储成本；二是能耗大幅度降低，包铝生产的电解铝水从熔炉里出来直接输送到加工企业，不需要再冷却成型，下游企业也省了重新熔炼的工序和熔炼损耗，每吨节约近万千瓦时的用电能耗。

内蒙古经济近年的高增长，鄂尔多斯市功不可没。该市探明煤炭资源储备量达1676亿吨，占全国的1/6强。随着我国对能源、资源需求的大增，鄂尔多斯转瞬间富甲一方——尽管去年深受国际金融危机冲击，但仍以365.8亿元的财政收入在自治区的地级市中独占鳌头。

鄂尔多斯似乎可以高枕无忧。按目前的开采速度，鄂尔多斯至少可以躺在煤炭资源上“吃”300年，但鄂尔多斯产业结构调整的力度不居人下。不能躺在煤堆上睡大觉！为实现节能减排指标，为造福子孙后代，我们必须加快结构转型。鄂尔多斯人有清醒的认识。

按照“提升旧产业、培育新产业”的思路，内蒙古工业结构在发展中加快调整，增长质量不断提高。除了继续支持先进制造业发展，大力培育国家鼓励的新能源、新材料等战略性新兴产业，是内蒙古结构调整的重点，也成为可持续发展的支点。今年一季度，内蒙古规模以上工业完成增加值1080亿元，同比增长24.3%。其中非资源型产业和战略性新兴产业发展好于工业整体水平，机械装备制造业增长37.8%，高新技术产业增长27%。新投产风电装机106万千瓦，风力发电量增长了1倍，单晶硅产量、稀土化合物产量也分别增加了48.5%和85%。

今年5月，奇瑞集团投资200亿元的奇瑞汽车工业园，在鄂尔多斯市东胜区南郊沙地上的“鄂尔多斯装备制造业基地”悄然奠基。

鄂尔多斯装备制造业基地，2007年4月才从贫瘠的荒沙地中开辟出来，如今已拥有33个项目，完成投资1093亿元。正在如火如荼建设中、占地100平方公里的这个基地，无疑是鄂尔多斯产业结构调整的一个缩影。

加强基础设施建设、加强对第三产业的投资、大力扶植增加就业的中小企业发展、进一步统筹区内各个地区协调发展，目前，内蒙古一系列富民强区的具体举措正在稳步推进，并有效带动了经济结构的调整。

据统计，今年一季度，内蒙古第三产业投资113亿元，占全部投资额的30%，同比提高4.7个百分点。同时，在“一个园区带动百户中小企业”和“一个产业带动百户中小企业”工程的推动下，中小企业已成为拉动内蒙古经济增长最富活力的经济群体。一季度，内蒙古规模以上中小工业企业完成增加值

772.8亿元，同比增长28.2%。其中小型企业完成483.5亿元，增长38.6%。

对于地广人稀、生态脆弱的内蒙古来说，推进城镇化对加快发展方式转变具有特殊重要的意义。据介绍，“十一五”以来，自治区致力于将生态环境和生存环境相对恶劣地区的农村牧区人口转移到城镇，让农牧民脱贫致富，让生态植被自然修复，同时使得全区城镇化水平日益提高。

在鄂尔多斯东胜区西郊的“鄂尔多斯市城乡统筹试验示范区”，一座座漂亮的住宅楼拔地而起。为了提高生态搬迁来的农牧民的生活水平，一系列政策措施可谓无微不至。搬迁户的住宅价格只有市场价格的1/4，每户还可以低于建设成本的价格获得60平方米左右的一个商铺，连续5年享受每人每年4000元的生活补贴。此外，为了让这些农牧民“能致富”，鄂尔多斯市把制药企业、羊绒加工企业集中搬到“示范区”内，为周边的居民稳定提供2万个以上的就业岗位。

据对内蒙古西部地区旗县测算，农牧民在乡村生活的月基本生活费用为550元/人；进入到城镇生活后，月基本生活费用为1069元/人，增加的直接支出为519元/人。以此计算，全区城镇化水平每增加一个百分点，仅基本生活费支出每年就增加1.3亿元。而让农村牧区人口进入城镇居住，还需要住宅、城市公共设施、公共服务等的大量投入。仅住宅一项，城镇化率每提高一个百分点至少需要新增住房500万平方米。城镇化在转变社会结构的同时，对于扩大内需，进而转变经济发展方式，作用十分显著。

今年，内蒙古各级政府计划安排1000亿元投向民生领域，比去年增加300多亿元。一季度的地方财政支出中，文化、教育、医疗、社保和就业等支出增长了30.8%至54%。

毋庸置疑，作为祖国北方生态屏障，内蒙古经济社会发展与生态环境保护并重的任务似乎更加艰巨。如何解决区域发展的不平衡，努力提高生态保护区人民的生产生活水平，同样是摆在内蒙古发展道路上一个必须解决的问题。不断在规划指导、项目安排、财政转移支付、生态和基础设施建设、扶贫开发、保障民生等方面向不发达地区和生态脆弱地区倾斜，不断加大支持力度，内蒙古正在探索与尝试。

相关链接

内蒙古自治区政府主席巴特尔：转变发展方式首先要树立正确导向

这次国际金融危机，对我们来讲，是传统发展之“危”，是科学发展之“机”。国际金融危机的冲击，一方面充分暴露了内蒙古在经济发展方式特别是产业结构上存在的结构单一、布局分散、延伸不足等突出问题，另一方面危机形成的倒逼机制也为加快发展方式转变提供了难得的机遇。在实践中我们深刻认识到，加快转变经济发展方式，核心是“转变”，关键是“加快”。做到这一点，首要的是以科学发展观为指导，树立鲜明、正确的导向。

保持一个较快的发展速度，是扩大经济总量、解决就业问题、提高综合实力的内在要求，特别对像内蒙古这样的欠发达地区来说尤为重要。但是，我们必须使经济增长建立在优化结构、有质量、有效益的基础上，使这种增长能够为群众带来实实在在的利益。如果一味强调高增长，以GDP论英雄，那么，各级领导的注意力和着力点就会出现偏差，只顾一点不及其余，往往欲速不达，还会造成许多负面影响。一方面，GDP作为衡量经济总量的一个指标，既不能反映为经济增长付出的成本，比如资源、环境的代价，也不能体现国民收入分配情况和城乡居民收入水平，GDP增加多少与群众生活相关甚少，而群众更关心的是收入是否增加；另一方面，对GDP的过度追求，很容易导致不计代价、不考虑长远的片面增长，甚至弄虚作假，玩数字游戏，影响党风政风。

基于这种考虑，自治区党委、政府提出：从今年开始，内蒙古不再追求GDP增速的全国第一，而是要集中精力加快转变经济发展方式。不争第一，不是说我们抓发展的劲头有所松懈，相反，是要求要清醒地认识到我们欠发达的区情和发展不足的主要矛盾，抓发展第一要务的思想不能有丝毫动摇，责任感、紧迫感还要增强，工作力度还要加大。同时，要淡化速度指标，把抓发展的着力点从追求速度转到追求质量效益上来，使经济增长真正建立在结构优化、效益增加、老百姓得实惠的基础上。

转变经济发展方式是一项系统工程，需要立足实际，抓住重点领域和关键环节，综合运用各种政策措施加以推进。这几年，针对产业结构中存在的“一煤独大”等问题，我们通过调整煤炭资源配置等一系列政策，重点向装备制造、精细化工和高新技术产业倾斜，积极发展新能源、新材料、装备制造和煤的清洁利用等战略性新兴产业。今后，还要加快形成有利于促进结构调整和发展方式转变的强大的政策推动力。

加快转变经济发展方式，必须有体制机制作保障。干部考核评价机制是其中一个重要的导向。它的指向在很大程度上决定了领导干部的关注重点和努力方向，具有“风向标”的作用。因此，建立一个体现加快转变发展方式要求的考评机制至关重要。在考核内容的设置上，不仅要考核经济指标，更要突出效益、结构、环保等内容，特别是要把居民收入、民生投入、就业、社会保障、社会稳定、安全生产等民生指标作为重要考核内容，加大考核权重。在一定意义上讲，民生投入有多少，是衡量发展水平、财政状况的硬指标，民生投入上不去，GDP数字再大也是空的。总之，要使各级干部在谋划发展和布局工作上，自觉地致力于转变经济发展方式和改善民生。

特别关注：十大“地标”之外看四川

“5·12”汶川地震发生已两周年。两年来，四川省把恢复重建与新型城镇化、优化经济布局、转变发展方式、充分开放合作、改善宏观环境相结合，探索出了灾区可持续发展的长效机制。5月5日至8日，四川省召开为期四天的全省灾后恢复重建工作现场会。省委书记刘奇葆在会上指出，灾后重建逐步转向以提升灾区发展能力为重点的新阶段，要坚决打好恢复重建攻坚决胜之战，着力增强灾区持续发展能力。之前，刘奇葆在基层调研和多次会议上强调，当前，四川省经济发展处于上升期，重大工作推进处于攻坚期，积蓄的发展动能处于释放期，西部经济发展高地处于奠基期。全省要推动产业结构优化升级，拓展支撑四川持续快速发展的新空间；要发展战略性新兴产业和加强自主创新，培育支撑四川持续快速发展的新增长点；要推进新型城镇化和统筹城乡发展，创造支撑四川持续快速发展的新动力；要发展区域经济和推进区域合作，形成支撑四川持续快速发展的新格局。

可以说，重建两年多时间，四川，这个天府之国，已经不仅仅是一个经济地理上的标志，她更多的是已经成为13亿中国人的心灵之“标”，我们每个人都曾为之付出泪水，都曾倾注了无尽的情感。

灾后大重建让四川成为中国人心中的希望之“标”

在灾后恢复重建“三年目标任务两年基本完成”的攻坚决胜关键阶段，6月23日至28日，中共中央政治局常委李长春专程赴四川考察。既是中央领导，又是四川人民选出的全国人大代表，李长春对四川的深情显得特别绵长、浓烈。这是震后两年多来，他的第三次四川灾区之行。

绵阳、德阳、成都、阿坝、北川、安县、绵竹、汶川、都江堰、彭州、松潘……进车间，看工地，访农户，一路风尘仆仆，一路真情涌动，一路深情激励，他将党中央的殷切关怀带到灾区大地，也见证巴蜀大地团结奋进、顽强崛起、生机勃勃的生动景象。李长春指出，四川省委、省政府一手抓灾后恢复重建，一手抓经济社会发展，团结带领全省各族人民攻坚克难、顽强拼搏，变困难为机遇，变压力为动力，变坏事为好事，在推进灾后恢复重建和应对国际金融危机冲击、确保经济平稳较快发展这两场大考中，交上了一份让党、让人民满意的答卷。

一年多过去了，“东汽精神”已产生巨大作用——“要继续把恢复重建和调整经济结构、转变经济发展方式紧密结合起来，为全国创造新的经验”。

“出口怎样？”“占 10%至15%。”“主要出口啥？”“冶金产品。”24日上午，走进德阳二重公司，李长春仔细了解企业发展情况，尤其是推进产业结构调整和企业自主创新的情况。

二重自行设计、制造、安装的世界一流160MN自由锻造水压机，创造了国有企业自主创新的典范，李长春久久驻足，肯定了企业呈现出来的强劲发展势头，鼓励企业勇闯国际市场。

转变经济发展方式，微观主体该怎么做？正奋进在灾后恢复重建路上的四川企业又有何作为？李长春尤为关注。

德阳东方电机有限公司是国家装备制造业的骨干企业。企业负责人向李长春报告：大型水力发电已进入世界第一集团；火电已有100万千瓦超高临界；核电正在跟国外积极合作。

“看后让人振奋！”详细询问了企业风电、水电、核电等产品生产、结构调整优化、国外市场占有情况后，李长春赞扬企业震后崛起的速度惊人、可喜，鼓励企业在转变经济发展方式上狠下工夫，深做文章，以转变经济发展方式为主线，争当世界一流企业。

“中央确定装备制造业为战略性产业，先导产业，是一个国家实力的标志。要赶超世界先进水平，必须在装备制造业上首先搞上去。”李长春殷切寄语四川企业：要依托东汽、二重、东电等大型装备制造企业，努力打造先进装备制造业基地；要开辟国际国内两个市场，在技术创新上与发达国家比肩。

去年参加全国“两会”四川代表团审议时，李长春数次褒扬“东汽精神”。如今，“东汽精神”已深深根植于四川大地，东汽新基地投产使用，全部19座厂房建设投用，2800余台设备搬迁安装调试结束。企业不仅恢复了原来的产能，还实现了结构调整，战略性产业发展规划已出台。李长春感叹说，“东汽精神”给工业战线、给整个经济战线提供了强大的精神动力，灾区企业在产业重建的同时，产业结构得到优化，自主创新能力稳步提高，发展方式进一步优化，为长远发展打下了良好基础。

如何紧密结合四川实际，加快自主创新步伐，推动经济社会发展从要素驱动向创新驱动转变？6月26日，李长春来到天威新能源西南产业园，详细了解企业多晶硅电池产品的生产能耗、产品能量和回收期等情况，要求企业力争在降低生产成本，提高能源转化率，缩短能量回收期方面不断实现技术突破。在成都光电所，看到众多的科研成果在展厅展出，李长春逐一观看、聆听讲解。他说，四川科研单位、大专院校、科研人才众多，要更加重视将科研优势转化为产业优势、产品优势，转化为生产力的问题，这些做好了，四川就会继续腾飞。

恢复重建是调整经济结构、转变经济发展方式、增强自我发展能力、实现跨越式发展的机遇。李长春反复强调，要继续把恢复重建和调整经济结构、转变经济发展方式紧密结合起来，为全国创造新的经验。

重建两周年之际，国内很多媒体也把目光投向这里。其中，5月4日《第一财经日报》的一篇报道还提出“后重建时代”发展路径这样一个命题。报道说，“5·12”汶川特大地震两周年之际，灾后重建工程很多已经进入最后冲刺阶段。随着重建投资力度的减弱，如何保持增长尤其是灾区如何实现内生增长，成为后灾后重建时期四川亟待解决的课题。

4月29~30日，四川省党政代表团赴广东考察，双方签署了《广东—四川经济社会战略合作协议》。协议提出“建立两省合作交流长效机制”，即以广东对口援建汶川为基础，推进对口支援向长期合作转变。

当地区域经济学家表示，在灾后重建过程中，四川应该充分利用对口援建的机遇，与对口援建省市建立更加紧密的经济联系，变“输血”为“造血”，尤其是在产业重建方面，要积极吸纳对口省市的产业转移，实现本地的可持续发展，这是四川未来发展的重大资源。

其实，在灾后重建中，在民生和公共建设工程之外，产业重建成为灾区未来发展的关键，而各个援建省市在对口灾区均建有产业园区。而有重灾区经济部门负责人就向记者表示，对口援建是政治任务，这为当地承接产业转移提供很大的机会。

灾后重建以来，四川已经开展了一系列感恩招商之旅。而此次川粤两省签约经济合作项目104个，投资额326.73亿元，涉及高新技术、优势资源、装备制造、现代农业、现代服务业和基础设施等领域。

实际上，四川一直是广东在西部地区最大的经济合作伙伴。2000年至2009年，广东企业在川投资实际到位资金达1713亿元，占四川同期引进国内省外资金的14.2%，居各省（市、区）企业在川投资额的第3位。

四川省经济信息中心在《经济热点分析》2010年第10期中，对四川与广东工业优势产业进行比较。文章建议抓住沿海产业结构调整和对口援建的有利机遇，通过发展传统优势产业、开发潜在优势产业、培育新兴战略产业和强化基础设施建设，加快四川省与广东工业优势产业的对接。

除了与对口省市建立更加紧密的经济关系之外，如何培育未来增长动力，早已列入四川省高层的战略考虑范畴。

去年年底，四川省社科院中标了四川省“十二五”规划重大课题“后灾后重建时期四川省增强经济发展后劲的思路与对策研究”。课题要求在四川省基本完成灾后重建任务后，提出增强全省经济发展后劲的思路、目标和任务及对策措施。目前，该课题基本结束，对后灾后重建时期经济增长提供了研究对策。

抓住重建契机，促进产业结构优化升级

早在2005年，四川省第一次把“工业强省”战略写入“十一五”规划，并作为经济发展的第一抓手。2007年，四川率先成为西部地区第一个进入“万亿俱乐部”的省份。在2008年四川省两会上，刚从广西调任四川省委书记的刘奇葆提出了把四川建设成为辐射西部、面向全国、融入世界的西部经济发展高地的战略。但这一雄心勃勃的战略被突如其来的汶川大地震打断。在恢复重建中，四川省把产业重建作为重中之重，提出把产业恢复发展与优化经济布局、转变发展方式结合起来，培育壮大优势产业，增强灾区自身发展能力。目前，四川省列入国家灾后恢复重建规划的工业恢复重建项目已开工3056个，

开工率98.3%，其中竣工投产2429个。2009年，四川规模以上工业总产值达到6183亿元，与2008年的4939亿元相比，连跨两个千亿台阶，终于走出了地震阴影，迈出了浴火重生的第一步。

两年的重建中，四川省编制实施了灾后生产力布局和产业结构调整规划，规划高起点、高标准建设一批工业园区，支持因地质条件和环境资源承载能力限制而无法原地重建的重灾地区发展“飞地经济”，引导完全被毁企业和关联配套企业向园区集中。同时，抓住重建机遇，果断淘汰413户落后产能企业，如广元市探索低碳发展之路，加快发展清洁能源，支持和争取中石油、中石化启动年产50亿立方米的气田开发方案，投资10亿元的“气化广元”项目开工建设，同时36户小炼焦、小水泥、小炼钢等高耗能企业关闭转产，251户产能落后企业实施煤改气。而地震中遭受重创的工业重镇德阳，目前也正在向中国最重要、最具竞争力的新能源装备制造业基地和世界上最大的大型铸锻钢制造基地强势迈进。对于下一步工作，今年省政府工作报告提出，大力实施工业“7+3”产业发展规划及八大产业调整和振兴行动计划，加快打造德阳重装、成都软件、攀西钒钛等产业集群，川南重化工、名优白酒和“三江”水电能源、资阳机车等基地，成德绵南资内汽车、成绵乐广遂电子信息、成乐眉雅光伏、川东北天然气化工等产业带。

为抓住重建契机促进旅游业全面转型升级，四川省在2009年9月“四川国际文化旅游节”上与国家旅游局签署《灾后恢复重建旅游产业紧密合作协议》，此后由国家发改委和四川省政府编制的《汶川地震灾后恢复重建总体规划》，确立了旅游产业在灾后恢复重建中的先导产业地位，并推出了一系列政策措施，包括加强政府引导性投入夯实旅游发展基础、加大税收信贷支持力度、鼓励旅游消费等。目前，累计开工旅游重建项目117个，其中完工28个；2009年全省实现旅游总收入1472.48亿元，基本恢复到震前水平。

四川省“7+3”产业发展规划要点

类别	内容
7个优势产业	电子信息产业：重点发展数字家电、软件、网络通信设备等产业链 装备制造产业：加快建设德阳重大技术装备制造业基地 能源电力产业：在资源相对集中的大中型流域建设7个水电集群 油气化工产业：成都加快建设四川石化产业基地；德阳重点打造硫磷钛及精细化工产业基地 钒钛钢铁产业：重点发展钒钛产业链、优质钢铁产业链 饮料食品产业：重点发展优质白酒、肉食品、粮油制品、烟草、软饮料、果蔬、茶叶、乳制品等 现代中药产业：重点发展中药材种植养殖、中药饮片等生产
3个潜力产业	航空航天产业：重点推进民用飞机总体设计、系统集成、总装制造、零部件制造、宇航产品研制生产等 汽车制造产业：重点发展轿车及SUV、中轻型、重型载货车、公交车及客车、汽车发动机及关键零部件 生物工程产业：建设成都生物医药科技产业城、创新中药科技产业基地、产业孵化和配套服务中心等
8大工业产业带	成绵乐广遂电子信息产业带：重点围绕数字视听、集成电路、军事电子、网络通信、电子产品及配套材料等优势产业链的构建和整合发展 成德资自宜泸装备制造产业带：建设龙头带动、协作配套、关联发展、开放合作的产业体系，巩固提升四川重大技术装备产业竞争优势 成德绵南资汽车产业带：重点建设成德绵南资汽车产业带、成都经济技术开发区汽车产业园、资阳南骏汽车产业园等 攀西钒钛稀土产业带：重点推进精深加工企业集聚发展 成乐绵硅产业带：形成以硅材料龙头企业带动应用企业关联、成链、集聚、合作发展的产业格局 川南沿江重化工产业带：整合延伸天然气、氯碱、煤化工、硫磷钛产业链，积极发展精细化工产业 川东北天然气化工产业带：规划发展天然气化工及精细化工产业链，重点引进建设一批重大项目 成遂南达服装鞋业产业带：积极引进知名品牌服装鞋业生产企业，加快配套体系建设

培育新的增长点，发展战略性新兴产业和加强自主创新

四川是我国西部的科技高地和人才高地，这里不仅有全国闻名的成都高新区、绵阳科技城，还有10个国家重点实验室、76所普通高等院校、20家国家级企业技术中心、130个省级企业技术中心和一批国家级、省级工程技术中心。科技部发布的2008年科技统计指标显示，四川的科技资源排在全国前10位，而科技进步综合指数排在全国第15位，科技促进经济社会发展指数排在全国第25位。在灾后重建中，四川省提出要着眼于提高发展竞争力和抢占发展制高点，推进成都高新区、绵阳科技城和德阳重型装备制造基地建设，打造西部重要的科技创新产业化基地，积极利用高新技术和先进适用技术改造提升传统产业，延长产业产品链条，尤其是提升战略资源开发的科技水平和综合效益。今年2月24日至25日召开的四川省科技工作会议提出，要提升创新能力，做大做强九大战略产品、发展壮大100个重点产品和一批培

育产品；加快高新技术产业园区（基地）发展；深化统筹城乡发展科技行动，推进科技创新产业链示范工作，抓好生猪等8个产业链，推进农业科技园区工作。

四川省“十二五”规划中重要的专项规划《“十二五”四川省战略性新兴产业发展规划》的整体思路4月上旬已上报国家。规划中提出：力争新兴产业增长每年高于全省GDP增长10个百分点以上，到2015年，全省新兴产业的总产值达到1000亿元，增加值3000亿元。与此同时，四川省经济和信息化委员会正在牵头起草《意见》、六大战略性新兴产业规划及相关产业实施意见。根据《意见》，四川新兴产业发展的方向，被锁定为六大领域：新能源、新材料、电子信息、生物医药、节能环保和新能源汽车。《意见》除对每个产业的发展目标、技术攻关重点一一详解外，更从财政投入、税收优惠、金融支持、人才支撑和要素保障等方面，提出具体的专项政策。

创造发展的新动力，推进新型城镇化和统筹城乡发展

胡锦涛总书记曾对成都灾后重建指示，“用统筹城乡的思路和办法推进灾后重建”，既指明了重建思路和办法，也是对成都一直进行的统筹城乡探索的肯定。在恢复重建中，农房重建没有简单地原地起立，而是坚持统筹城乡发展的理念，与建设社会主义新农村紧密结合，全面规划布局，提档升级，村庄布局、村落设计结束了散乱无序的状况，不仅改善了居民住房条件，也优化了城乡整体布局。作为全国统筹城乡综合配套改革试验区，成都先后开展了三次大规模规划会战，动员4000多名设计人员为580个重建新居描绘规划蓝图，按照发展性、多样性、相融性和共享性的“四性”原则，突出了6条风貌景观轴线上22个乡镇农房重建点多样性重建示范建设，描绘出了一幅“现代城市与现代农村和谐相融、历史文化与现代文明交相辉映”的新型城乡形态。同时，运用统筹城乡发展的经验，发挥市场的作用，提出“统规统建”、“统规自建”、“社会资金开发性联建”、“原址重建”、“自愿搬迁异地重建”5种重建方式，采用多种筹资渠道，并借助农村产权制度改革的成果，用城乡一体的市场机制，破解了住房重建面临的资金难题。而都江堰市则精心编制了城乡产业发展、土地利用、城乡基础设施建设、社会事业发展、生态环境保护等专项规划，形成了城乡统筹、相互衔接、全域覆盖的规划体系和监督执行体系。

以统筹城乡综合配套改革试验区为契机，把推进新型城镇化与统筹城乡发展结合起来，积极探索城乡经济社会一体化发展的新途径，是四川恢复重建工作的一大特色。在成都统筹城乡综合配套改革试验基础上，四川省确立了德阳、自贡、广元3市作为省级统筹城乡综合配套改革试验区。作为平原地区的统筹城乡试点城市，德阳将统筹城乡改革试点与灾后恢复重建紧密结合，以12个区域重点镇为突破口，通过扩权强镇，依托园区做强产业支撑，以产业带动农民增收，推进镇域经济的转型和升级。而绵阳市充分利用灾后重建中全面提升的基础设施和公共服务设施，沿主要河流和交通线连片建设“点”、“线”、“片”结合的新农村建设示范区域，打造城乡一体化发展的新产业、新园区、新农村、新城

镇。自贡市则通过试点，在引导农民由“散居”变“集居”，推动农民集中区建设中探索出了小城镇扩展型、产业支撑型、项目带动型、基础设施带动型4种模式。尤其是都江堰市探索“壹街区”模式，这是上海对口支援都江堰市灾后重建第一个功能完整的成街区建设项目。其特点有三：一是按照“一街区、一家人”的理念，融入上海元素，建筑风貌体现上海特有的弄堂风情；二是集居住、学校、医疗、购物、观光、休闲于一体，公共设施配套完善，城市功能较大提升；三是充分利用现有优质生态环境，将蒲阳河的河水引流到区域中心，带动了当地旅游业的发展。

四川与援建省探索的几种援建模式

类型	机制
北京模式	建立北京什邡产业园区，重点发展三大产业群：装备制造产业群，发展方向为新型、小型装备制造；都市产业群，发展方向为食品饮料、农副产品深加工等；环保新能源产业群，发展光伏元器件及成套产品、LED绿色照明等
浙江模式	突出产业富民，帮助当地打造两个工业园，其中在广元市的“飞地”——川浙产业合作园16个项目正在落地，总投资21亿元。同时，帮助每个乡镇发展一个上规模的特色产业基地
江苏模式	注重造血功能，强调把江苏的技术、产业转移，使绵竹的农村有现代化农业示范园，城市有对口合作产业园区，同时对于年画、乡村旅游等富有绵竹地方特色的资源，使之从资源变成产业
安徽模式	重在帮助松潘发展产业，在援建资金中专门安排了1亿元作为产业发展资金，围绕把松潘打造成国际旅游胜地这一主要援建目标进行科学规划和重建：一是建设1平方公里的北区新城；二是对川黄公路进行改造；三是建设牟尼沟隧道；四是对村寨风貌进行改造